中国社会科学院文库
文学语言研究系列
The Selected Works of CASS
Literature and Linguistics

中国社会科学院创新工程学术出版资助项目

汉语语篇分层表示体系构建与韵律接口研究

A MULTI-LAYERED REPRESENTATION SCHEME OF CHINESE DISCOURSE AND ITS APPLICATION IN PROSODY-DISCOURSE INTERACTION

贾媛 著

中国社会科学出版社

图书在版编目（CIP）数据

汉语语篇分层表示体系构建与韵律接口研究 / 贾媛著 . —北京：中国社会科学出版社，2019.3

ISBN 978-7-5203-2373-4

Ⅰ.①汉⋯ Ⅱ.①贾⋯ Ⅲ.①汉语—语法结构—研究 Ⅳ.①H14

中国版本图书馆 CIP 数据核字(2018)第 076161 号

出版人	赵剑英
责任编辑	张 林
责任校对	韩海超
责任印制	戴 宽

出 版	中国社会科学出版社
社 址	北京鼓楼西大街甲 158 号
邮 编	100720
网 址	http://www.csspw.cn
发 行 部	010-84083685
门 市 部	010-84029450
经 销	新华书店及其他书店
印刷装订	北京君升印刷有限公司
版 次	2019 年 3 月第 1 版
印 次	2019 年 3 月第 1 次印刷
开 本	710×1000 1/16
印 张	19.5
插 页	2
字 数	301 千字
定 价	89.00 元

凡购买中国社会科学出版社图书，如有质量问题请与本社营销中心联系调换

电话：010-84083683

版权所有 侵权必究

《中国社会科学院文库》出版说明

《中国社会科学院文库》（全称为《中国社会科学院重点研究课题成果文库》）是中国社会科学院组织出版的系列学术丛书。组织出版《中国社会科学院文库》，是我院进一步加强课题成果管理和学术成果出版的规范化、制度化建设的重要举措。

建院以来，我院广大科研人员坚持以马克思主义为指导，在中国特色社会主义理论和实践的双重探索中做出了重要贡献，在推进马克思主义理论创新、为建设中国特色社会主义提供智力支持和各学科基础建设方面，推出了大量的研究成果，其中每年完成的专著类成果就有三四百种之多。从现在起，我们经过一定的鉴定、结项、评审程序，逐年从中选出一批通过各类别课题研究工作而完成的具有较高学术水平和一定代表性的著作，编入《中国社会科学院文库》集中出版。我们希望这能够从一个侧面展示我院整体科研状况和学术成就，同时为优秀学术成果的面世创造更好的条件。

《中国社会科学院文库》分设马克思主义研究、文学语言研究、历史考古研究、哲学宗教研究、经济研究、法学社会学研究、国际问题研究七个系列，选收范围包括专著、研究报告集、学术资料、古籍整理、译著、工具书等。

中国社会科学院科研局
2006 年 11 月

目　　录

第一章　研究背景与目的 …………………………………………（1）
　第一节　语篇相关研究概述 ………………………………………（6）
　　一　语言学各领域对语篇的研究 ………………………………（7）
　　二　语篇分析的多领域应用 ……………………………………（12）
　　三　依存语法研究概述 …………………………………………（15）
　　四　篇章回指研究概述 …………………………………………（21）
　　五　修辞结构研究概述 …………………………………………（27）
　　六　向心理论研究概述 …………………………………………（37）
　　七　话题与话题链研究概述 ……………………………………（50）
　　八　信息结构研究概述 …………………………………………（56）
　第二节　研究目的和意义 …………………………………………（68）
　第三节　各章内容简介 ……………………………………………（70）
　第四节　本章总结 …………………………………………………（71）

第二章　相关术语和理论简介 ……………………………………（73）
　第一节　术语介绍 …………………………………………………（73）
　　一　基础概念 ……………………………………………………（73）
　　二　篇章理论 ……………………………………………………（74）
　　三　韵律特征 ……………………………………………………（79）
　第二节　相关理论简介 ……………………………………………（80）
　　一　依存语法（Dependency Parsing）…………………………（80）
　　二　篇章回指理论（Anaphora）…………………………………（82）
　　三　修辞结构理论（Rhetorical Structure Theory，RST）………（84）

　　　　四　向心理论（Centering Theory） …………………………（85）
　　　　五　信息结构理论（Information Structure） …………………（87）
　　　　六　互动语言学理论（Interactional Linguistics） ……………（88）
　　第三节　本章总结 ……………………………………………………（90）

第三章　汉语语篇分层表示体系构建 ……………………………（91）
　　第一节　以往表示体系概述 …………………………………………（91）
　　　　一　修辞结构表示体系 …………………………………………（91）
　　　　二　关联词语表示体系 …………………………………………（93）
　　　　三　面向中文的篇章句间语义关系表示体系 …………………（95）
　　　　四　适合英汉双语的表示体系 …………………………………（97）
　　　　五　篇章内部实体关系表示体系 ………………………………（98）
　　第二节　语篇分层表示体系理论框架 ……………………………（106）
　　　　一　分层表示体系理论框架 …………………………………（109）
　　　　二　分层表示体系与标注库构建方法 ………………………（110）
　　第三节　依存关系 …………………………………………………（113）
　　　　一　依存关系标注规范 ………………………………………（113）
　　　　二　依存关系标注范例 ………………………………………（119）
　　第四节　回指结构 …………………………………………………（120）
　　　　一　回指结构标注规范 ………………………………………（120）
　　　　二　回指结构标注范例 ………………………………………（122）
　　第五节　修辞结构 …………………………………………………（122）
　　　　一　修辞结构标注规范 ………………………………………（122）
　　　　二　修辞结构标注范例 ………………………………………（130）
　　第六节　向心理论 …………………………………………………（130）
　　　　一　向心理论标注规范 ………………………………………（130）
　　　　二　向心理论标注范例 ………………………………………（131）
　　第七节　话题与话题链 ……………………………………………（132）
　　　　一　话题与话题链标注规范 …………………………………（132）
　　　　二　话题与话题链标注范例 …………………………………（133）
　　第八节　信息结构 …………………………………………………（134）

一　信息结构标注规范 …………………………………………（134）
　　二　信息结构标注范例 …………………………………………（136）
第九节　韵律标注规范 C-ToBI ………………………………………（137）
第十节　语料与标注工具 ………………………………………………（138）
　　一　语料 …………………………………………………………（138）
　　二　标注工具介绍 ………………………………………………（139）
　　三　数据统计 ……………………………………………………（149）
第十一节　本章总结 ……………………………………………………（151）

第四章　汉语语篇韵律接口研究 …………………………………（152）

第一节　以往韵律研究概述 ……………………………………………（152）
　　一　关于汉语语篇韵律的研究 …………………………………（153）
　　二　语篇重音研究 ………………………………………………（159）
　　三　汉语语篇与韵律特征的接口研究 …………………………（164）
第二节　依存语法与韵律特征接口研究 ………………………………（168）
　　一　引言 …………………………………………………………（168）
　　二　语料标注与研究方法 ………………………………………（169）
　　三　结果与分析 …………………………………………………（172）
　　四　结论 …………………………………………………………（176）
第三节　篇章回指与韵律特征的接口研究 ……………………………（177）
　　一　引言 …………………………………………………………（177）
　　二　语料标注与研究方法 ………………………………………（178）
　　三　结果与分析 …………………………………………………（179）
　　四　结论 …………………………………………………………（193）
第四节　修辞结构与韵律特征的接口研究 ……………………………（197）
　　一　引言 …………………………………………………………（197）
　　二　语料标注与研究方法 ………………………………………（200）
　　三　结果与分析 …………………………………………………（202）
　　四　结论 …………………………………………………………（208）
第五节　向心结构与韵律特征的接口研究 ……………………………（210）
　　一　引言 …………………………………………………………（210）

二　语料标注与研究方法 …………………………………………（211）
　　三　结果与分析 ……………………………………………………（213）
　　四　结论 ……………………………………………………………（217）
第六节　话题、话题链与韵律特征的接口研究 ……………………（220）
　　一　引言 ……………………………………………………………（220）
　　二　语料标注与研究方法 …………………………………………（221）
　　三　结果与分析 ……………………………………………………（222）
　　四　结论 ……………………………………………………………（226）
第七节　信息结构与韵律特征的接口研究 …………………………（227）
　　一　引言 ……………………………………………………………（227）
　　二　数据标注与研究方法 …………………………………………（229）
　　三　结果与分析 ……………………………………………………（231）
　　四　结论 ……………………………………………………………（236）
第八节　本章总结 ……………………………………………………（236）

第五章　总结 …………………………………………………………（238）

第一节　研究总结 ……………………………………………………（238）
第二节　研究展望 ……………………………………………………（242）
　　一　语法、语义、语用对韵律特征的综合影响 ………………（242）
　　二　语法、语义、语用与韵律特征的互动研究 ………………（243）
　　三　语法、语义、语用与韵律之间互动关系的计算模型 ……（244）

附　录 …………………………………………………………………（248）

参考文献 ………………………………………………………………（262）

第 一 章

研究背景与目的

随着语言学研究的不断发展和深入，研究者不再局限于对语言进行词法和句法等句子层面的研究，而是将目光转向大于句子的语言单位，篇章语言学的研究越来越受到人们的重视，成为语言学研究的重要分支。语篇研究作为20世纪60年代发展起来的新兴研究领域，涉及语言学、文学、社会学和哲学等多个领域，由于其跨学科的特性，日益受到语言学界和其他相关领域的重视。诸多学者将面向语篇的研究与句法、语用、认知、社会语言学等语言学其他方向相结合，不断丰富、发展了语篇的研究理论和研究方法，弥补了传统语法分析的不足。研究者们纷纷对国外的语篇分析理论和方法进行了引介，如信息结构理论、修辞结构理论和向心理论等，并将其运用到汉语语篇的研究中。语言作为一个符号系统，其"音"与"义"是密不可分的，语音作为语言的物质外壳，在语篇中的重要性同样值得关注。因而，对于汉语语音的研究，国内研究者们既不再局限于研究孤立词的语音特征，也不再局限于研究语句内的韵律特征，而是将研究视角拓展到语句间，甚至超句间，更加重视语篇层面的韵律特征研究。韵律特征是指"大于一个音位的语音单位所表现出来的音高（pitch）、音长（duration）与音强（intensity）等语音特征，通常所说的重音和语调均属于韵律特征。"（周绍珩，1980）人类在使用语言的过程中，不只是传递文字信息，还传递了有关的语境和情感信息（Li, 2015）。语言表现出来的抑扬顿挫、高低起伏、轻重缓急都是通过韵律特征来调节的。韵律特征同语法结构、语义及语用等都存在紧密的联系。在传统的语言研究中，语音、词汇与语法研究基本上各自独立，呈鼎足而立之势（袁毓林，2003b）。直到20世纪50年代，国内外学者才将语音与语法结合起来研究,如 Hockett（1955）将语法知识作为音位类别的判断标准。随着语言学理论的更新,语言学不同层面和角度的接口研究日益受到研究者的关注,语音与句法、语音与语义、语音与语用等的接口问题,在语篇层面的实现研究,有着重要的理论意义和应用价值。

首先,语篇层面的韵律研究有助于揭示汉语语篇结构特征。衔接与连贯是语篇研究中的重要概念,衔接是使语篇连贯的手段,语篇连贯是所要实现的目标或结果。郑贵友（2002）指出韵律,衔接是汉语语篇衔接的方式之一,其中重音和语调等韵律特征都发挥着重要的衔接作用。熊子瑜（2003）指出,自然语句边界的韵律特征具有话轮提示功能,可以帮助人们识别语句在话轮中的位置,进而确定话轮边界的具体位置。这些都表明了语篇层面的韵律特征对篇章连贯的重要性。此外,篇章结构为语篇的韵律设计提供了依据,不同语篇的结构,其衔接方式也不完全相同,因而所表现出来的韵律特征同样存在差异。同时,语言是思维的工具,思维模式的不同在语言中也可以表现为语篇结构的不同。通过研究语篇在不同层级上韵律特征的异同,可以反映出不同文体语篇在篇章结构上的差异,有助于加深对汉语篇章结构的认识,以及对汉语思维方式的认识。

其次,语篇层面的韵律研究有助于全面和深入地考察汉语的韵律特征及其所负载的功能。韵律研究的主要目的就是寻找语言在外在形式上的组织规律,语篇层面的韵律研究往往忽视对语境因素的考察,因而,一些具体的问题并没有得到很好的解答。例如,为什么一些句法上有歧义的句子,说话人在交际中却能正确理解？为什么听话人能明白说话人的言外之意、弦外之音？而在语篇层面,说话人因语境的不同,所要表达的意思、语气以及情感态度等都有很大的变化性,这些都需要借助韵律特征的变化来体现。一方面,语篇的韵律特征具有区别意义的作用（殷作炎,1990）,以及规划信息的作用（Chen and Tseng,2016）,促进语篇的理解与加工。正因如此,"在书面上有歧义的句子,多数在口头上没有歧义。"殷作炎（1990）指出,话语节律的区别性功能主要包括3个方面：①区别同形异构句子的内部结构层次；②区别同形而不同语气口气的句子；③消除由于句中词语多义而产生的歧义。重音作为重要的韵律特征，有助于听话者对重读信息的理解，在口语理解和加工过程中起着不可替代的作用。交际双方对韵律特征的感知主要是通过听觉，因而，在自然语篇中，说话人可以借助重音对语篇信息有选择性地凸显或弱化，调整话语的信息结构，向听话者提供一种声学上的线索，暗示信息传递的焦点。例如，可以通过功能语调强化某些重要的新信息（林茂灿，2012），也可以弱化某些在前文语境中已经提到，对交际双方来说没那么重要的旧信息。通过这种韵律调节调整听话者的注意状态，帮助听话者更好地理解加工语篇。另一方面，韵律特征在语境和语用方面有重要意义，韵律特征具有语境功能，有助于建构诠释话语的语境。韵律特征具有隐蔽性、灵活多样性以及规约性等特点，这些特点使韵律特征有助于同一文化群体中的交际者诠释和理解话语的意义。李爱军、贾媛等（2013）指出，交际双方会将包括上下文的语篇结构信息和语义、语调韵律等特征综合起来，对疑问信息进行编码和解码，回声问句在具有上文语境和离境情况下，其疑问语气的表达程度完全不同。金红、马泽军（2016）认为，韵律特征，尤其是句重音，在法庭话语中具有强调、提醒、暗示、对比和加强等语用功能。这些功能有助于实现说话人的交际目的。所以语篇层面之下的韵律研究并不能包含语言所有的韵律表现。汉语中有相当多的问题需要研究者从语篇的角度进行考察，这样有助于我们更加全面和深入地了解汉语韵律特征。

最后，语篇与韵律特征的接口研究，有助于探究篇章结构与韵律特征之间的交互作用。近年来，借助于信息结构理论、修辞结构理论、向心理论，以及依存句法理论等语篇分析理论，国内开展了诸多语篇与韵律特征的接口研究。这些理论都重点关注语篇的结构与功能之间的关系，比如，信息结构理论注重语言的信息传递功能；修辞结构理论总结出的各种修辞关系也是根据功能的标准来划分的；借助于向心理论研究的语篇回指，其最突出的功能也是语篇的衔接与连贯。然而，语言的形式与功能是形影相随的，功能的不同限制形式的选择，形式选择的差异反映了功能的不同，因此，不能脱离语音形式而只研究其功能，也不能脱离功能来研究语音形式。开展语篇与韵律特征的接口研究，既有助于揭示语篇功能对韵律特征和篇章结构等形式选择的影响，也有助于揭示韵律特征的选择对实现不同功能的重要意义。

此外，语篇层面的韵律特征对语言表达的可懂度和自然度也有重要的影响。因此，除语言学研究之外，越来越多的领域，包括心理学、认知神经科学，以及计算机科学等，都对自然语言的韵律特征展开了大量的研究。其研究成果在中文信息处理、言语工程和语言教学等领域有着重要的应用价值。

一方面，随着技术的发展与进步，各类语音产品也逐渐进入人们的生活，如语音输入、语音导航和智能家电等，为我们的生活带来了极大的便利。语音合成技术一般指的是将文字信号转换为语音信号的文语转换技术。语音合成的最终目标是让机器输出连续、可懂且自然度高的语音。其中重要的一点就是对韵律特征的控制。因此，有关汉语语篇韵律特征的研究，不仅受到了语言学家的重视，也越来越被言语工程界所关注。现有的语音合成系统多关注于语音词汇信息的准确表达，合成的清晰度、可懂度已经取得了较好的成果，但在自然度上并不能完全达到人们预期的效果，根本原因在于未能有效地模拟自然语流中的韵律。对此，研究者们也对韵律特征对语音合成自然度的重要性有了充分的认识。曹剑芬（2001）指出，自然度不理想是由于节奏感交叉，缺少轻重缓急和抑扬顿挫引起的。而恰当的韵律切分，正确地把握韵律结构，是加强合成语音节奏感、提高自然度的关键。人类语言有着丰富的语气变化，可以根据不同的交流对象和交际环境改变说话的语音语调。但语音合成系统一般只能合成数量有限的语调模式，听上去会让人觉得单调乏味、缺乏轻重缓急等的变化。如果能在语音合成研究中，结合有关汉语语篇韵律特征的研究成果，使合成的语音更自然，能够像自然语言那样表情达意，那么，语音合成技术将取得新的突破，语音合成的质量也将会大大地提高。

另一方面，随着中国国家实力的增强和国际地位的提高，世界范围内掀起了汉语学习的热潮，越来越多的人开始学习汉语。在语言的实际使用过程中，第二语言学习者即使掌握了再多的词语和语法规则，没有准确地掌握发音，同样无法达到正常交流的目的，而韵律特征的掌握则更是关系到了言语输出的自然度、学习者说得地道不地道等问题。关于语音学习的重要性，赵元任（1977）曾经指出："最初对语音本身的学习，是一个很费劲、很难的、对于以后学东西影响非常大的工作。"在对外汉语语音教学过程中，许多教师重在强调学生对每个音节声韵调的掌握，即使充分掌握了声韵调，在日常交流中，也很难避免洋腔洋调的问题。这就是由于没有掌握语言的韵律特征造成的。针对留学生的洋腔洋调问题，林焘（1996）也认为，汉语学习者"一旦自己的洋腔洋调形成习惯，积习难改，再想纠正，就十分困难了，如何改进洋腔洋调，在没有固定以前尽量减少它的影响，应该说是当前对外汉语教学亟待解决的另一个问题。"关于汉语语篇韵律特征的研究恰恰为此提供了理论上的支持。众多留学生的语音问题突出表现在没有很好地掌握轻重音交替，因此，他们发出的语音总是有着洋腔调、不够自然。汉语语篇韵律特征的研究成果除了可以运用到对外汉语教学领域，还可用于语言的对比研究，进而指导教学，例如用于方言与普通话的对比研究。随着社会的发展，全国各地人的交流接触越来越多，但中国方言种类多，有些方言的语音系统差别很大，当人们用各自的方言交流时，势必会对交流的准确度产生不利影响。将普通话的韵律特征与方言进行对比，研究它们之间的差异，有助于改进方言区普通话的教学效果，更好地推广普通话。

综上所述，汉语语篇层面的韵律特征研究有着重要意义。在理论意义上，有助于加深对汉语篇章结构的认识，有助于全面、深入地了解汉语的韵律特征，更有助于探究篇章结构与韵律特征之间的相互作用与影响，促进相关领域的研究。在应用方面，有助于计算机语音合成、中文信息处理、语言教学领域等的发展，有助于提高合成语音的自然度，避免留学生的洋腔洋调问题，提高方言母语者的普通话水平。

目前，国内的相关语篇韵律接口研究多从单一的篇章理论入手分析语篇，较少结合多个篇章理论开展综合研究。然而，不同的篇章理论之间也具有一定联系，若将多个理论视作有机的整体用于语篇分析，可获得更为系统和全面的研究结果。下面以"钱荣京在东风制药厂当电话员，后来因病从电话室调到后勤，工作很清闲"为例进行简要说明。该句子由3个小句构成，每个小句内部的各个句法成分之间存在联系，依存语法可对这些句法成分间的关系进行定义，如将"很"与"清闲"之间的关系定义为状中关系，再进一步将"工作"与"很清闲"之间的关系定义为主谓关系。除小句内各句法成分的联系以外，小句内、小句间不同实体之间也存在联系，其联系通过回指实现，例如第一个小句中的"钱荣京"在第二个小句中实现为无语音形式的主语,位于"因病"之前,属于零形回指。同时,小句和小句之间也存在各种关系,例如"工作很清闲"可视作对前一小句的评价,修辞结构理论将小句之间的关系进行了系统的分类,上述两小句之间的关系在此理论框架下可定义为"评价";不同小句之间的连贯程度也有所差异,向心理论可对连贯程度进行系统的衡量,例如第一小句和第二小句之间是延续关系,连贯程度最高。除了小句两两之间的关系,多个小句之间也可存在联系,该联系可通过多个小句间共享的话题(即话题链)实现。最后,除不同成分之间的联系之外,每个成分本身的性质也是很重要的考察参数,信息结构可考察每个实体在语篇中是否初次出现,例如第一小句中的"钱荣京"是新信息,第二小句中无语音形式的主语是已知信息,在语篇分析中也有重要的地位。综合上述实例分析,语篇语法、语义与语用特征之间存在不可分割的联系,它们共同作用于语篇表层的语音实现,因此,单一理论对于语篇表层韵律的解释都不够全面。在本研究中,以依存语法、回指、修辞结构、向心理论、话题和信息结构为理论基础,通过构建分层表示体系的方法,综合考察语法、语义与语用特征对语篇韵律的影响和制约作用。该研究在语篇韵律接口研究上,具有较大的创新性和理论及实践意义。

本章将首先对国内外语篇研究的历史与现状展开系统的回顾,主要包括语篇理论与应用研究概览,以及依存语法、回指、修辞结构、向心理论、话题和信息结构等语篇研究重要相关领域的前期研究成果,揭示开展接口研究的必要性,强调本研究的意义和创新性,并简要介绍后续各章节的内容。

第一节 语篇相关研究概述

汉语语篇研究始于 20 世纪 80 年代,较早将语篇分析的理论和方法应用于汉语的是廖秋忠(1983)的研究。此后,徐赳赳(1995)全面地介绍了国外语篇分析的发展背景、历程和最新进展,并从理论上对语篇分析的概念、特点、研究对象,及其与句法、语用学的关系进行了简明概述。顾曰国(2013)关注语篇的交际意义,他提出人类在正常情况下跟外部世界（包括人与人之间）的互动都是多模态的。尽管汉语语篇分析起步相对较晚，但在积极引介国外理论和研究的同时，诸多学者结合汉语的实际情况，从不同角度对语篇的相关问题进行了系统的研究，深化了对汉语语篇的理论认识。此外，语篇的诸多理论成果也被广泛应用于语言教学、自然语言处理和机器翻译等多个领域。本部分主要对汉语语篇的相关研究进行回顾和梳理，以揭示开展语篇接口研究的必要性和创新性。

一　语言学各领域对语篇的研究

（一）语法、语义和语用角度对语篇问题的研究

传统的汉语语法研究通常分析句子及其以下单位，语篇分析强调多层次分析的重要性，研究对象由句子以下的单位扩展到句子、段落及篇章。传统的语法研究者在分析时会采用设计语料，且通常会脱离语境，而语篇分析则强调研究语境中使用的语言。例如，陈平（1987b）认为相较于传统语法分析，语篇分析"十分关注实例的多寡，认为定量分析是定性分析的基础"，这种分析更符合语言的客观事实。所以，现在许多语法研究者，开始注重从语篇的角度对一些常见语法现象的语篇功能，及其在语篇层面上的分布进行研究。苗兴伟（2008）探讨了句法结构与语篇功能的关联性，指出语篇语用学把句法结构的研究延伸到了语篇的层面，此外，他考察了句法结构的语篇功能以及语篇因素对句法结构选择的制约。陈玮（2016）探讨了语法分析与功能语篇分析的关系及其语言学意义。徐赳赳（2010）、王晓凌（2012）和邱崇（2012）从语篇的主位推进模式、衔接角度对"V起来"进行了研究。方梅（2017）基于民国初年的小说材料，以"单说"和"但见"为例考察了动词性来源的篇章衔接成分的功能浮现条件。两者都具有元话语属性，显示情节之外的叙述者视角，但"单说"是单纯的叙述者视角表现形式，用作开启情节或者建立篇章话题，属于框架标记，而"但见"既可用于体现情节内的人物视角，也可用于体现"无所不知"的全知视角，全知视角的"但见"用作提示受述者关注其后叙述内容，使之具有前台信息的属性，属于参与标记。

王振华（2009）归纳了语篇语义的研究途径，认为语篇语义研究包

括 1 个范式，即系统科学范式；2 个脉络，即语篇语义的文脉和义脉；3 大功能，即语篇的谋篇、概念和人际 3 个元功能；4 种（元）语义，即织体语义、词汇语义、格律语义和韵律语义；5 个视角，即联结、格律、识别、概念和评价。王振华、张大群等（2010）综述了 Martin（1977 年至 2008 年）在语篇语义领域的贡献，介绍了指称理论、联结理论、主位理论、语篇格律和评价理论等，并指出 Martin 的研究从以句子为主的语篇走向了超越句子的大语篇，从语法意义走向了语篇语义。关于语篇分析相关理论在语义分析中的应用，潘珅、庄成龙等（2009）将语篇分析的修辞结构理论应用于实体语义关系的抽取，类似的应用研究还有毛新华、张冬茉（2004）和郭忠伟、徐延勇等（2003）。

从语用学角度开展的语篇分析主要考察使用中的话语，注重语境和语言的功能。刘森林（2001）介绍了"语篇语用学"的概念，他认为可运用语用学的方法分析语篇的情景性、连贯性、互文性、磋商性、信息性和可接受性，并梳理了语篇语用学的发展历程。关于语篇分析与语用学的关系，徐赳赳（1995）进一步归纳了廖秋忠（1991）的观点，即语篇分析包含了语用学研究，或前者包含在后者中。也就是说，语篇分析和语用学的界限并不清晰。对于该问题，也有学者认为两者并不存在包含关系，而是互动关系。例如，冉永平（1997）引述了 Brown 和 Yule（1983）的观点，认为话语分析包括句法分析和语义分析，但主要是从语用学的观点来进行研究，他还介绍了可应用于话语分析的关联理论、言语行为理论和会话含义。苗兴伟（1999）指出，言语行为理论为语篇分析提供了理论基础，同时，语篇分析也促进了言语行为理论的完善。田海龙（2001）指出了两者之间是互动关系，呈现出相互渗透的态势。苗兴伟（2008）认为，传统语用学关注的是句子或语段在语境中的理解问题，语篇语用学关注的是语用因素和语篇因素对句法结构选择的制约，以及句法结构的语篇功能等问题。魏在江（2000）运用会话含义理论解释了许多表面不衔接，但意义上很连贯的语篇，认为语篇连贯需要从语义、语用以及认知等多方面进行解释，会话含义理论为语篇连贯研究提供了新视角。将语篇分析和语用学相结合的具体研究主要涉及以下方面，李勇忠（2003）从功能的角度，将语用标记分为语篇标记、人际标记和元语言标记，并对其在维持话语连贯方面的作用进行了分析。徐小波

(2014)从语用模式、语用功能和语用意义角度对话语标记"怎么着"进行了分析。冲突性话语是与论辩、争论等对立性话语相伴出现的,涉及复杂的语境因素,冉永平(2010)则讨论了冲突性话语的语用学分析角度和研究现状。方梅(2012)考察了会话结构与连词的浮现义,发现相对于"因为、不但"等前项连词而言,话轮起始位置更偏爱于"所以、但是"等后项连词,呈现出行域、知域、言域、话语标记虚实各类用法,其中言域用法对会话结构的依赖更强,是会话中的浮现义。当话轮起始位置有不止一个连词同现的时候,用作话语标记的连词出现在言域用法连词之前。

(二) 互动角度对语篇问题的研究

互动语言学与传统语言学的差异主要体现在研究对象和研究方法上。不同于以书面语为研究对象的传统语言学,互动语言学将口语作为研究对象,并强调语言的互动作用,沈家煊(2016)指出语言最重要的用法是交谈者之间的"互动"。互动语言学通常基于现实生活的自然语料开展研究,语料一般来自口语语料库,主要包括电话录音、生活对话、电视剧和访谈节目等,如电视剧《东北一家人》和访谈节目《鲁豫有约》等;也有少量研究以书面语为语料,包括小说中的对话片段及新闻报道,如老舍《茶馆》中的对话,以及《现代汉语八百词》中的例句等。

方梅(2016)考察了北京话中不符合音变规律的语气词"呀、啦、哪"的互动功能,发现不同语义类别的动词在与这些变异形式共现的时候,具有句类分布限制或者体现为不同的语气类型。完权(2015)以新闻、小说中的对话为例,从互动交际的角度对光杆有定宾语句做出分析,发现可以从语言运用角度解释其句法语义的特殊性:在互动中使用光杆有定宾语是在足量准则制约下的互动策略,可达成促进互动的消极修辞效果。侯瑞芬(2016)对汉语祈使否定词"别""甭""不""少""莫"及其构成的复合形式展开分析,从主观、客观和语气强硬、语气委婉两个角度进行分类,并且认为礼貌原则是祈使否定意义到非祈使否定意义的语义变化的语用动因。朱冠明(2016)通过分析老舍戏剧的对话部分,探讨了情态动词"可以"的话语功能,即表示说话人对听话人的某种建议和提示。同时将其与"能"对比,发现"可以"反映的多是积极性的建议和提示,而"能"体现的是消极性的质疑或否定。刘运同(2016)

以访谈节目为语料，讨论了多人会话中称呼语在不同话轮位置中的功能。他提出要区分由多个话轮构建单位组成的话轮以及由单个话轮构建单位组成的话轮中首位置的称呼语的功能差异：前者的功能是选定听话人，而后者的功能是选定下个发话人。

（三）语料库角度对语篇问题的研究

以语料库为基础的语篇分析（Corpus-based discourse analysis）是语篇分析的趋势之一。语料库为语篇分析提供了丰富的语料来源，语料库分析技术、Concordance、WordSmith、AntConc、PowerGrep 等分析工具为语篇类型分析、批评性话语分析等提供了便利。基于语料库进行的语篇类型分析主要有文学语篇（黄川、谢昂，2008；贺亚男，2009；李绍兴，2011；杨元媛，2012）、课堂教学（何安平，2003；王龙吟、何安平，2005；章若娜，2013）、演讲语篇（孙珊，2008；余悦，2012；严齐，2014）、旅游语篇（侯晋荣，2011；康宁，2011）、法律语篇（周婉，2012），以及新闻报道（王俊婷，2015）等。诸多研究是通过自建小型语料库，对不同语篇类型的特点进行了深入的分析。

运用语料库的方法能够在研究时收集到大量的语料，批评性话语分析的很多研究都聚焦于各式各样的社会热点问题，例如钓鱼岛问题（陈晨，2013）、奥巴马演讲（刘静，2016）、MH370 事件（张嫣，2016）等，且很多研究进行了中外对比，对人们理解话语背后的意识形态有较大帮助。关于语料库分析方法的选择，钱毓芳（2010）建议将语料库分析中的"词频、主题词、搭配、索引分析、话语韵"（discourse prosody）应用到批评性话语分析中；郭松（2011）、张淑静（2014）等也主要运用前四种方法分别对演讲语篇和新闻报道进行分析；张艳敏、陈岩（2016）通过对中心词的搭配词和指向词的语义韵的分析，分时期对语料进行了语义分析。除此之外，有学者基于 Halliday（1985）的系统功能语言学理论（尤其是语言的 3 个元功能及其语言体现）开展了相关研究。如刘静（2016）从词汇分析及物性分析以及情态系统分析，这 3 方面入手分析奥巴马的就职演讲。张嫣（2016）从词汇和及物性两方面分析了新闻报道。

关于语料库方法的评价和展望方面，钱毓芳（2010）认为，"语料库可弥补单凭直觉推断的缺陷，为人们提供自上而下的话语研究方法"。唐丽萍（2011）认为，语料库主要在上下文和互文语境中对语篇成品进行分析，对大量实现了的意义表达方式进行批量处理，以及在低级阶进行词汇语法分析，目前还难以对潜在的、隐性的含义、语境和高级阶的词汇语法进行有效的分析。郭松（2011）在肯定量化分析这一优势的同时，也指出了语料库分析的局限，提醒研究者注意在使用语料库数据辅助时，要对预设等隐性的信息加以重视。语料库的运用为定量分析提供了基础，也为大规模的比较提供了可能性。语篇分析越来越多地依靠语料库进行，语篇分析一方面需要语料库理论和技术的进步，另一方面需要语料库建设的发展。滕延江、李平（2012）建议增加以语类（genre）为建库标准的语料库，包括通用型的大型语料库和专业化的小型语料库，同时也要尝试建立多模态的语料库。

（四）多模态角度对语篇问题的研究

多模态语篇是运用听觉、视觉和触觉等多种感觉，通过语言、图像、声音、动作等多种手段和符号资源进行交际的现象（张德禄，2009）。多模态语篇分析（Multimodal discourse analysis）即从语篇的构成模态上分析语篇。

朱永生（2007）比较全面地介绍了多模态话语的产生、定义多模态话语分析的性质、理论基础以及分析的内容、方法和意义，并指出了多模态语篇分析的不足之处和良好的发展趋势。杨信彰（2009）讨论了系统功能语言学理论在多模态语篇分析的作用，强调多模态语篇分析应重视语言与其他模态之间的密切关系。关于多模态的分析框架，张德禄（2009）尝试建立一个包括文化、语境、意义、形式和媒体5个层面在内的多模态话语分析综合框架。张德禄、王正（2016）对 Norris（2002，2004，2007，2009，2011a，2011b，2014）等建构的分析框架进行评述，提出了多模态互动分析的综合框架，并对一堂英语课进行实例分析，为多模态分析提供了比较全面的分析框架。关于多模态分析与语篇类型的结合，胡壮麟（2010）提出"多模态小品"的概念，并尝试探索了不同模态的组合，按内容介绍了人生感悟、文艺体育、历史人物以及地理城市等，共9大类多模态小品。顾曰国（2013）在表达方式上仿照格莱斯的会话合作原则提出了言思情貌整一原则。若是说话人的语力和声韵（言）、相关思想（思）、情感表现（情）、相关体貌（貌）在若干方面不一致，就会产生言外之意。该理论建构指出了人可以出现心不应言的情况和情在会话中的作用，对格莱斯会话合作原则进行了补充，也给修辞运用与社会伦理提供了借鉴。潘艳艳、张辉（2013）对隐喻和转喻进行了分析，探讨了多模态语篇的衔接、连贯和认知机制。杨晓红（2014）以《百家讲坛》为例对讲坛类电视节目开展了多模态语篇分析。冯德正、张德禄等（2014）总结了多模态分析目前的应用范围，包括图画书、教材、课堂教学、电影及新媒体等；冯德正、张艳等（2016）将修辞结构理论应用到平面广告和电视广告的多模态语篇分析中，为多模态分析提供了一个新的分析途径，拓展了修辞结构理论的应用。

二 语篇分析的多领域应用

陈平（1987b）指出，语篇分析发展的动力一方面来自语言学内部理论的进步，另一方面则来自其他领域实践对理论进步的迫切要求，"来自需要理论语言学家提供帮助的其他研究领域。尤其是被新技术革命浪潮推到科学研究前沿的计算机自然语言处理，迫切要求语言学家更多地注重话语分析，以满足实践向人们提出的具体要求"。

（一）语篇分析与教学

将语篇分析理论应用于教学的研究主要是将衔接、连贯、主位结构，及语篇类型分析等理论应用于语言教学中。关于衔接对于语言教学的作用，柴俊星、辛慧（2012）对"临了"这一高阶词汇的篇章衔接功能进行了分析，并给出了教学上的实施建议。朱华、邱天河（2013）根据语篇衔接的理论，对一篇英语课文进行了词汇衔接的梳理，他们认为增强学生对词汇衔接的重视，关注同义近义词、上下义词、泛指词等词汇重现手段及出现频率较高的词项能更好地理解文章结构，但需要注意这种方法要应用于适当的语篇。李鹏、黄毅等（2013）将衔接理论应用于商务英语听力教学中。此外，诸多学者如崔文琦（2016）和黄剑（2016）等将语篇衔接理论应用于英语写作教学中，并进行教学前后的测验、问卷调查等，他们建议从教师和教材等多角度注重衔接知识的教学。

主位和主位推进模式被应用于教学方面，如赵璞（1998）从主位结构的角度给出了提高英语写作连贯性的建议，如项兰（2002），陆彦和原淑芳（2003）分别以1篇定义说明文和英文小说节选为例，讨论了主位结构中的话题主位推进模式对阅读教学的作用。在英语写作教学上，刘丹（2012）提出了基于主位结构的教学方法，包含4个主要内容：英汉语篇样本阅读、主位结构模式定位、学生英语作文分析和主位结构模式修正。曹秀平（2013）将功能语篇分析理论应用于英语听力教学，从语篇结构潜势、文化语境、情景语境、主位及主位推进模式衔接手段等与听力理解密切相关的方面入手，对实验班的同学进行了指导，从成绩来看，实验班的成绩好于参照班，说明功能语篇分析对于指导听力教学具有一定的提高作用。

语篇类型分析应用在教学中为"体裁分析法"，秦秀白（2000）回顾了国外三个主要流派的相关研究，介绍将语篇体裁分析应用于教学的目的是：①引导学生掌握属于不同体裁的语篇所具有的不同交际目的和篇章结构；②让学生认识到语篇不仅是一种语言建构，而且是一种社会的意义建构；③引导学生既掌握语篇的图式结构，又了解语篇的建构过程，从而帮助学生理解或撰写属于某一体裁的语篇，作者还归纳了体裁教学法对我国英语教学的启示。张德禄（2002）从语类研究所涉及的方面说明，应该从语篇整体教学的框架中进行语音、词汇，以及语法等教学，重视不同语类下的不同语境和特点。

（二）自然语言处理

孙静、李艳翠等（2014）指出"篇章结构分析在自动文摘、问答系统、指代消解和篇章连贯性评价等方面都有所应用"，她们使用自建的小型汉语语料库——Chinese Discourse Treebank（CDTB），运用词汇特征、上下文特征和依存树特征，采用一种基于最大熵模型的有监督自动识别方法，对4类隐式语篇关系进行探讨，验证了这一分析方法的可行性。孙静、李艳翠等（2014）使用了规模较大的清华汉语树库，其中的复句结构关系标记集有并列、连贯、递进、选择以及因果等11种关系类别，标注的复句关系词主要有连词、副词和连接语。通过相关的数据和句法模型的训练，他们得出带功能标记的自动句法树效果更好。鉴于利用词项抽取语料的传统方法割裂了篇章的完整性，杜思奇、李红莲等（2015）提出了"语篇分析难度"（Text-Analysis-Difficulty，TAD）的概念，介绍了其构建的基于句法块（Chinese Chunk）分析的树库和语篇分析难度的计算方法，并对北京大学人民日报标注库进行初始化分析，发现抽取TAD在1.5—2.5这一区间的语篇，训练出的句法分析器对不同难度文档的适应性最好。

语篇韵律结构研究的目的在于发现句法结构中隐含的音系规律，有助于语音识别和语音合成。曹剑芬（2003a）通过文本分析，预测了韵律边界的位置分布及其等级差异，并进一步考察了重音的位置分布及其等级差异。王永鑫、蔡莲红（2010）基于人工标注的 10 万句《人民日报》语料，引入语法和语义等信息，使用机器学习的方法，对韵律结构进行预测，得出了韵律词和韵律短语的划分规律。赵永刚（2016）介绍了韵律结构的相关理论和问题，比较全面地梳理了从音系—句法的接口来探索汉语韵律结构的研究现状。

（三）跨语言对比

在批评性话语分析中，很多学者通过对比英汉不同的新闻报道等语料，对比话语背后的不同态度和立场，在语言教学和翻译中，很多教学和翻译的建议也是基于跨语言的语篇对比分析。跨语言对比研究主要集中在语篇的衔接、连贯和结构方面。

关于语篇的主位结构，刘礼进、郭慧君等（2014）以英汉各 30 篇广播新闻语料进行主位结构的分析，得出"多重主位更常见于英语话语，而汉语允许省略性参与者和环境成分做主位的频率要比英语更高"的结论。左岩（1995）对比了英汉一些语篇衔接手段的差异，发现汉语更常使用原词复现和省略，英语则多用照应和替代。潘明霞（2011）考察了英汉语篇中的语音复现、同指成分的语音弱化以及节奏模式的衔接功能，并总结了汉语和英语韵式的差异，指出汉语语篇中存在通篇用一字押韵的用法，而英语中基本不会出现这类用韵的形式。同指成分的语音弱化在汉英语篇中的衔接作用的发挥都和语义信息弱化相关联，但汉语倾向于同语重现而英语却是避免重复。在节奏方面，汉语的节奏单位由很少的语义上相对独立完整的几个音节构成，最普遍的节奏形式由 2 个或 3 个音节组成，而英语是以重读音节起始的语音片断作为话语节奏的基本单位，是以一定间隔时间出现的重音作为节奏的基本模式。从文学角度所开展的语篇对比研究中，徐盛桓（2001）尝试从比较诗学的角度研究英汉语篇互为参照的对比；黄国文（2003）以唐诗为例进行英汉语篇的衔接、连贯对比；彭宣维（1998a，1998b）比较了"添加与转折关系"和"因果和时空关系"这两类连接词在英汉词汇系统中的分布和运用；朱云生、苗兴伟（2002）对比了英汉语中"省略"手段的语篇衔接功能；张德禄（2008）则总结了英汉语篇连贯机制的相关对比研究。

（四）总结

虽然汉语语篇研究起步较晚，但无论在理论层面的探讨还是应用研究，均获得了丰硕的成果。综合上述对以往研究的回顾，在理论研究领域，诸多学者从语法、语义和语用角度探讨了理论的发展以及汉语的相关问题。就应用研究而言，其研究手段多为基于语料库开展，注重大规模语料的使用，语料翔实且具有数据支持；其研究内容多为交谈者的互动方式与功能，侧重于体现交际意义等方面；研究视角也不再局限于传统的文本研究，开始重视语言与其他模态之间的密切关系。此外，语篇的应用方面也取得了长足的进步。在语言教学领域，基于语篇相关理论开展的阅读、写作教学应用可体现一定的优越性；在计算机领域，信息的处理和抽取、语篇结构识别等技术的发展，促进了语篇相关理论的应用研究。

可以说，汉语语篇的理论和应用研究具有重要意义，丰富了汉语的发展，为本研究的开展提供了重要的理论和应用基础。依存语法、回指、修辞结构、向心理论等相关理论和应用研究是本书的前期理论基础，在下面部分将进行系统的回顾，以揭示开展本研究的重要性。

三 依存语法研究概述

依存语法强调动词中心说，注重句子成分之间的支配和被支配的关系，而忽略句子结构层次，对于自然语言处理中句法分析系统和语义资源的构建而言，其更容易操作。由于依存语法较之短语结构语法更为简洁，更加适合用计算机建立语言模型，计算语言学的很多研究都借助依存语法进行自动信息提取和语义标注。国内相关研究始于20世纪90年代，主要研究方向包括依存关系的类型，基于依存语法构建的语义标注库及其相关研究。

（一）依存关系与树库构建

1. 基于汉语的依存关系分类

周明、黄昌宁（1994）在依存关系类型的划分上进行了多次尝试。他们曾经设立了106种依存关系，例如把主语、宾语、状语、定语及补语等关系均按照主词和从词的语法类型加以细分。他们认为，区分过于细致，不但会降低可操作性，影响标注的效率，而且标注人员的个人差异也会严重影响标注的一致性。但如果划分得过于粗略，比如仅划分"主、谓、宾、定、状、补"等几种依存关系，又无法描写汉语中一些常见的句法关系。所以他们进一步结合汉语实际的依存语法特点，划分出44种依存关系。此外，他们提出并论证了依存语法是合乎大规模真实文本处理要求的句法体系。刘伟权、王明会（1996）也对汉语各语法层级进行了依存语法方面的探讨，并发现成分之间支配与被支配、依存与被依存的现象普遍存在于汉语的词汇（合成词）、短语、单句、复句，以及句群等各级能够独立运用的语言单位之中，并称为依存关系的普遍性。此外，他们还阐述了由分词单位构成的短语、单句、复句和句群等各级语言单位内部出现的依存关系类型、关系的各级层次以及相互间的作用。刘海涛（1997）在介绍了依存语法的基本原则和构建方法，并比较了短语结构语法与依存语法的异同，以及它们在机器翻译中的作用，认为依存语法在自然语言的计算机处理中有着重要的作用。比较有影响力的依存关系标注体系还有 Liu 和 Huang（2006）提出的汉语依存树库标注体系，在依存关系划分上，该体系也是一个分层的系统，首先划分了主要支配语（Main governor）、补语（complements）、附加语（adjunct）3个层次。其中，补语部分共有20种依存关系，其下又划分了"论元"和"其他"两个类别；两者下面又包含了更为细致的子类。附加语部分包括状语、话题、标点、关联词等14个依存关系。我们可以看到 Liu 提出的系统不仅进行了层次的划分，还进行了类别的划分，既简明清晰，又全面细致，对相关研究具有较大的参考意义。此外，比较出名的还有哈工大信息检索研究中心的汉语树库标注体系（李正华、车万翔等，2008），具体介绍详见第三章第三节。

此外，尤昉、李涓子等（2003）尝试构建汉语语义库，他们利用70个语义和句法依存关系，设计了规模100万词的语料库，探讨了基于语义依存关系的汉语大规模语料库中，所涉及的标注体系的选择、标注关系集的确定、标注工具的设计，以及标注过程中的质量控制等几个基础问题。邱立坤、金澎等（2015）提出了一套基于依存语法的多视图汉语树库标注体系，仅需标注中心语和语法角色两类信息，便可以自动地推导出描述句法结构所需的短语结构功能和层次信息，从而可以在不增加标注工作量的前提下获得更多语法信息。此外，他们还探索了多领域中文依存树库的构建。王慧兰、张克亮（2015）在应用层面定义了面向汉英机器翻译及融合句法语义信息于一体的"句类依存子树到串"双语转换模板，构建了面向机器翻译的句类依存树库。

2. 跨语言依存树库的建设情况

目前国内外的句法树库主要有两类：一类是基于短语结构的树库，侧重展现句法信息，代表树库有英国的 Lancaster-Leeds 树库（Leech and Garside，1991）、美国的宾州树库（Marcus and Marcinkiewicz et al.，1993）、国内清华大学的 TCT 树库（周强，2004）等；另一类则是基于依存句法的树库，侧重展现句子中词汇之间的语义关系，代表树库有捷克语的 PDT 树库（Böhmová and Hajič et al.，2003）、德语的 TIGER 树库（Brants and Hansen et al.，2002）、国内主要有哈工大信息检索研究中心汉语依存树 CDT（Chinese Dependency Treebank）（李正华、车万翔等，2008）。下面我们对这些依存树库的情况进行简单的介绍。

PDT 树库是一个捷克语语料库，语料主要为新闻文本，总体规模庞大，共计 7110 篇，包括 115844 个句子、1957247 个词和标点符号。该树库的标注体系具有鲜明的层次性，包括词汇层、形态层、分析层（主要着眼于句法）和深层语法层。其中分析层和深层语法层采用了依存句法结构进行标注，前者包括 87913 个句子、1503739 个词和标点符号；后者包括 49431 个句子、883195 个词和标点符号。数量上的差异来源于标注难度的不同。TIGER 树库是一个德语语料库，语料为新闻文本，规模达 35000 个句子。

汉语方面比较有影响力的是哈工大社会计算与信息检索研究中心的汉语依存树库，简称为 HIT-IR-CDT（李正华、车万翔等，2008）。该树库面向自然语言处理领域，致力于提供基础数据。语料为新闻文体，全部来自《人民日报》，规模达 10000 句。其中词性体系为 863 的词性标注体系；依存关系共 24 种。此外还有中国传媒大学应用语言学研究所的汉语依存树库，简称 IAL-CUC CDT。该树库是面向有声媒体语言的，因此选取的语料为 2007 年电视台和广播电台 31 档节目的转写文本，包含了新闻播报类及访谈会话类，既有书面语体又有口语体。语料中共 3600 个句子，

98236个词（高松、颜伟等，2010）。

我们将这几个树库的基本情况进行了统计，详细信息见表1—1。

表1—1　　　　　　几种主要依存树库基本情况对比

树库	语言	规模（只包含已标注依存关系的数量）	语料性质	单位
PTD	捷克语	87913（a-layer） 49431（t-layer）	新闻语料	Institute of Formal and Applied Linguistics, Charles University
TIGER	德语	35000	新闻语料	Computational Linguistics, Saarland University
HIT-IR-CDT	汉语	10000	新闻语料	哈工大社会计算与信息检索研究中心
IAL-CUC CDT	汉语	3600	新闻语料、会话访谈语料	中国传媒大学应用语言学研究所

首先，从规模上看，PTD树库标注的依存关系规模最大，其次是TIGER树库，汉语树库相对规模较小。从文本性质上看，这几个依存树库的语料皆为新闻语料，但IAL-CUC CDT还额外加入了会话访谈类语料，关注到了口语语体。我们看到，相较于国外的依存树库，汉语依存树库目前的规模还相对较小。此外，主流的依存树库的语料多为新闻语料，偏向书面语体（IAL-CUC CDT虽然在体裁和语体上有所创新，但其整体规模仍然较小，代表性较弱）。因此，扩大语料的规模，扩展语料的体裁，增加对口语语体的关注将是未来汉语依存树库建设的前进方向。

（二）基于依存树库的相关研究

高松（2010）利用汉语依存树库，按出现频率的高低把名词各句法功能区分为典型功能和非典型功能，并提出了名词句法功能的关联标记模式和概率配价模式，认为从定量分析的角度可以更清晰地认识汉语名词的句法功能。贺瑞芳、秦兵等（2007）以时间触发词为切入点，用依存关系和错误驱动学习增强识别时间表达式的效果，根据错误识别结果和人工标注的差异，自动进行获取和改进规则，大大提升了识别结果。

邵艳秋、穗志方等（2008）研究了汉语韵律层级自动预测技术，根据依存句法分析结果，抽取同韵律层级相关的深层句法特征，并对韵律层级进行预测，他们发现内弧跨度和内弧类型等特征对中间层次的韵律单元划分问题可以起到很大的提高作用。刘丙丽、牛雅娴等（2012）利用依存句法标注树库对汉语语体差异进行了研究，他们采用《新闻联播》和《实话实说》2个依存树库，分别作为书面语和口语语料的代表，统计了不同句法成分的成分差异，发现不同语体中充当相同句法成分的各词类所占比重有较大差异，主要表现在书面语中主语大多数由名词充当，口语中主语大多数由代词充当，而定语与词类的对应较为分散，书面语的定语构成中名词占绝对优势等。昝红英、张静杰等（2013）发现，并列关系与虚词中的连词关系密切，在并列关系识别过程中加入连词的用法信息，可以提高并列关系的识别结果。刘磊（2014）以宾州英语树库作为训练语料，重建链语法词典，发现利用依存树库构建的链语法词典，可以避免人工编写词典缺乏系统性的弊端，从真实语料中获取的词语法规则更加全面，能够检测出原有链语法词典无法检测出的学习者书面语语法错误。

陈永波、汤昂昂等（2015）针对中文复杂名词短语的依存关系进行了研究，提出简单边优先与SVM相结合的依存句法分析算法。郑丽娟、邵艳秋（2015）开展了基于语义依存图库的兼语句句模研究。袁里驰（2013）的研究在规则的分解及概率计算中引入包括语义依存信息和配价结构等语义搭配信息。鹿文鹏、黄河燕（2013），鹿文鹏（2014）研究了用依存适配度的知识自动获取词义消歧的方法。马彬、洪宇等（2013）提出，基于语义依存线索的事件关系识别方法，认为相比于传统的语义相似度的识别方法，新提出的基于事件语义依存线索的事件关系识别方法获得了5%的性能提升。郑丽娟、邵艳秋等（2014）从语言学和句子深层语义理解的角度对非投射现象进行了归纳和解释，总结了7类出现非投射现象的情况：包括小句宾语句、比较句、主谓谓语句、紧缩复句代词、动补谓语句以及注释短语或复句，并认为这种方法对于自动语义依存标注有重要的指导作用。

林莉（2015）提出，依存方法与成分方法、功能语言学的结合，及其向认知角度的扩展将可能有效地提高其对语料的覆盖率，并且是依存语法发展的重要趋势。此外，诸多学者从认知语言学、心理语言学、计量语言学、计算语言学相结合的角度，开展了关于依存距离的研究，赵怿怡、刘海涛（2014）采用依存句法分析了汉语歧义结构，发现人脑在句法加工时倾向于选择最小化依存距离的句法结构。陆前、刘海涛（2016）对30种语言的依存距离分布情况进行了研究，通过多种模型拟合对比，揭示出人类语言的依存距离可能遵循一种普遍性的分布模式，反映了省力原则和人类认知机制在语言结构运用与演化过程中发挥着重要的支配作用。

（三）语义标注与算法构建

刘海涛、赵怿怡（2009）证实可从语言学的角度改善基于树库和机器学习的句法分析器的精度，他认为人不但可以从机器学习和句法分析算法上入手，研究基于树库和机器学习的句法分析问题，也可以从树库或语料的语言学标注入手改善句法自动分析精度，两者之间存在一种互补关系。鉴萍、宗成庆（2010）引入了分层式依存句法分析方法，使用典型序列标注模型进行层依存子结构搜索，基于序列标注模型的分层式依存分析方法，分析效率和精度较高。王步康、王红玲等（2010）采用英文语义角色标注的研究方法，实现了一个基于中文依存句法分析的语义角色标注系统。鞠久朋、王红玲等（2010）用最大熵模型对句中谓词的语义角色进行识别和分类，提出把依存关系作为语义角色标注的基本单元的语义角色标注系统。车万翔、张梅山等（2012）将主动学习应用到中文依存句法分析，优先选择句法模型预测不准的实例，则交由人工标注，发现与随机选择标注实例相比，主动学习可以使中文依存分析性得到提升，使人工标注量明显减少。王智强、李茹等（2013）利用树条件随机场模型，通过在词、词性层面特征的基础上依次加入不同类型的依存特征，研究依存特征对汉语框架语义角色标注的影响。

高玲玲（2009）以哈尔滨工业大学的依存关系语料库为实验数据，依据汉语介词短语的特点，提出了一种改进的算法，将除介词外的介词短语部分先进行依存分析，最后再跟介词之间进行依存分析，发现这样可以减少介词的长距离依存问题，提高汉语依存句法分析的正确率。辛霄、范士喜等（2009）以CoNLL 2008 Share Task的公用语料作为训练和测试数据，通过比较3种基于最大熵模型的依存句法分析算法，发现最大生成树（MST）算法取得了最好的效果。袁里驰（2011）提出了一种自下而上的分层聚类算法，认为可以解决中心词驱动模型数据稀疏问题。

（四）总结

总体而言，自20世纪80年代冯志伟（1987）等计算语言学家将依存语法引入中国后，依存关系类型的划分和树库构建等相关方面研究逐步发展，2006年以后发展迅速。学者们在相关的分析模型、统计特性、语义标注、文本分类、算法等各方面都有所探究，并且使相关研究更多地应用于社会实际问题中。依存语法在机器翻译、信息检索、自动问答、情感分析等领域得到广泛应用，近年来，依存分析方法已经成为自然语言处理的一种主流方法。然而，依存语法在语言学研究领域涉及较少，特别是依存关系与韵律特征之间交互影响。因此，从语言学角度出发开展依存语法研究具有重要的理论和实践意义。

依存句法将小句中的成分视作多对支配者与被支配者，通过划分两者之间的依存关系进行句法分析。在依存句法中，小句中的每个成分都是考察的对象，包括汉语中的虚词"的"等，而小句内与小句间不同实体之间的联系则体现于回指现象中。下一部分将对国内外篇章回指的研究展开系统的回顾。

四 篇章回指研究概述

回指是日常使用语言进行交际过程中的普遍现象，回指的使用既避免了语言形式单一、重复，也体现了语言选择的经济原则。作为语言学研究的热点，众多学者从语言学不同分支学科包括句法学、语义学、语用学、认知语言学、话语分析、语言习得与教学等多个领域对回指进行了分析和研究。

（一）回指问题的跨语言研究

传统的形式主义学派基本上从句法角度研究回指问题，主要考察句子的内部结构对回指的影响和制约，并制定出相应的规则加以解释。以Chomsky（1981，1982）为代表的生成语法学派对回指问题进行了系统性的研究。Chomsky的支配—约束理论，如支配理论、空范畴等都涉及了回指问题，其中"约束理论：①照应语在它所在管辖范围内必然受到约束；②代词在它所在管辖范围中没有受到约束；③指称语在任何范围内都是自由的"(转引自姜望琪，2006)重点阐述了对回指问题的思考。同时，在支配—约束理论的框架下，Aoun（1985）针对回指提出了"回指语法"，抛弃了空范畴理论，区分了两个对称的回指系统：a—回指系统和 ā 回指系统，并称他的回指语法是"回指的对称理论"。

句法研究局限于对回指的形式和结构的探讨，对回指的分析研究大多是名词回指的形式特征，一般在于句子内部。但回指表现为自然语言中的语篇句子成分与句子成分之间的衔接关系。对语篇的整体理解和上下文语境对回指的准确编码和解码起着重要的作用。此外，语用、认知等因素也影响着回指的使用，因此，句法研究脱离语篇，就不能全面描写回指的特征和功能。

语篇层面的回指研究主要是从语篇结构、语用、功能和认知这几个方面开展研究。从语篇结构角度，Halliday 和 Hasan（1976）提出了"语篇衔接模式"，Grosz（1977）、Grosz 和 Sidner（1986）、Grosz 和 Weinstein 等（1995）等提出了"向心理论"模式（Centering Theory Model），Givón（1983）从语篇的层次结构出发提出了"话题连续模式"（Topic Continuity Model）。

从语用角度对回指进行研究主要是从说话者的立场出发，根据 Grice（1975）的"会话合作原则"（co-operative principle）开展，即交际双方为使会话、合作顺利进行以达到共同的沟通目的而必须相互配合、共同遵循的准则。人们在交际中选择怎样的回指语要受到经济原则、清晰原则的相互影响。在早期，Levinson（1987）认为，他所提出的新格莱斯原则与 Chomsky（1981，1982）的支配—约束理论相结合，可以更加有效地解决回指问题。在后来的研究中，Huang（1991，1994，2000）在 Levinson（1987，1991）的基础上更进一步，提出了诠释原则和一致性原则，并把数量原则添加进诠释原则，把"语境因素"纳入一致性原则考察范围内。他指出，零形回指在语篇中的分布可通过数量原则、信息量原则和方式原则的共同作用进行预测，但要受到异指假定、信息凸显度以及关于会话含义的一般性制约等因素的约束。

认知语言学领域对回指也进行了大量的研究，如 Ariel（1994，1996）提出，Levinson（1987，1991）的回指理论有一定的弊端，它只是对回指现象进行了简单的讨论和研究的处理，但语言实际使用中的回指现象要远比 Levinson 所处理的复杂得多，具体存在的问题包括：指称词语并不形成完全互补的分布。在语篇中，实词性名词短语也可用于同指。零形式不仅仅用于同指，也可用于指称语言外事物。代词是同指还是异指取决于把哪个词看成是它的先行语（姜望琪，2006）。她认为，指称词语之间的差别并不是完全割裂的两极对立，而是存在一种程度上的变化。这种程度上的不同就体现为指称词语标示的先行语可及性的差异。Ariel（1994，1996）在可及性理论（accessibility theory）中提出可及性标示等级（accessibility markers）的概念，一个指称词语能向听话者提供的信息越多，越容易标示不可及的事物，它的可及性标示越低，反之越高，比如名词的可及性比代词的可及性高。从这一角度来说，指称词语就是一种"可及性标志"（accessibility marker）。在同一种语言中，影响不同指称词语可及性的因素主要包括：①间隔距离，随着回指语和先行语距离的增加，可及性逐渐降低；②竞争度，回指语前面可以作为先行语的潜在的指称词语之间是竞争关系，数量越多，竞争越大，越不可及；③显著度，即先行语在句子和语篇中是否显著；④一致性，回指语和先行语所处的认知心理框架、观点，在语篇中的片段或段落位置是否相同。

虽然 Ariel（1990）根据可及性对指称词语做出了分类，但是并没有很好解决指称对象确认的问题。Hoek（1997）从认知语法的角度进一步深入，借助"观念参照点"（Conceptual reference point）和"领地"（dominion）的概念提出了"回指规约机制"，即"如果一个参照点的领地中有一个相应的低可及性标示语，那么这个低可及性标示语不能和参照点同指"（许余龙，2002）。

Givón（1983）提出了"话语中话题延续性"的概念，用量化分析的方式测量话题延续性，包括"所指距离""潜在干扰"（歧义 ambiguity）和"持续性减弱"。其中零形回指是延续性最强、最可及的话题，有指的非定指名词短语是延续性最弱、最不可及的话题。他认为，回指和"回指距离"两者关系密切，"回指距离"指的是某个回指对象和它的先行词之间所隔的小句的数量。随着"回指距离"这一概念的提出，回指研究不再只停留在抽象的理论层面，同时也有了量化统计的研究方法。

另外，Li 和 Thompson（1979）以《水浒传》和《儒林外史》这 2 部白话小说为研究对象，具体分析了汉语零形回指。在研究中，他们使用

"零代词"（zero-pronoun）这一概念来表示零形回指对象。研究认为，在汉语中，零形回指的现象很常见，使用范围很广，制约因素较少。听话者对零形回指的理解需要凭借语义，依靠自身的语用知识和对上下文语境的准确把握。

回顾回指问题的相关研究，大致上可分为"形式"（主要注重结构分析）、"功能"（主要注重意义）、"语用"（主要注重语用）和"认知"（主要探讨语言使用的认知心理因素）这4类。经历了从形式到功能，再到认知，逐步深化的理论路径，在研究范围上不再局限于句内结构，而是扩展到了语篇层面。对回指功能的理解也从最初的实体替代论，发展为使语篇连贯的一种手段，最后转变为一种"可及性标示语"。每种研究、理论都有它的优势和劣势，有些研究理论和模式在学术界仍存在很大的争议，吸引着众多学者继续探索。

（二）汉语回指问题的研究

国内研究者对汉语零形回指现象的思考研究先是从语法角度开展的，最早可以追溯到20世纪20年代。黎锦熙提到"主要成分的省略"时，曾明确指出："一切文章的复式组织，可以省去第二句以下的主语，承前用一句的主语或宾语、补足语等……一个句子里，若有许多述语共一个主语……除首出的一个主语外，其余是当然承前省略的"（黎锦熙，1992）。另外，有许多学者研究"流水句"，即多个小句承前主语省略的复句，也是对回指研究的一种初探。

自20世纪80年代中期起，回指研究在国内大发展，研究人员从不同角度对不同语体、不同语言语篇回指和句内回指进行了探讨。近年来，在汉语方面，涉及人称代词回指的研究也日益增多。就研究角度而言，诸多研究是从指称形式和句法结构的角度出发，也有从语用、认知、修辞等不同角度开展的。对于汉语回指研究，廖秋忠（1991）、陈平（1987a）以及徐赳赳（2003）等都做出了重要的贡献，为后续汉语回指研究奠定了坚实的基础。

陈平（1987a）提出了确认零形回指的标准，即"如果从意思上讲句子中有一个与上文出现的某个事物指称相同的所指对象，但从语法格局上看，该所指对象没有实在的词语表现形式，我们便认定此处用了零形指代。"陈平研究了不同的语篇结构对回指的影响，提出使用零形回指的必要条件之一是所指对象的强连续性。先行语和回指对象在各自句子的信息组织中的地位,以及先行语所在句子和回指对象所在句子,这两者在话语结构中的联系(包括距离和层次两种),是影响连续性的主要因素。廖秋忠(1991)把"篇章"定义为"一次交际过程中使用的完整的语言体",讨论了篇章和句法以及篇章分析和语用学之间的关系,详细地提出了关于篇章研究的观点。并研究了汉语篇章中普遍出现的几种名词性指同表达式,分析了影响表达式选择的因素。同时,他向国内积极引介了当时国外篇章分析和语用研究的新理论、新方法,著有《〈篇章语言学导论〉简介》(1987a)、《〈篇章分析〉介绍》(1987b)等评介性文章,对一些著作的观点以及术语的内涵有着批判性的理解和认识。徐赳赳(2003)主要运用话语分析理论和方法对现代汉语语篇回指现象进行了研究。他提出了篇章小句、篇章回指链等概念。"篇章小句是以篇章分析为目的而划分的小句,以一个主谓结构(包括主语为零形式)为划分篇章小句的主要标准",并重点研究了汉语的零形回指、代词回指和名词回指的篇章特征。此外,该研究在同指研究的基础上,研究了现代汉语联想回指(没有明确先行词的回指)现象,把联想回指分为上下义回指和关联回指,对汉语名词回指研究提出了自己的分析框架,区分了语篇中的同指回指和联想回指。其中的"联想回指"与 Gundel 和 Hedberg 等(1993)提出的"间接回指"(indirect anaphora)概念是一致的。

句法角度方面,朱勘宇(2002)研究了在同话题推进的语篇中(前后相连的小句都论述的是同一话题时)指称话题的零形式。他提出了句法驱动力的概念,认为在同话题推进的过程中,说话人对零形式的选择并不是随机的,而是受到前后相连的两个小句的句法形式的制约,这种句法形式就是零形回指产生的句法驱动力。句法驱动力包含 2 种类型:①句法平行,即前后相连的两个谓语小句的句法结构相同或有着相同的句首副词;②小句与小句之间靠关联词语连接,据此可预测零形回指的产生,并得到了语料的有效验证,可以为对外汉语教学提供方法上的支持。

认知角度方面,许余龙(2002,2003,2005)在多个研究中采用实证的方法,通过量化的统计分析研究语篇回指,建立了一套篇章回指确认模式。在此模式中,他按照指称词语具有的不用形式语义特征,以及承担的不同句法功能，把回指语分为高可及性标示语、中可及性标示语和低可及性标示语 3 类，有效地分析了研究语料中的零形代词回指。

修辞角度方面，池昌海、曹沸（2012）进一步分析了名词性回指，并指出还有一种回指是修辞回指，主要目的是满足特殊的修辞目的，实现语言交际的言外之意。在文章中，作者分别研究了同一回指、上/下义词回指、相似回指和相关回指的修辞制约，表明修辞回指以其独特的篇章修辞功能与一般回指相区别，认为回指形式选择修辞制约的功能主要是为了"凸显回指的主观性"（内涵凸显、外延凸显、意象凸显）和"提高回指的照应度"，并指出修辞性异形同指名词回指词与先行词之间距离越远，先行词越容易被找回，意象的可及度越高，回指能力也越高。

近年来，对回指进行研究的著作不胜枚举，研究者根据回指的形式特征，分别对汉语的零形回指、名词回指以及代词回指进行了广泛深入的研究。在零形回指方面有蒋平（2014）、孙坤（2014）、王倩（2014）、殷国光、刘文霞等（2013）以及殷国光、刘文霞（2009）等研究。在代词回指研究方面，国内学者对现代汉语中第三人称代词的回指问题开展了一系列的研究。其中徐赳赳（2003）以报刊中的叙述文为语料，考察了第三人称代词回指的使用。王灿龙（2000）采用话语分析方法考察了制约语篇中人称代词分布的因素。许余龙（2004）基于汉语民间故事和报刊语料，对回指的语义和语用功能进行了定量研究，并提出了以可及性和主题性为基础的回指确认理论模式。方经民（2004）通过对人称回指及其语境制约的研究，提出"对话语回指语境制约起作用的不是礼貌原则，而是功能原则，即回指形式和先行成分之间不能出现影响确定互指关系、阻碍话题参与者延续性的成分"。近期的研究主要包括王晓辉（2014）和李榕（2013）等。

此外，在汉语回指的研究取得丰硕成果的同时，随着国际"汉语热"的持续升温，我国对外汉语教学也随之蓬勃发展。一些学者对对外汉语教学过程中，留学生习得回指的过程和产出的语篇回指偏误进行了细致的研究，如周晓芳（2011）、高玮（2011，2014）等。这些研究丰富了汉语中的回指现象研究，所取得的成果对教学具有指导意义。

以上回指研究主要是对直接回指的研究，近年来也有越来越多的学者致力于间接回指的分析。王军（2003a，2003b）、项成东（2004），以及隋海兵（2012）等对间接回指问题进行了一系列的探讨。王宇、朱宏（2013）"从认知语用的视角出发，通过对间接回指的概念界定和特征的探讨，阐明人称代词所指的对象并非语篇中已提及的实体，而是必须借助先行语的触发语来建立实际所指的心理表征，因此外指也属于间接回指的范畴。"

（三）总结

回指的理解与使用涉及语言学研究的多个角度，从语义、句法、形态、语用到语篇等。正是这种研究的复杂性，使不同学科、不同领域的研究者们根据各自的研究目的，从不同的角度，运用不同的研究方式不断致力于回指问题的研究，以解释它的使用规律，探求回指问题的本质。国外的回指研究经历了较长的发展阶段，提出了丰富的理论模型，如可及性理论和新格莱斯原则等。国内的相关研究更多的是借鉴、吸收与评价国外的理论模型，并运用到汉语回指的研究中来，相较于国外研究仍存在一定的局限性。从研究方法上看，国内以理论探讨和定性研究为主，以定量方法进行实证研究相对较少。从研究角度上看，国内研究主要集中于语用和认知等方面，从语篇方面和语音角度研究回指仍有较大的研究空间，并有助于加深对汉语回指的理解。

本部分介绍的依存语法与回指主要考察小句之内与小句之间各成分的联系，将比小句更小的单位作为考察对象，例如依存语法中的支配成分与被支配成分，以及回指考察的实体。下一部分介绍的修辞结构理论则以小句（或称作语段）为考察对象，对小句之间的语义关系进行分类，与上述理论相比则处于更高的层级。

五 修辞结构研究概述

修辞结构理论（Rhetorical Structure Theory，RST）是20世纪80年代由Mann和Thompson（1988）在南加州大学信息科学研究所发展起来的。他们试图从功能的角度解读语篇的整体性和连贯性，在对大量文本进行了详尽分析的基础上，发展了以功能语言学为理论支撑的修辞结构理论。

修辞结构理论的核心概念是修辞关系。修辞关系存在于两个语义互相不重叠但是又有明确语义联系的语段（span）之间。其中，语段指任何一部分从文本组织的角度上看，具有功能整体性的一个文本跨段。修辞关系存在于两个语段之间。依据交际意图的重要性，修辞关系分为两个类别：多核心修辞关系以及单核心修辞关系。多核心修辞关系指语段在实现作者交际意图方面具有同等重要性，都是核心单元。而单核心关系中只包括指两个语段，其中对表达作者交际意图相对重要的语段称为核心单元，相对不重要的语段叫作卫星单元。其中卫星单元具有可删除性，删除掉卫星单元后，语篇依然保持连贯性，不会影响作者交际意图的表达。修辞关系的核心性是该理论的本质特征。针对某种修辞关系核心性的转变，并没有产生新的修辞命题，只是作者交际意图的表达方式发生了变化。因此，核心性的转移会导致篇章焦点的转移，这对作者表达一个连贯的交际意图会产生很大影响。

　　Mann 和 Thompson（1988）基于对大量真实语篇的详尽描写和分类，总结出了 24 种修辞关系，包括 20 种单核关系及 4 种多核关系，这个关系集也被称作经典 RST（CRST）。他们强调修辞关系集是具有开放性的（1988，2002）。CRST 关系集中定义的 24 种经典关系能够分析绝大部分英语语料中出现的关系类型，但是在不同语言、不同体裁的篇章中也可能会出现新的关系类型。随着对修辞关系集的进一步修改，Mann（2005）公布了 30 种修辞关系。

　　修辞结构理论的研究和应用早在 20 世纪 90 年代就已经引入中国，国内许多研究者也对修辞结构理论进行了介绍，也有学者结合传统的汉语篇章研究理论与修辞结构理论进行了对比研究，汉语篇章树库的建设也得以发展。徐赳赳、Webster（1999）对修辞结构理论和汉语的复句研究进行了全面的比较。他认为复句和修辞结构理论在超句结构、研究对象、语义关系、图示和标记等方面极为相似，同时复句理论本身也具有较强的可操作性，经过修改完善后也可以作为切实可行的中文篇章理论。张益民、陆汝占等（2000）提出了一种混合型的中文篇章结构确认方法，是修辞理论分析、主位模式分析、向量空间模型等方法的有机结合。陈莉萍（2008）认为，汉语的句群理论和修辞结构理论在研究对象、研究内容、研究方法和呈现形式等方面具有很高的相似度，句群理论本身及其发展和应用都可以借鉴修辞结构理论的发展和应用模式。胡苑艳、陈莉萍（2011）的研究结果表明，汉语语篇也应该由基本语篇单位构成，其抽象结构也为树形图，对汉语篇章的修辞关系进行分析时可以套用修辞关系集。

修辞结构的相关研究主要在两个方面开展：一方面是修辞结构的接口研究，另一方面是修辞结构的应用。本部分主要介绍前期研究结果，以揭示开展修辞结构和韵律接口研究的必要性，以期对修辞结构理论在汉语语篇研究和中文信息处理的实际应用中有所启发。

（一）修辞结构的接口研究

篇章修辞结构并不能全面地表达语篇的所有信息，它将篇章树作为篇章结构的近似形式化表达便于计算机进行处理，而并不包含任何句内信息、声学信息等。RST 在设计最初主要是为了分析书面语篇，但对话的参与者往往有明显的交际动机，对话语篇也显示出了明显的修辞结构，因此也有学者针对不同的篇章类型、衔接信息、声学表征以及认知领域做了接口研究。

1. 与回指的接口研究

修辞结构作为语篇含义内部的连贯机制，需要以篇章的衔接机制作为一定的基础。这就为学者开展修辞关系和结构与篇章衔接机制的接口研究奠定了基础。

Fox（1987）在对修辞结构理论发展及修正的基础上建立了关于前指在英语说明文体中的分布以及名词短语和代词选择的理论。她指出，语篇的信息流程，篇章结构，回指的分布这三者间有着密切的联系，任何对回指的分析都应该重视其在语篇等级结构中的释义。她也在 RST 理论的基础上，完整地论述了代词回指及名词回指在篇章中的分布规律。

Cristea 和 Ide 等（1998，2000）在 Fox 的基础上提出了一个考察语篇宏观连贯和回指语分布的模型——脉络理论（Veins Theory）。这一理论借助树形的修辞结构来追溯回指的先行词，强调了修辞的层级单元对于指代消歧的重要性。Tetreault 和 Allen（2003）、Tetreault（2005）都证实了语篇结构的确提高了回指追溯的准确性。夏蓉（2003）运用实例证明了 Fox（1987）提出的回指分布规律的解释力，并且指出了解回指的分布规律对理解与分析语篇有着重要的作用。

这些研究虽然将修辞结构理论与回指研究有机地结合在一起，但是并没有清晰地定义修辞结构分析的基本单位，这会导致在此接口研究中的修辞结构过于复杂，从而降低了先行词的搜索效率。

王大方（2012）尝试利用修辞结构分析对优选框架下衍生器和评估器的工作机制进行调整，从而建构一个更为理想的回指优选解析模型。王大方（2013）基于修辞结构分析提出了两个不同层面的结构分析单位：基本语篇单位（Elementary Discourse Unit，EDU）和最小修辞单位（Atomic Rhetorical Unit，ART）。处于两个不同层级的分析单位不仅能够在一定程度上简化修辞分析的过程，也为合理限定先行词的搜索范围奠定了基础。

除了与回指本身的接口研究外，也可以进行与其他的衔接手段的接口研究，例如主题关系互动、小句内部的 VP 省略、空缺或提取等。此外，还可以研究不同语体、文类和语式之间的分布和实现方式。

2. 与口语篇章的接口研究

目前介绍的修辞结构理论研究多是基于书写文本的研究，也有针对书面篇章类型的对比研究，例如孔庆蓓（2008）利用修辞结构理论对汉语的叙述语篇和描写语篇进行了对比研究，拟构出两类语篇的修辞结构模型。赵建军、杨晓虹等（2015）以汉语记叙文语篇为语料，从修辞关系、核心性、层级性3方面考察了对焦点分布的影响。

根据交际性，修辞结构理论也被应用于口语自然对话。相对于书面文本而言，口语的交际性语篇结构更加松散，信息更加丰富，同时对语境信息更加依赖，在对话过程中也会产生相应的言语行为以及副语言现象。这些异于书面语的特征都要求在口语篇章的修辞结构研究中更加有针对性。

Fawceet 和 Davies（1992）认为，应该将对话中一个话轮内部的语篇看作一个独白性语篇来进行修辞结构标注。Daradoumis（1996）认为对话交际也需要在话轮间进行修辞结构标注。在研究教学对话语篇中，他提出了针对对话标注的修辞关系集（Dialogic RST），该修辞关系集可以很好地标注对话的话轮转换间的修辞关系。

Stent（2000）对任务指向性的口语对话进行了修辞结构的标注。对于口语中邻接对的现象，她提出了"问—答"这一新的修辞关系。Taboada（2001，2004a，2004b）针对口语对话标注在话轮内部还是话轮间的分歧做了对比研究。然而该研究中采用的修辞关系都是标准的修辞关系集，并没有针对邻接对和互动的特征对标注集进行修改。

目前汉语的修辞理论研究方向还未有发表的与自然对话语篇接口的系统研究。在人机交互过程中，计算机如何从口语的语音输入中判断相关的修辞关系并且在知识库中抽取适当的答句，这是一个重要的问题。对松散的口语语篇进行了系统的标注与描述，将有助于计算机对自然对话意图的识别和理解，从而在一定程度上可以改善计算机在一系列自动问答中的表现。然而需要承认的是，修辞结构的树状结构在表示口语对话关系时可能会出现较大的争议，因为树形结构不容易揭示一段对话逐步展开的特点。对话的过程要受到交际双方认知、社会目标以及其他制约因素的极大影响。在对话过程中，每个说话人的意图表达要持续受到对方的思想、语言、行动等多方面的影响，对话具有极大的动态性。然而树形结构在标注这些层面并不具有非常高的可操作性。将话语的实践性特征、话题特征和语义特征充分表达出来，可能还需要更加依赖线性分析的会话分析理论和标注方式。

3. 与认知的接口研究

修辞结构理论与认知的接口研究较少，目前 Sanders 和 Noordman（2000）研究了修辞关系及标注对阅读任务、测试检验以及回忆的影响。实验结果显示，相对于简单的附加修辞关系而言，越是复杂的修辞关系，读者所需要的处理时间越短，同时测试检验以及回忆的准确率越高。他们推测这是由于越复杂的修辞关系就会有越丰富的信息表现，有清晰标注的语篇所需要的加工时间越短。

由于修辞结构理论在中文领域与认知的接口方面尚缺乏详尽的研究，笔者建议可以运用与声学接口研究的结果，从听辨实验开始开展基础的认知研究。另外由于修辞结构的复杂性及文本长度，设计语料并不容易，涉及嵌套结构以及文本的流畅度的问题。因此，利用设计语料考察修辞结构理论与认知接口的研究并不是好的方法。因此，就要求一个更丰满的中文标注库来提供研究的基础语料。

本部分中，我们讨论了汉语 RST 研究面临的问题。我们看到修辞结构与汉语的传统篇章研究既有相通之处又有不同的落脚点。因此我们在汉语语篇的修辞结构理论研究中就要注意参考传统研究的可利用之处，同时注意两者的不同，取长补短，来完善汉语篇章的分析。针对现有的语料，我们可以借鉴传统的研究来进行多层次多维度的篇章标注，如标注命题库、回指关系、连接语及其论元、篇章关系等，以期形成完整的篇章树库标注体系。同时作者也指出，在现阶段研究中，将标注体系从描写性、陈述性语篇标注扩展到口语语篇、自述语篇，对人工智能和言语工程来说也是十分必要的。这就要求在多层级标注树库和多风格语料库的标注中，要根据语料来寻找适宜的颗粒度进行基本语篇单位（EDU）的划分，同时针对多风格语料库也要对现有的关系集进行修正以匹配口语语篇的特性，再者还要训练标注人员的一致性。修辞结构篇章结构分析单元较大，涉及的语义知识非常丰富，目前的篇章树库的标注几乎都是人工完成的。因此在标注的一致性上还要经过多重训练和检验。

（二）RST 理论的应用

1. 计算机语言学

Hovy（1991）提出，自然语篇的语言学结构反映了交际过程的意图性。因此计算机处理自然语言也需要模拟人类的话语规划策略，以一种意图性的算法来实现。修辞关系反映了人类的交际意图特征，要实现文本在语义上的完整理解，必须要在结构上对文本进行详细的分析。只有从宏观上把握文本的组织结构形式，才能从全局的视角理解文章的主题及中心思想。同时，段落、句子在文本中的位置，以及一些特定的语句的顺序和关系，也是读者理解文本的重要角色。任何一篇能在作者和读者之间进行良好交际的文章作品（或文本），一定具有良好的组织结构。修辞结构理论自诞生以来就广泛应用于计算机领域中，自动分类、文本聚类、自动摘要等技术是目前文本处理的主要手段，它们在文本分析和人们的信息获取中发挥了极大的作用。

2. 自然语言生成

自然语言生成（Natural Language Generation，NGL）技术是人工智能（Artificial Intelligence，AI）领域中非常重要的一个方面。文本生成在单句生成的基础上，通过并执行一系列篇章组织结构和语义连贯规则来输出线性次序组织的文本。根据修辞结构理论，篇章的各个部分，无论是小句、句子还是更大的组成单元，都是由一些为数不多、反复出现的关系按照一定的层次聚合在一起的。修辞结构具有较好的灵活性，通过修辞关系来规划文本，只需要确定某一给定小句与上下文的修辞关系就可以将其置于规划文本的相应位置。这种在小句间范畴规划的文本可以确定包含所需的重要信息，并且在实际交际应用中可以针对用户的反应来即时变更文本的规划，来保证信息的传达以及局部的连贯。在规划局部连贯性的同时，RST 也生成了文本的总体结构。

生成语篇的类别主要针对独白性语篇和互动性语篇。独白性语篇包括不同领域的操作手册（Rösner and Stede，1992，Linden and Martin，1995，Wahlster and André et al.，1991），对旅游景观的描述（krifka-Dobes and Novak，1993），对概念、理论的阐述（Zukerman and McConachy，2001）。互动性语篇主要涵盖说明性语篇：咨询领域的对话（Moore and Paris，1993），给定语料库的互动对话（Fischer and Maier et al.，1994）以及在线文本与图片接口，如英国爱丁堡大学 ILEX 项目中，RST 被系统地应用在珠宝博物馆的展示中。该项目呈现的文本是以客户的需求为指向，其变化内容取决于前一个图示的展品以及展品是否为初次展出。项目又后续添加了关于苏格兰威士忌酒厂名称和地图描述的文本生成（Oberlander and Donnell et al.，1998；Donnel and Mellish et al.，2001）。

郭忠伟、徐延勇等（2003）结合修辞结构关系的定义对 Mcheown（1985）的 Schema 表示文本结构的方法进行了改造，构造了一种融合了满足表达模式的意图效果和限制条件的复合图示。通过改造 Schema 使它与通话意图联系起来，在规划时由 Schema 方法规划所要生成文本的框架，负责全局的组织，可以在较高的结构层次上保证内容的一致性；然后利用 RST 理论根据话语语境为 Schema 方法规划的结构加上修辞关系，优化组织信息内容，从而增强了局部的连贯性。这种结构弥补了单一方法的不足，具有更大的适用范围。

自然语言处理领域还包括文本解析、文摘、信息抽取索引、机器翻译等方面，我们将在下面回顾修辞结构理论在自然语言处理其他方面的应用。

3. 文本解析

Marcu（1997）应用话语标记词（Discourse Marker，DM）作为关系提示短语（Cue Phrases，CP），设计了文本解析的一种算法。在这个算法中，他制定了 13 条规则来描述系统运作过程中的各种限制，并使用数字和谓词逻辑的传统运算符对由每个文本跨段的 4 类信息所组成的结构进行运算，由此推导出了一个文本的所有可能的修辞——意图树。它的缺点是：一方面由于该模型过度依赖提示短语，另一方面它使用一种简单的匹配模式来确定提示短语和分析的基本篇章单元，因此该模型只能对文本内容进行粗粒度的分析。但是这个基于限制的符号性系统是文本自动分析领域的一个重要突破。

Oliver（1998）在文本分析器的开发中又加入了其他信息，如语段的属性、小句的位置、特定动词、回指等。Le 和 Abeysinghe（2003）在算法中又加入了更加复杂的句法关系以及衔接机制。

Reitter（2003a，2003b）、Reitter 和 Stede（2003）在解析德语文本时采用了支持向量机（Support Vector Machines，SVM）的机器学习方法。他在算法中加入了提示短语、词性标签以及词汇链。他的系统应用分类器用来指派文本片断间的修辞关系和核心单元，在这些分类器基础上提出了一个剖析算法，并为几种在修辞分析中使用的表层特征建立一个量化测试。

Subalalitha 和 Parthasarathi（2012）针对 500 个泰米尔语的导游文件和 21 个来自 RST-DT 的英语文件开展了文本解析，过程中将修辞结构与传统的 Sangati 方法相结合，证明 RST 理论框架的加入显著提高了泰米尔语文本解析的精确度。针对阿拉伯语，Mathkour 和 Touir 等（2008）的模型应用将从英语中学习到的提示短语投射到阿拉伯语的提示短语，从而对文本进行解析。

王鹏（2014）从汉语篇章的修辞结构特点入手，构建出了用于修辞结构分析的修辞分析词典，并且利用词典实现了中文修辞结构树的分析算法，从段落和句子两个层次上对文本建立修辞结构树，为后期的自动文摘等中文信息处理领域打下了一定的基础。但是目前看来，针对汉语语篇利用修辞结构开展文本分析的研究还比较基础，而且只是在小范围内进行操作，只在小范围内构建修辞词典，没有大的语料库进行支撑，也尚未和篇章语言学的其他衔接和连贯机制相融合，因此在依靠语义的文本解析方面还需要再进一步发展和完善。

4. 信息抽取

与文本摘要联系非常紧密的就是信息抽取（Information Extraction，IE），任务是将文本里面的信息进行结构化处理，变成统一的组织形式，研究和实现文本信息的自动查找、收集汇总和存储，以期把人们从大量的、低效的文本阅读劳动中解放出来。这既是文本信息处理的重要任务之一，也是语言信息处理的热点问题。

Haouam 和 Marir（2003）将文本先进行了 RST 的预标注，从而比传统的基于关键词索引提取出更多的信息。Moens 和 Busser（2002）基于对法院判决书的修辞结构标注，提出了一个专为提取法律判决信息的系统。Shinmori 和 Okumura 等（2002）对专利的描写开展了 RST 标注，基于对提示短语的抽取，能够得到专利项目的描述信息。

刘挺、吴岩王等（1997）在中文的信息抽取技术中应用了修辞结构分析。通过修辞结构的不对称性来赋予小句权值；通过关键词的分布来判断文章结构；提出一种基于相邻段间意义连接强度的意义划分算法，从而实现原始文献的信息抽取。

除此之外，RST 还被应用于从篇章中提取主观和评价性内容。不同于传统的统计正面和负面词汇（Turney and Littman，2003），现阶段更多的研究都考虑到了篇章的结构。Polanyi 和 Zaenen（2003）认为，根据特定评论词在篇章层级结构中出现的不同位置，它们的效度可能也会发生变化。Taboada 和 Grieve（2004）认为，在研究中将评论词在篇章出现的位置作为变量能够有效地提高针对评论性篇章信息提取的准确性。

突发事件的报道是同事件、多文本，这就可以对事件进行多角度的考察、分析，可以找到支持信息提取的词汇、语义等多维度特征。同时，其报道过程更加具有动态性特征，要求在信息抽取过程中不能单纯地依靠词汇链的信息，要更多地依靠语义信息。针对突发性事件的信息提取和追踪，邹红建、杨尔弘（2007a，2007b），曾青青、杨尔弘（2008）选用部分高频修辞关系对这类文本进行了修辞结构标注。虽然还未真正投入计算机领域做测评，但是为针对突发事件的信息提取提供了一个可行的方案。

5. 机器翻译

机器翻译（Machine Translation，MT）是利用计算机把源语言转为目标语的过程，一般指句子和全文的翻译。由于语言结构的不同，对源语言语义的结构分析并不一定能够完全匹配目标语。因此，要对源语言和目标语言的修辞关系及结构都有所了解，才能够进一步改善翻译的自然度。

Ghorbel 和 Ballim 等（2001）将修辞结构理论应用于不同语言篇章对应部分的对齐，从而进行翻译。Marcu 和 Carlson 等（2000）利用修辞结构树形图进行了日译英的研究：对源语言的文本进行修辞结构的分析标注，再按照目的语的修辞关系模式对标注进行相应的调整，最后根据调整过的修辞标注生成相应的目的语。

基于修辞结构理论对汉译英研究的有 Tu 和 Zhou 等（2015）。他们将机器翻译分为3个步骤：①基于现有的汉语修辞结构训练集自动对源文本进行小句的切分并赋予修辞关系；②根据生成的结构树以及和目标语词汇的对齐来抽取翻译的规则；③根据抽取的翻译规则将源文本的修辞结构树翻译到目标语言。结论显示，汉译英的方法极大地保存了最小篇章单元的层级性和语义完整性，也与人类翻译的过程更为相似。

另有汉语和西班牙语自动翻译的初步研究（Cao，2015），根据对汉语和西班牙语平行语篇的修辞关系和结构的标注和分析，为修辞结构在中文机器翻译的应用的可能性提供了依据。目前涉及中文的机器翻译大多依靠统计算法，并没有切实将语义信息以及篇章的层级架构考虑在内。这就需要在以大规模汉语的修辞结构标注库为训练集的基础上，使汉语有机会参与到依赖修辞结构的机器翻译中。

修辞结构理论在英文和葡萄牙语的信息处理方面，已有成系统的大规模标注树库且已经开展大规模应用。目前看到的关于修辞结构理论在中文信息处理领域的多为个案分析，并且大多数的中文文章都引用英语分析的例文。修辞结构理论在中文领域的应用起步较晚，CJPL（Caijingpinglun，财经评论）汉语修辞结构标注库已发布，对中文评论性文章的全面标注以及量化处理已经有了一定进展，然而，在现阶段还没有和计算机领域有大规模的接口研究，发展较慢。

绝大多数计算语言学领域的修辞研究都依赖篇章标记。同时我们也发现，在各个语言的自然语篇中，极高比例的自然语篇的连贯机制都是隐式的。那么，在未来的计算语言研究中，对隐式篇章关系的标注是将修辞结构应用在文本解析、信息抽取以及自然语言处理领域的重要步骤。此外，中文语篇又具有自己的特殊性，首先在表层形式不具备"性数格""时态"等屈折变化；其次汉语篇章的关联词的作用范围具有层次性，出现的位置和连接的方向也相对更加灵活；同时汉语的隐式连贯关系比例较高，这就更加提高了基于语义角度的中文信息处理的难度。

（三）总结

通过回顾修辞结构在国内外的理论与接口研究，我们不难发现，修辞结构理论发展较为成熟，其标注集仍在进一步完善，具有较大的发展空间，该理论也可与多领域展开接口研究。然而，由于汉语的特殊性，例如形态上无屈折变化、关联词的形式与功能更为灵活、隐式连贯比例较高等，基于汉语特性改进的修辞结构理论以及相关标注集仍有待进一步发展。就修辞结构理论的应用而言，计算语言学领域的应用体现了大规模篇章语料库支持的重要性，文本解析、信息抽取、机器翻译等工作均须在此基础上开展。然而，相较于相对成熟的英文文本研究，汉语篇章树库在语义衔接方面的建设也相对落后，一定程度上影响了中文信息的语义处理，使修辞结构在中文信息处理领域的应用相对落后于英语、葡萄牙语等。此外，计算语言学的应用要求对篇章标注做可抽象量化的研究，那么就要求汉语篇章语料库的标准化建设要走在计算语言学之前，并且在初始阶段就需要对汉语语篇进行尽可能详细的多层次、多风格标注。同时，语篇标注则在语料选择和标注前期就需要有一定的前瞻性及相对成熟的理论指导，能够保证语料库在内部标注上具有较高的一致性，同时在整体内容上和国际相接轨。因此，国内的修辞结构理论与应用研究仍具有较大的发展空间。

此外，修辞关系在很大程度上考察了小句之间的衔接关系，但作为与衔接同等重要的篇章概念，小句间的连贯程度并不能很好地反映在修辞关系中。修辞结构尽管考察了核心句与卫星句之间的关系，但是就中心成分而言，却没有涉及。下一部分介绍的向心理论则弥补了连贯程度研究的空缺，通过中心之间的关系定义小句之间的过渡关系，进而衡量连贯程度。修辞结构理论若和向心理论结合，可以更为全面地考察语篇层面小句之间的关系。

六 向心理论研究概述

国外基于向心理论的研究起步较早，研究涉及理论和应用研究两大方向，兼具研究深度和广度。理论研究中，主要通过不同语言验证、补充和完善向心理论中的各类参数，使其更加符合真实语言事实；应用研究中，大多利用向心理论开发指代消解算法，并通过完善已有算法，为回指消解提供新思路；除此之外，在向心理论框架下的汉语语篇与韵律的接口研究为向心理论的应用研究提供了新思路。国内对向心理论的研究虽起步较晚，但已经开始在理论和应用方向上进行尝试。本研究一方面回顾国内外向心理论的研究，另一方面结合国内外的研究实际以及汉语的实际情况，对以汉语为研究对象的向心理论研究做出思考和展望，寻求我国利用向心理论研究汉语的启示和突破，旨在启发国内向心理论研究和探索。以往关于向心理论的研究主要从以下几个方面展开。

（一）向心理论参数研究

向心理论高度符号化，有些概念并未明确定义，因此使用向心理论分析真实语料时，还需要对该理论做进一步的细化和规范，且由于该理论基于英语提出，因此在分析其他语言时，很可能要对其进行修正，以扩大适用范围。Poesio 和 Stevenson 等（2004）提出了向心理论参数化的研究方法，将该理论中的核心概念视为参数，并探讨了不同参数设定对其有效性的影响（许余龙、段嫚娟等，2008）。使用这种研究方法可以将抽象的符号具体化，并可根据不同语言特征调整参数，保证研究的可行性和客观性。因此，在国内外的向心理论研究中，参数设定成为广泛关注的研究内容。

在利用向心理论研究语篇问题时，语句是进行语篇分析的基本单元，因此首先需要解决的一个问题就是如何切分语篇。语句切分的结果影响下指中心、优选中心以及回指中心的确定，从而影响语句过渡关系的确定，因此语句的切分是利用向心理论分析语篇的第一步，是影响分析结果的重要因素。然而在最初的向心理论研究中，并未明确切分语句的标准（Grosz and Sidner，1986），随后在 Grosz 和 Weinstein 等（1995）的文章中，也没有明确提出"语句"的定义，而是在举例解释理论框架时，将句子默认为语句。无论句子的长短，句子中是否存在嵌套的从句或小句，一律将完整的句子作为划分语句的标准。这种划分方法成为后来语句切分研究的基础。随后的研究中也没有固定的语句划分标准，而是在各种研究中，为分析不同语料，研究者根据不同的研究目的，结合语料实际，确定语句划分标准。目前，在国外研究中，主要有 4 种切分语句的方法，以下进行简单回顾，并进行异同点的比较。

为解决句内回指问题，Kameyama（1997）将限定小句（finite clause）作为切分语句的最小单位。限定小句是指小句中包含表示时态的动词，限定小句既可以是主句，也可以是从句。具体方法为：切分所有并列小句（限定小句和非限定小句）；切分所有限定小句的从句；不切分非限定小句的从句；不切分名词性从句和关系从句。

Poesio（2000）切分语句的方法是 GNOME 项目中的一部分，该项目的目的在于生成名词结构。该方法以小句作为切分语句的最小单位，不区分限定小句和非限定小句。具体方法为：切分所有带有连词的小句，不区分限定和非限定；切分所有的补语、主语和关系从句，不区分限定和非限定；切分所有的并列动词短语，将第二个动词短语视为带有零形主语的动词短语。表1—2 从以下两个方面对这 4 种方法进行了比较。

表1—2　　　　　　　　　切分语句方法比较

	Kameyama（1997）	Suri and McCoy（1994）	Milsakaki（2002）	Poesio（2000）
来源或用途	句内回指解析	代词回指	句内回指解析	名词生成
语句最小单位	限定小句	主句	完整句子	小句（限定+非限定）

这 4 种切分语句的方法都是根据不同的研究目的和研究问题而提出，因此只能为今后的研究提供借鉴和参考。切分语句时，需要根据研究的实际选择合适的方法，并在选定方法的基础上进行微调或修正，而不能照搬照抄，从而保证研究的可靠性以及客观性。Taboada 和 Zabala（2008）通过分析西班牙语和英语的电话会话语料，并且根据向心理论的制约条件和规则制定出选择最佳切分语句的标准：第一，该方法得出空缺下指中心的情况最少；第二，通过该方法切分的语句，得到的回指中心能与该语句的主题保持一致；第三，该方法切分后的语句，回指中心大多与优选中心相同，降低读者处理信息的难度；第四，该方法切分后的语句可以用于回指消解研究。二人也运用经过西班牙语和英语的电话会话语料对上述 4 种切分语句的方法进行了比较，结果发现以上切分语句的方法并没有哪一种有明显的优势，甚至发现，Poesio（2000）的方法

虽然较其他方法精细，但并未取得更好的效果。笔者认为，Taboada 和 Zabala（2008）提出的切分语句的 4 项标准为今后语句切分研究提供了重要的参考和检验价值，但也存在两点问题值得商榷。第一，4 种标准基于书面语提出，因此尚不明确其是否适合分析口语语料。第二，4 种标准服务于不同的研究目的，语句切分后，语句分析侧重点不同，如 Kameyama（1997）的研究要保证在切分语句后尽可能解析更多句内回指，而 Poesio（2000）的研究是要在切分语句后，可生成更多的名词结构。因此，在切分语句时，并不能简单确定方法的优劣，而应选择更适合解决当前研究问题的方法，使切分后的语句更加适合使用向心理论进行分析。

针对汉语语句切分的研究中，没有明确提出划分语句的标准，但在实际研究中研究者倾向于将语句 Ui 和 Ui－1 设定为语篇中至少含有一个述谓结构，并由逗号、冒号、分号和句末标点符号断开的、结构相对完整的小句（许余龙、段嫚娟等，2008）。并且也有研究对此方法进行验证，结果表明使用该方法划分语句，在进行指代消解时，准确率普遍高于以汉语自然句划分语句的方法（许余龙、段嫚娟等，2008）。目前在向心理论框架下，大多以回指解析为研究目的，很少涉及其他方面，检验语句切分的标准也大多以回指解析的准确度和解析度为参照。然而向心理论并不是专门解决回指解析的理论，而是研究语篇内部连贯问题的，因此在使用向心理论进行其他研究，如语篇连贯度的研究时，切分语句的方法可能就要随之调整。切分汉语语句时可参考 Taboada 和 Zabala（2008）提出的切分语句的 4 种标准，在向心理论框架下对汉语研究进行分类，并根据汉语句法规则，总结出适合分析汉语的最佳切分语句标准。将这些标准作为参数，再根据不同的研究目的为参数赋值，切分语句。

但在这里需要注意的是，目前针对汉语语句的划分仅限于书面语，并没有对口语进行分析，而口语中又会出现书面语中少有的大量非完整句结构，因此在进行语句切分时，有必要将口语和书面语分开分析，并考虑影响口语语句切分的因素，如句法、韵律、言语行为（Passonneau，1998）。在进行汉语口语语句切分时，要结合研究目的、语料特征、上述 4 个标准以及口语的特点，综合考虑，作为评判语句切分方法恰当与否的标准，以保证切分后的语句便于分析，并广泛地用于研究中。

（二）下指中心的实现和排序

1. 下指中心的实现

在根据向心理论分析语料时，下指中心的确定直接影响中心过渡关系的确定。下指中心是一个经过排序的语义实体的集合，这些语义实体在语句中实现。在确定并排序下指中心集合的过程中，有两个概念需要明确：第一，"实现"的定义；第二，影响语义实体排序的因素。根据 Walker 和 Joshi 等（1998）的观点，"实现"的概念取决于选择何种语义理论，但通常情况下，实现的形式有代词、零形代词、语篇中的显性语义实体以及可以从语境中推断出的隐性语义实体。Taboada 和 Zabala（2008）在分析西班牙语口语语料时指出，确定下指中心时，如果仅考虑显性语义实体，容易出现空缺回指中心的情况，不仅违反了向心理论中制约条件 2 的约束，也不利于进行中心过渡关系的判定。将哪些隐性语义实体纳入其中可以参考 Halliday 和 Hasan（2014）有关词汇衔接的论述。他们认为，近义词、下义词、上义词和搭配是实现词汇衔接的手段。在研究语义实体的指代时，可不考虑搭配。这种做法大大提高了回指中心的确定率，便于分析语句过渡关系。在利用向心理论分析汉语语料，确定下指中心集合时，这种方法是值得借鉴的。汉语中存在大量的零形代词，李丛禾（2007）也证实，汉语中最多的指代形式是零形回指。而这些零形回指又很可能是这个小句的主题或者主语，如果只将显性实现的语义实体纳入下指中心的集合，就很容易影响下指中心的完整性，从而影响下指中心的排序，确定优选中心和回指中心这些环节，最后就无法准确得出语句中心过渡关系。此外，汉语中也会出现大量的上下义词，若将这些词纳入意义不相关的两个语义实体，就会影响优选中心以及回指中心之间关系的判定，得到的中心过渡关系就会和实际语句间的衔接关系相悖，使分析结果出现偏差和错误。

2. 下指中心的排序

下指中心中的实体显著度排序因涉及语言结构、语义、语用和认知等因素影响，本身就是一个非常复杂的问题（李丛禾，2007），但下指中心排序又直接影响到寻找回指中心和优选中心以及后续的分析，因此下指中心排序是向心理论中最为关键的一个环节。目前 Cf 排序标准主要分为两大类：第一，按照语法角色分类；第二，按照信息结构。第一类适用于英语、西班牙语、日语、意大利语。第二类适用于德语。英语中的 Cf 排序如下：主语 > 间接宾语 > 直接宾语 > 其他。西班牙语的排序为：体验者（Experiencer）> 主语（Subj）> 有生间接宾语（Animated IObj）> 直接宾语（DOBj）> 其他（Other）> 无人（Impersonal）/任意代词（Arbitrary pronouns）（Taboada and Wiesemann, 2010）。Iida（1998）认为，日语主题（topic）的显著性高于主语，Cf 排序应为：主题 > 移情代词（empathy）> 主语 > 宾语 > 其他。Strube 和 Hahn（1999）则根据德语语料的分析，提出信息功能排序办法，以"功能信息结构"为基础，综合考虑"已知性"（givenness），将语篇实体分为"语篇/听者熟悉""语篇/听者新信息"以及介于两者之间的第三种中间实体，并根据从左往右的顺序（left-to-right order）进行排序：语篇/听者熟悉 > 中间实体 > 语篇/听者新信息。而汉语是典型的主题突出语言（蔡金亭，1998），且经常出现句子成分省略的情况。因此其下指中心 Cf 排序方法需要进行修正。

目前研究中针对汉语下指中心排序的标准以语法角色为基础，并结合汉语的实际。Yeh 和 Chen（2001）将排序标准规定为：主题 > 主要主语 > 直接宾语 > 次要主语 > 次要宾语，王德亮（2004）将显著度排列顺序确定为：主题 > 主语 > 宾语 > 其他。两种排序方式都将主题排在了显著性的第一位，体现了汉语的"主题性"这一特点。但汉语中并不是所有的"主题"都显性地体现在语句中，需要读者进行加工和提炼，而这又违背了向心理论中的第二条制约条件，一旦出现这种情况，也不便于寻找优选中心和回指中心，无法进行后续研究。因此，在汉语研究中，寻找下指中心并且为其排序成为重点和难点。笔者认为，若要解决此类问题，需要在寻找下指中心前将语句中所有的省略成分补全，广泛收集各类体裁语料，首先采取大规模的人工查找，透彻理解汉语省略的规律，并将这些规律进行分类和总结，从而找到所有的下指中心。

3. 语句间过渡类型及优先顺序

语句过渡类型的研究主要分为两大类：第一类是在原始理论基础上进行补充和完善，第二类是完全推翻原始理论提出的语句过渡类型。在向心理论的原始理论中，阐述了 4 种中心过渡关系：延续过渡、保持过渡、流畅转换过渡、非流畅转换过渡。Poesio 和 Stevenson 等（2004）在研究"博物馆语料"和"药品说明语料"之后又增加了中心确立、零过渡以及无过渡的过渡转换类型。虽然洪明（2011）指出，Poesio 补充的过渡转换类型是对原模式的误解，但该研究也启发研究者对不同文体进行探索，进行广泛取材，对原模式进行论证和补充，同时说明语篇的体裁可能影响中心转换关系类型。Kibble（2000）对原向心理论规则（2）提出质疑并对其进行修正，将语句间过渡方式修正为衔接性（cohesion）、显著性（salience）和低价性（cheapness），并指出低价性较之其他两个性质更为重要。Kibble（2000）还认为，在原先的理论中，衔接性比显著性重要，从而导致了保持过渡优于流畅转换过渡的结果。但在实际语篇调查中，他发现流畅转换过渡比保持过渡多，且出现这种情况的语篇也并不一定是不连贯的。因此，原始理论对过渡关系的排序存在问题。Poesio 和 Mehta 等（2004）、Poesio 和 Stevenson 等（2004）、Kibble（2000）的过渡关系如表1—3 和表1—4 所示。语篇连贯这一现象也同样适用于分析汉语。汉语与西方符号语言不同，语篇中很少出现显性的关联词进行上下文衔接，语句中也常出现省略，如零形回指，是典型的"意合语言"。汉语中并非经常使用代词对前后语句的中心进行凸显和衔接，而是通过语义加以衔接，从而降低读者的推断负荷，保证读者对语篇的注意力和理解程度，最终达到交际的目的。况且，即使在汉语中出现了显性的代词衔接，语篇也不一定是连贯的。因此，在以汉语为研究对象考察过渡状态时，应当考虑包括语义在内的多种因素。表1—3 和表1—4 分别为 Poesio 和 Stevenson 等（2004）、Kibble（2000）对中心过渡关系的划分。

表1—3　　　　　　　　Poesio 划分中心过渡关系

	$Cb(U_{i-1})=\emptyset$ 且 $Cb(U_i)\neq\emptyset$	$Cb(U_{i-1})\neq\emptyset$ 且 $Cb(U_i)=\emptyset$	$Cb(U_{i-1})=\emptyset$ 且 $Cb(U_i)=\emptyset$	$Cb(U_i)=Cb(U_{i-1})$	$Cb(U_i)\neq Cb(U_{i-1})$
$Cb(U_i)=Cp(U_i)$	中心确立	零过渡	无过渡	延续	流畅转换
$Cb(U_i)\neq Cp(U_i)$	—	—	—	保持	非流畅转换

表1—4　　　　　　　　　　Kibble 划分中心过渡关系

$Cf(Ui) \cap Cf(Ui-1) \neq \emptyset$	$Cb(Ui) = Cp(Ui)$	$Cb(Ui) = Cp(Ui-1)$	$Cb(Ui) = Cb(Ui-1)$
延续性原则	显著性原则	低价性原则	衔接性原则

从上述论述中可以看出，中心过渡关系的划分并不是一成不变的，体裁、语言类型都有可能对中心过渡关系的划分造成影响。另外，实际语料也可作为过渡关系优先顺序的检验材料。数学理论推导出的结果可能与实际语料存在差异，这时需要找出数学理论推导结果中存在的缺陷及其原因，修改不合乎实际语料的部分，而不是僵硬地将实际语料嵌套在数学式中，这样才能使推导出的过渡关系判断条件解释更多的语料，具有更强的解释力。

4. 语句过渡类型的条件

与划分语句过渡类型密切相关的是语句过渡类型的判断条件。在上文有关语句过渡关系的划分中，其过渡关系判断条件受到体裁和语言类型的影响。目前针对汉语语句过渡关系划分中，董一巧、贾媛等（2015）在分析汉语朗读语篇时，对最初 4 种过渡类型的判定条件进行了扩充，如表1—5所示。该研究选取了汉语书面语中常见的 3 种体裁：记叙文、议论文和说明文。在分析过程中发现最初判定过渡关系的条件并不完全适合分析当前语料，为分析更多语料，对其进行扩充和修正，将主题以及主语纳入判定语句过渡关系的条件中，与 Yeh 和 Chen（2001）以及王德亮（2004）突出汉语"主题性"这一特点的研究思想基本一致。三人的研究是一次值得借鉴的尝试，这一做法在保持原始理论基本轮廓的同时，结合语料实际和汉语特点，突破原始理论的束缚。但是，该研究因选取语料的数量和篇幅有限，且研究目的在于探索不同过渡关系所对应的韵律特征，经过修正后的向心理论过渡转换关系判定条件可能会受到研究目的以及语料的影响，因此其修正后的判定条件还有待通过大量不同体裁语料进行进一步验证，结合汉语句法规则和特征，形成符合汉语语法的、系统的过渡关系判定条件，以分析不同体裁的汉语语料。表1—5 为修正后的过渡关系。

表1—5　　　　　　　　　　修正后过渡类型判定条件

	$Cb(U_i) = Cb(U_{i-1})$ OR $Cb(U_{i-1}) = [?]$	
$Cb(Ui) = Cp(Ui)$ OR $S(Ui) = S(Ui-1)$	延续过渡（CONTINUE）	
$Cb(Ui) \neq Cp(Ui)$ OR $S(Ui) \neq S(Ui-1)$	保持过渡（RETAIN）	
	$Cb(U_i) \neq Cb(U_{i-1})$	
$Cb(Ui) = Cp(Ui)$ OR $S(Ui) \in Cf(Ui-1)$	流畅转换（SMOOTH-SHIFT）	
$Cb(Ui) \neq Cp(Ui)$ OR $S(Ui) \notin Cf(Ui-1)$	非流畅转换（ROUGH-SHIFT）	

向心理论部分主要涉及3个参数的设定：语句的切分、下指中心的实现和排序、语句过渡类型及其排序和条件判定。切分语句是利用向心理论分析篇章的第一步，切分方式也会影响后续研究的进行。原始向心理论以及国内外的研究中并未明确语句切分的标准，研究者根据不同研究目的，针对不同语料，确定切分语句的标准，国外的研究主要有Kameyama（1997）的限定小句切分法、Suri和McCoy（1994）的主句切分法、Milsakaki（2002）的完整句子切分法以及Poesio（2000）的小句切分法。国内研究中大多以小句为切分单元。这些方法服务于不同的研究目的和语料类型，研究时要结合研究目的、语料特征以及语言句法规则综合考虑，确定合适的切分标准。下指中心是向心理论中的重要成员，它的"实现"和"排序"直接影响中心过渡关系的确定。大多数下指中心以显性语义实体的形式出现，但在频繁出现省略表达的语言，如汉语中，隐性语义实体也要作为确定下指中心的考察对象。下指中心的排序直接影响回指中心和优选中心的确定，目前有两大类排序标准：按照语法角色分类排序和按照信息结构排序。每一类适用于不同的语言，因此下指中心的排序也会受到语言类型的影响。汉语的下指中心排序以语法角色标准为基础，结合汉语的"主题性"特点，将"主题"作为汉语下指中心排序的首要对象。原始理论中阐述了4种中心过渡关系：延续、保持、流畅转换和非流畅转换过渡。Poesio和Stevenson等（2004）增加了中心确立、零过渡和无过渡3种过渡关系。Kibble（2000）将过渡关系修正为衔接性、显著性和低价性。过渡关系的划分受到体裁和语言类型的影响，

而且由于这些过渡关系都是由数学理论推导而得，因此其在真实语料中的适应性还有待进一步考察。原始向心理论阐述的判定语句过渡关系的条件是以英语为语料提出的，董一巧、贾媛等（2015）以汉语语篇为语料，修正了过渡关系的判定条件。虽然其广泛适用性还有待进一步验证，但也是一次积极的尝试，为今后研究提供了新的思路。

（三）向心理论应用研究

1. 回指解析

目前运用向心理论实现最多的应用研究是回指解析。回指解析（anaphora resolution）是指为回指语确定先行词的过程（Hirst 1981）。回指解析一直是自然语言处理领域的核心问题，研究者也根据不同理论提出各种不同的算法，下文中主要探讨基于向心理论提出的回指解析算法。按照回指词的类型，其算法可分为零形回指解析算法和代词回指解析算法；根据先行词和回指词是否在同一语句中出现，算法可分为句间回指解析和句内回指解析。在句间和句内回指解析算法中，有的算法侧重代词回指解析，有的算法侧重零形回指解析，有的算法将代词回指解析和零形回指解析整合在一起。为方便叙述，下文按照句间和句内回指解析的分类，对解析算法进行回顾。

（1）句间回指解析。BFP算法是首个基于向心理论提出的回指解析算法，由Brennan和Friedman等（1987）提出，该算法也成为后来利用向心理论构建回指解析算法的基础。

BFP算法基于以下假设：①一个语篇由U1，…，Un多个语句构成。②每一个语句中所有的名词实体通过排序形成有序列的下指中心Cf。③下指中心中排位最高的实体成为优选中心Cp。④上一语句中的Cp在下一语句中成为回指中心Cb。

该算法是首个根据向心理论提出的回指解析算法，共分三步进行：

第一步，生成所有的回指中心（Cb）和下指中心（Cf）组合。

第二步，根据限制条件筛选所有的回指—下指中心组合。

第三步，根据过渡优先条件排序（延续＞保持＞流畅转换＞非流畅转换）。

Left-Right Centering算法（Tetreault，1999，2001）是基于BFP算法和向心理论规则与制约条件的算法。该算法主要解决了BFP算法不能迭代进行回指消解的问题。它将句内回指和句间回指整合在一起，首先检测是否存在句内回指，如果存在，优先解析句内回指，如果当前语句中不存在句内回指，则从前一语句中从左至右寻找先行词。

汉语中，零形回指的出现频率最高，分布最广泛，似乎不受限制，被认为是汉语回指的标准模式（Li and Thompson，1979）。因此，汉语的零形回指解析也受到了研究者的广泛关注，研究者使用向心理论，并结合汉语的特征，推导出汉语零形回指解析算法。零形回指包括 2 个步骤：第一，确定零形回指部分。第二，确定先行词。Yeh 和 Chen（2003）、王德亮（2011）推导出两种汉语零形回指解析的算法。Yeh 和 Chen（2003）只关注主题、主语和宾语的零形回指位置，他们首先进行词性标注，随后基于标注结果，运用识别规则，识别零形回指的位置，最后使用向心理论中的规则以及 Cf 排序筛选零形回指的先行词。这种方法采用词性标注，无须利用各种限制条件和百科知识选择先行词，也无须依赖大量的语料指称标注计算先行词，因而省时省力。但该算法存在两个问题：第一，如果先行词是一个实体或命题，而不是一个明确的先行词或名词实体时，就无法对零形回指词进行解析，算法就会出错。第二，该算法只适用于相邻两句的回指解析，当零形回指语的先行词出现在前几个语句中时，该算法就无法成功找到先行词。王德亮（2011）所提出的算法中，认为零形回指词就是当前语句的回指中心，而回指中心又是上一语句的优选中心，那么当前语句的零形回指词就是上一语句的优选中心。该算法中不仅通过 Cf 排序规则筛选先行词，而且通过一系列的语法、语义的限制条件，剔除不合格的先行词候选项，较上一算法考虑了句子中的语法、语义因素，增强了零形回指解析的准确度。值得注意的是，该算法中并没有像 BFP 算法中将语句间的过渡关系作为筛选先行词的标准，这一做法修正了 BFP 算法的不足，运用 BFP 算法中的标准筛选出的先行词可能与语句的实际情况相违背。由王德亮（2011）的算法可以看出，在利用向心理论进行回指解析过程中，影响回指解析正确率最重要的因素是下指中心的排序，而不是中心过渡关系。在确定零形回指词时，该算法通过判断论元结构是否缺省来确定零形回指词是否存在，但并没有明确说明该过程的具体操作步骤。另外，王德亮（2011）所提出的零形回指解析算法只能解析语句中只存在一个零形回指词的语句，存在较大的局限性。

王德亮（2011）利用向心理论推导出汉语代词回指解析算法。该算法将零形回指解析和代词回指解析算法合二为一，当语句中只存在代词回指时，计算步骤与上文中阐述的零形回指解析步骤相同；当语句中既有零形回指，又有代词回指时，代词回指的先行词是上一语句中排在第二位的下指中心。该算法的优缺点与上述零形回指解析算法相同：在筛选先行词时将语法、语义因素纳入考察范围，但只能解析只存在一个代词回指的语句。

（2）句内回指解析。王德亮（2011）基于向心理论推导出"汉语向心理论模型"（Centering Model for Chinese，CMC），处理汉语句内回指解析。他认为，汉语句内回指发生在多动词句、繁复句（复句）和主题句等复杂句中。该模型中的汉语句内回指解析算法首先将复杂句切分为有组织的次句子单元（subsentential unit），将句内回指转化为句间回指，启动句间回指解析算法解析句内回指。值得注意的是，该算法在回指消解过程中，着重考察了划分后小句中动词的类型，因为这些动词会影响先行词的确定。该算法通过建立动词库，将动词分类，通过动词判断回指词与先行词的配对。这种算法将句内回指解析转化为句间回指解析，将复杂句简化成小句处理，降低了计算负荷，同时通过建立动词库考察了影响句内回指的语义因素。但是，该动词库并不能保证将自然语篇中所有的动词都包含在内，因此其适用性还有待通过实际语料对其进行进一步验证。

从以上算法的分类可以看出，句间回指和句内回指是两种不同的机制，句间回指更多关注主题上是否延续或转换，受到句子结构的限制，因此利用向心理论推导出的算法也更适合解决句间回指；而句内回指更多关注句子内部结构，既受到语法影响，也受到语义、语用的限制，在使用向心理论进行句内回指解析时需要增加制约条件。这一点在王德亮（2011）的"汉语向心理论模型"回指解析算法中也可以得到验证和体现。该算法中虽然整合了汉语句内回指和句间回指，并将零形回指和代词回指融入其中，但是句内回指被放在预处理阶段，即句内回指与句间回指分开处理，互不干扰。因此，回指解析算法间不可混淆，否则会导致解析错误。

2. 向心理论对韵律的制约

夏志华（2012）指出，向心理论作为语篇结构理论之一，是进行语篇与韵律研究的新方法。董一巧、贾媛等（2015）的研究对此进行了尝试。该研究在向心理论框架下，采用语音学研究方法，以停顿时长和重音组合关系为考察对象，系统地考察了不同的过渡关系对语篇韵律特征的影响和制约作用。研究结果显示，不同的中心过渡关系制约停顿时长和重音组合等韵律特征。研究结果表明，过渡关系是制约韵律特征的重要因素，基于向心理论对汉语篇章韵律分析可以从本质上揭示表层语音表现的内在原因。汉语篇章的韵律特征并非杂乱无章和无规律可循的，而是与语篇语义结构相对应的。该研究结果可为提高语音合成的流畅度以及语音识别的准确度提供启发。

（四）总结

上文简要回顾了向心理论的理论与应用研究，其中理论研究以参数设定为研究对象，主要包括语句的切分、下指中心的实现与排序、过渡关系的定义与判定条件等；应用研究以回指解析算法和语篇韵律接口研究为两大研究方向，其中回指解析算法以零形回指为主，而与韵律的接口研究仍处于起步阶段，初步揭示了汉语篇章的韵律特征与语篇语义结构的对应关系。通过回顾国内外研究成果，我们不难发现，国内的理论研究缺少对汉语中语句间过渡方式类型以及优先顺序的讨论，需要结合大量真实语料，总结出符合汉语句法特征以及语篇布局模式的语句间过渡关系类型；国内的应用研究多讨论零形回指解析算法，而较少讨论其他类型回指解析算法，同时也未将第一、二人称代词和指示代词纳入考察范围内，广泛收集、分析不同体裁汉语语料，形成汉语回指解析算法体系；此外，基于向心理论的语篇韵律接口研究仍有待深入开展。上述内容作为国内研究的突破点，可为后续研究的开展提供新思路，丰富国内相关领域的研究。

向心理论的特点是通过前后小句之间的关系判定小句间的过渡关系，而对于中心性质的考察也可为其他语篇现象提供参考。其中，回指中心与话题有一定的相似之处，向心理论也因此被应用于话题结构的研究（夏志华，2013）。此外，向心理论与前文介绍的修辞结构理论着重探讨相邻的两个小句之间的联系，而多个小句之间的联系则通过话题链实现。

因此，下一部分将重点介绍话题与话题链相关的研究。

七　话题与话题链研究概述
（一）话题研究

话题和话题链的研究是语言学研究的热点问题，也是具有颇多争议的研究问题。一般认为明确的"话题"概念，最先由 Hockett（1958）提出，用以指称一种句法功能与主语相似，但又不易从句法向度加以厘清的语言现象。赵元任（1968）率先将话题和说明这一对概念引入汉语的句法结构研究中，提出汉语中的谓语是解释说明主语的性质、行为等的成分。关于话题的研究主要涉及话题概念的界定，话题与主语的区别以及话题的标记研究。

首先，关于话题的界定在学界存在颇多争议。曹逢甫（1995，2005）在总结话题的特征时，认为话题是一个语篇概念，它可以而且经常将其语义管辖范围扩展到多个子句。方梅（2005）指出："话题是一个跨越不同层面的概念。可以仅仅针对单个语句，也可以覆盖一段语篇。前者是句内话题，后者是语篇话题。"屈承熹（2006）强调："把话题认作是一个篇章单位有着重要意义，首先，它顺理成章地说明了，在一个没有上下文的孤立句子中，无须判断一个没有特别标明的名词性词语是否为一个话题。"由此，他认为话题是篇章概念而不是句法概念。杨连瑞、李绍鹏（2009）认为，一个语篇表达一个相对完整、独立的意义，说话人先提出一个话题，然后表达自己关于这个话题的观点，语篇一定有话题，否则就空洞无物、杂乱无章，所以话题是语篇层面的属性，不是句子的属性。

徐烈炯、刘丹青（2007）则把话题看作句法单位，并认为话题不限于名词短语，时间词、地点词、小句、动词短语也可以被看作话题。杨彬（2009）做了较全面的总结，他认为关于话题的研究呈现出4个路向："①句法向度。倾向于将话题归入句法范畴，认为话题是一个句法成分，体现出不同的语法化程度，代表学者有徐烈炯、刘丹青、袁毓林、潘海华等。②功能向度。重点考察话题的篇章功能和语义特征，认为在篇章生成中，话题控制代词化和省略等。代表学者有曹逢甫、陈平、徐赳赳、彭宣维等。③系统语法向度。这个研究路向受布拉格学派'主述位'理论影响较深，侧重考察描写语言的主述位结构，针对英语等语言的研究较充分，而针对汉语的研究相对较少。代表学者有黄衍、徐盛桓、王福祥等。④认知路向。侧重从元认知、信息结构、回指的理解等思路研究话题及话题链的特性。代表学者有屈承熹、许余龙、沈开木等。"

可以发现，不同学者对话题的概念存在不同的理解，对话题很多方面的性质的确定存在异议。首先，研究从不同的向度对汉语话题进行定义，存在不同的理解，因此缺乏客观统一标准，难以达成一致意见。其次，在话题研究中，主语和话题的概念问题也存在较多争议。自从赵元任（1968）把话题这一概念引入汉语之后，在近几十年来的汉语语法研究中，主语和话题关系的问题就一直备受语法学界的关注，而且汉语学界对主语和话题的句法地位、功能等问题一直存在分歧。

赵元任在（1968）中提出"主语跟谓语在中文句子里的文法意义是主题跟解释，而不是动作者跟动作的关系"，他认为"主语就是名副其实的主题，谓语就是说话人对主题的解释……只要主语跟谓语之间有主题跟解释的一般关系就行"。这一观点对汉语话题研究产生了深远影响。支持赵元任"话题主语等同观"观点的还有朱德熙先生，他认为"在主谓结构中，主语即陈述的对象，也就是说话的人所要谈到的话题"。

也有学者继承"话题主语等同观"，如方梅（2005）指出，句内话题是句子的谈论对象，汉语里句子的主语一般也同时是话题。沈家煊（2012）再提"汉语的主语就是话题"，他认为主谓结构和其他结构一样可以做谓语，那么这种谓语前头的主语自然还是主语，没有必要说它是性质不同的另一个东西。学者们对于这两者的定义及其界定标准仍存在分歧，因此到现在也没有明确而统一的定义。

而"话题等同于主语"一说后来却受到其他学者的质疑，他们认为主语是句法概念，话题是语用概念，所以之后的研究着力于将话题与主语分离开来。徐烈炯、刘丹青对于主语与话题的讨论是："我们把话题和主语都看作某个结构位置的名称，……话题是话题，主语是主语，它们是不同的句法成分"。曹逢甫对主语与主题（即话题）进行了比较，指出"主语是一个句法概念，其辖域控制着一个 VP 节点（node）。因此，可以想见它在子句内部的语法过程中有重要地位。而另一方面，主题则是一个语段概念，它可以把语义辖域扩展到几个句子，因此主题在涉及多个子句的过程中有重要作用便不足为奇了"。即他认为主语是句法概念，话题是"语段概念"。胡裕树、范晓（1985）也从性质上区分了话题与主语，并提出了从句法、语义、语用三个平面来区分主语与话题的观点。

其次，关于话题标记研究，国内关于话题标记研究更多的是个案分析，倾向于单独考察某一个话题标记。如李秉震（2009）在篇章层面讨论了一些具体话题标记的来源、特征、功能等问题。陈颖（2001）分析了语气词"吧"和"呢"用于假设复句的分句末尾的情况，认为它们可使其前成分话题化。屈承熹（2003）详细分析了提顿词"啊/呀""吧""嘛""呢"的话语功能。邓莹洁（2015）梳理了近15年来汉语话题标记的研究情况，指出目前国内话题标记研究中汉语话题标记主要可以分为介词类、动词类、语气词类、代词和关联词五类。总的来说，已有话题标记研究涉及种类较多，但这些研究有着各自不同的理论认识框架，对于话题标记的内涵、种类、性质、特征和功能等方面的界定各不相同。正如邓莹洁（2015）指出，话题标记研究"局限于表层语法、语义和语用表现的分析，缺乏对话题标记存在和作用的深层动因的理论认识。"

（二）话题链研究

关于话题链的研究主要从以下几个方面开展：①话题链的概念界定；②话题链之间的关系；③话题链表示和描述体系的构建。

对汉语话题链的界定各家都不相同。正如王建国（2012）所说："对'话题链的界限'这个基本问题至今却没有取得统一的认识，从而在一定程度上阻碍了话题链的深入研究，也使得一些研究成果的合理性受到质疑。"关于话题链的内涵究竟该如何界定、话题链的统摄辖域该如何划分等问题，研究者众说纷纭。

曹逢甫（1990，2005）认为，汉语的句子可以大体上定义为一个话题链，它是由一个或多个述题小句，共享一个位于话题链首位的话题而形成的一段话语。话题链是汉语言谈分析的基本单位，大致相当于英文的句子。从曹逢甫的定义来看，一个小句或多个小句都可以构成汉语话题链。李樱（1985）和杨彬（2009）赞同曹逢甫"单句成链"的观点，但大多数学者如石定栩（1992）和李文丹（2005）等却并不认同。石定栩（1992）认为，凡是一个话题链所管辖的范围，都可以看作是一个话题结构，这样理解的话题结构可以是一个超句，可以超越通常所说的主从复合句乃至并列复合句，只要是共用一个话题的一系列句子，都可以看作是一个大的话题结构（转引自徐烈炯、刘丹青，1998）。可以说，他界定的话题链属于汉语复句范畴，所以他不赞同曹逢甫"单句成链"的观点。他们所界定的汉语话题链都包含两个或两个以上的小句。

曹逢甫（1979）认为，单句也可以有话题链，因此将话题链分为单句话题链和复句话题链，这显然是将话题链视为句子。他认为，话题的功能之一是对其后语篇的衔接功能，话题链是篇章单位。钱乃荣（1989）认为，话题链之下可能存在小的话题链，话题链可以是有层次的结构，他将话题链视作篇章段落中信息的基本单位，是语言信息的组块。石定栩（1992）认为，话题链相当于英语中的句子（sentence），应该是句法单位。虽然曹逢甫和石定栩两人分别将话题链单位阐述为"篇章单位""句法单位"，但他们在分析时实际上都将话题链置于句子范围之内。屈承熹（1996）认为，同一个主题构成的一个主题链就是一个句子，并认为他所界定的"复句"等同于周国正先生的"语法句群"。孙坤（2014）认识到，很多话题链与句子确实是重合的，但也有不少话题链与句子并不重合，有时话题链可能是一个句子，有时可能在句子内部，即一个句子有好几个话题链，但有时好几个句子才是一个话题链，甚至出现在不同的段落中。他的发现其实反映出汉语话题链定义不明导致的界限不清。

李文丹（2005）认为，话题链可以跨句或跨段存在，即零形式话题不一定是零形回指，也可能是零形下指。在此基础上，她增加了话题链的形式：多句话题链、多段话题链、不连续话题链和修饰语话题链。孙坤（2014）指出话题链构成汉语结构和意义结合的完备单位，实为真正意义上的汉语"句子"。杨彬（2016）认为，实际情景中存在仅以实际行动应对话语而不接续对接话轮的现象，因此，"单个话题句也可视作一个话题链"（其后续的链条为零形态，称为单环话题链），并认为"甚至可以将之视为独立的语篇。"

关于话题链之间的关系，陈平（1987a）区分了话题的平行推进和层继推进，他指出："话语中的句子如果以上句的主题为主题，称之为平行推进；如果以上句说明部分中某个新的信息成分为主题，称之为层继推进。"

彭宣维（2001，2005）提出"话题链系统"。在这一系统中，话题所能起的衔接作用不仅跨越小句，而且跨越句子，形成复句、句群、段落、节和章等。这样具体篇章中的句子话题与篇章话题就能够联系起来，从而构建了话题链系统。这个话题链系统不但包括了共享一个话题的话题链，即重复性或同质性话题链，还包括了非重复类话题链，或相关话题链。非重复类话题链的形成靠的是句子话题之间存在的整体与部分、类与属以及上下义等语义关系；相关话题链指由语义不直接相关却存在语境相关的异指话题所引导的系列小句。

孙坤（2015）指出，话题链与话题链之间的关系大致有重现、终止、交互、轮换、相关、转移6种关系。他认为汉语话题链本质上可以看作是一种语篇组织方式，是句法和语篇整合的机制。话题链具有结构性功能，可将链中各个语句联系起来形成一个有机体，进而使话题链与话题链、非话题链形式通过不同的机制组合形成篇章。

关于话题链描述体系的构建，王静（2006）从生命度和组织方式两个角度对语篇和话题链进行分类，得到语篇和话题链的固有类别：有生静态、有生动态、无生静态和无生动态，并以此为基础，进一步将语篇中的话题链划分为强势、弱势两大类。她还深入分析了各类话题链和语篇的关系。

有的学者还依据对大量自然语料的分析，抽象出了话题的推进模式。宋柔（2013）提出标点句是处理篇章结构的基本单位。他提出汉语广义话题结构模型，从标点句入手分析了汉语句子相邻小句片段中的话题隐现情况，总结出了基于堆栈结构的回指话题恢复策略，并建立了面向言语工程的汉语篇章广义话题结构的流水模型体系，包括汉语篇章话题结构的堆栈模型、逆向堆栈模型、汇流模型及节栈模型等，具体介绍详见本书第三章。季翠（2013）继承宋柔的方法，对《围城》2万多个标点句共22万字的语料进行了标注，提出汉语篇章广义话题句的语料库标注原则，设计出汉语广义话题结构的标注体系。

周强、周骁聪（2014）引入话题链描述形式，设计了不同类型的话题评述关系集，构建了以话题链为主，融合关联词语和其他连贯形式描述机制，覆盖话题评述、并列、因果、转折四大类关系的汉语语篇连贯性描述体系（具体介绍详见本书第三章）。该描述体系在清华句法树库TCT上进行了初步验证，结果指出"话题链在不同体裁的汉语真实文本数据上都有很好的适用性，可以很好地解决显性关联词不足导致的连贯性判据缺失问题。"

综上所述，汉语话题和话题链的研究难点在于其界定。王建国（2012）指出，由于话题链的界限问题没有得到彻底解决，由此派生了以下一些问题：①话题链内各成分之间是什么关系？话题链结构中的小句是否存在？（曹逢甫，2005，石定栩，2000）连续小句中复指的名词短语话题出现意味着话题链的断裂（曹逢甫，1990，2005），甚至与链话题同指的代名词话题出现也意味着话题链断裂。（Li，1985）然而，既然话题的语义仍然延续，话题链为何应视为断裂呢？话题链中的小句之间是否可以加入连词？（曹逢甫，2005，石定栩，1989，Chu，1998）②话题链的功能是什么？话题链是汉语的篇章单位（曹逢甫，1995）还是句法单位？（石定栩，1992）③语用和认知因素对零形式话题的出现有多大的制约作用？这些问题都是需要给出确定答案的。

可以看到，诸多学者对于话题链的定义和界定产生了很大的分歧，有的以句号为标志，有的则跨越了句号的界限。学界在"话题链的界限"这个基本问题上至今没有取得统一的认识，从而在一定程度上阻碍了话题链的深入研究。屈承熹（1998，2006）指出，混杂话题链的出现，使汉语标点在一个话题链结束后，仍然使用逗号，产生流水句现象。孙坤（2014）也认识到，话题链不能以句号的出现与否来界定，虽然有不少话题链出现在句号内或与句号相吻合，但句号使用随意性较大，不能作为判断标准，汉语中的句号与汉语"句子"在某种程度上是脱节的。沈家煊（2012）指出，造成汉语"特多流水句"的原因就是零句占优势，零句既可以组合成整句又可以独立成句，句与句之间除了停顿和终结语调没有其他形式标志，关联词的有无不能作为判别标准，况且关联词经常省略，意义上的联系依靠上下文来推导。汉语句与句之间的语义联系不必靠句法关联手段，可以靠人的一般认知能力来推导。

（三）总结

话题研究时间跨度大，涉及问题多，随着研究的不断深入和细化，研究对象逐渐从句子层面向语段层面拓展，并逐步向整体语篇层面过渡，综合分析的倾向也更加凸显。然而，话题与话题链研究的内部发展仍不平衡。通过上文的回顾，我们发现目前讨论的焦点主要集中于理论层面，包括话题的定义与范围（即话题属于语篇单位还是句法单位），话题与主语的关系，以及话题标记等。此外，对于汉语这种意合型语言来说，确定不同话题链的辖域进而合理切分语篇的难度较大，汉语话题链的概念界定、话题链之间的关系、话题链表示和描述体系等尚未取得统一的认识。例如，话题链是单句、复句还是语段，什么样的句子或句群可以界定为话题链，对于这些问题，各家意见不同。因此，在明确汉语中话题与话题链的定义后，我们可从新的角度和切入方式进行相关应用研究，并与韵律等领域接口，开展跨领域、跨学科的研究。

尽管话题与话题链作为独立的研究领域已受到众多关注，在很多研究中，话题仍被视为信息结构的一部分。信息结构作为语篇研究领域的重要概念，从功能角度入手考察语言中新旧信息的交互作用，相较于上述考察小句间关系的理论又处于更高的层级，其更关注于篇章的语境变化，下一部分将对信息结构相关的研究展开介绍。

八 信息结构研究概述

现代语言学中的信息概念由布拉格学派（Prague School）最早应用到语言研究领域，他们对于语言信息的研究主要是从语言功能的角度出发，学派代表人物 Mathesius（1939）在其著作中阐述了"实际切分"的理论。他认为应该根据话语在具体的上下文语境中的交际目的，也即要表达的实际意思，进行句子切分。按照该理论，句子应分为两部分：主位（theme）和述位（rheme），其中主位是"话语起点"，表示说话人要叙述的对象，在绝大多数情况下由已知信息充当；而述位是话语的核心，表明主位做什么或怎么样，用来传达新的信息。

Halliday（1994）对语言学上的信息进行了进一步定义，他指出"在严格的语言学意义上，信息是已知或可以预测的内容与新的或无法预测的内容之间的张力。这与数学中的信息概念不一样，数学中的信息是对不可预测性的测量。语言学意义上的信息是通过新内容和旧内容的相互作用而产生的。因此，信息单位是一种结构，由新信息和已知信息两种功能构成。"（转引自刘云红，2005）其中新信息是说话人认为听话人不能从已有的语篇中提取的信息，而已知信息则指可以从上文中获取的信息，通常的排列顺序是已知信息在前，新信息在后。说话者有权按照自己的意图决定话语信息编码的方式及其内在结构的排列，通过信息结构把言语交际行为组织成信息单位的序列。可以看到，Halliday（1994）在前人所提出的主—述位结构的基础上，发展出了信息结构这一相对独立的概念，其与主—述位结构既相互区别，又存在联系。随着研究不断推进，他不断对该理论的内容进行丰富和修正。可以说，这一理论极大地促进了语言研究的发展。

国内学者对于信息结构的定义也作出了许多积极有益的探索。徐盛桓（1996）指出，所谓信息结构，一般来说就是把话语组成信息单位的结构，严格地讲信息结构就是已知信息与新信息相互作用而形成信息单位的结构。徐的观点基本上继承了 Halliday 对信息结构的定义。陆俭明（2014）对信息结构的定义是："人与人之间言谈交际的过程，就是彼此不断传递信息（包括情感在内）的过程。说话一方所要传递的信息或听话一方所感受到的信息，可以统称为'语言信息'。语言本身是个变动的结构系统，有内在的结构规则；语言信息也是一个结构系统，本身也有一定的结构规则。'语言信息结构'就是指语言信息结构系统。"

信息结构的研究内容主要包括：焦点（Topic）、信息的已知性、信息结构标注系统和话题四个方面，本部分对前 3 个方面的研究进行回顾和梳理，关于话题的研究回顾已在本章第七小节部分开展，此处不再赘述。

（一）焦点（Focus）

Mathesius（1929）首次使用"焦点"这一概念，来指称未知信息的集合与叙述的核心。Halliday（1967）将其进一步发展，他认为焦点是一种语法化的范畴或属性，决定了言语中哪个部分代表新的、不可推及的或对比性的信息。在他的理论中，焦点被看作是述题的一部分，是句子的新信息；在韵律上，焦点成分本身或者它的一部分总是凸显的。Jackendoff（1972）认为焦点是"说话人假设不为听话人所共知的信息"。Trask（1993）认为，焦点是指句子中的成分被赋予特别的重要性，该成分代表的是最重要的新信息。刘丹青、徐烈炯（1998）认为，焦点在本质上是一个话语功能的概念，它是说话人最想让听话人注意的部分。实际上，前面国外学者对焦点的定义主要是从信息状态的角度出发，而徐、刘对焦点的定义是从语用（也可以理解为信息的重要程度的）角度来谈的。焦点作为语言学中的重要概念，在信息结构、句法、语义、语用等多个角度应用广泛,因此对焦点的研究呈现出蓬勃之势。

从信息结构角度去探索焦点的过程中,长期存在的一个问题是关于信息焦点(information focus)和对比焦点(contrastive focus)的。信息焦点和对比焦点的例子如 Selkirk(2008)所示:

  a. I gave one to Sarah$_{CF}$, not to Caitlin$_{CF}$.
  b. I gave one to Sarah$_{IF}$.

其中,b 句里标注 *IF* 的"Sarah"即为信息焦点,不包含对比意味,只涉及信息的新旧与否。而其中 a 句里的标注 *CF* 的"Sarah"和"Caitling"即为对比焦点,表示含有对比意味的焦点,带有排他性和穷尽性等特征。文中例子为比较明显的对比焦点,一些学者认为受到限定副词如"只有"等的修饰,名词也暗含着对比意味,因此也算是对比焦点。

国外学界对这两个概念的探讨比较多,主要分为两个派别。一些学者如 Rooth(2010)认为,应该抛弃对比焦点这一概念,对信息结构中涉及的焦点进行统一;而另一些学者如 Selkirk(2008)则主张有必要对这两个概念进行区分。可以发现,这两个概念在语义及语用层面确实存在一些区别,但在语音表现上却并没有什么不同。国外的研究表明,这两者在语音选择上不存在差异,都会获得主要音高重音。而汉语学界对于信息焦点和对比焦点的概念的争议相对较少。方梅(1995)认为,对比焦点和常规焦点(也即信息焦点)的区别在于预设不同。玄玥(2004)认为,信息焦点是信息结构在句法结构上的体现,而对比焦点则是语用层面上的焦点。此外也存在一些语音方面的研究,但并不涉及两者的对比。周韧(2006)指出:"韵律节奏的安排有助于信息焦点的确定,在无音高重音标示的情况下,汉语的信息焦点在韵律阶层上必须至少是一个音步,而且信息焦点结构的划分不能破坏句子中音步结构的划分。"

此外,在焦点研究中存在很多关于二次焦点的争议和讨论。Selkirk(2008)认为二次焦点是一个给定的已知成分,已经在前文中被提到,只是又一次被分配到了焦点。此外,国外的研究者还关注到了再现焦点(second-occurrence focus)的问题。如 Partee(1999)给出的一个对话的例子：

  a：Everyone already knew that Mary only eats vegetables$_F$.
  b：If even Paul knew that Mary only eats vegetables$_{SOF}$ then he should have suggested a different restaurant.

其中标注 *SOF* 的内容"vegetables"为二次焦点，这个词在前一句中已经充当了焦点成分，在第二句话中再次出现，又被分配到了焦点。从信息状态的角度上来看，我们看到二次焦点实际上代表着已知信息，已知信息也同样能够获得焦点，这打破了 Halliday 等"焦点即是新信息"的观点。国外学者对二次焦点的研究比较成熟，主要集中在语音层面。Beaver 和 Clark 等（2007）曾指出上述例子中的二次焦点由次重音实现，没有通过音高运动进行标记，而是增加了其时长，同样的结果也在德语中被发现（Riester and Baumann，2011），而汉语学界对这方面的研究还比较少。

在信息结构中，与焦点相对的概念是"背景"，Daniel（2004）认为，背景是焦点所涉及的一切存在。背景的范围太过宽泛，且在信息结构的研究中常常只是用来通过对比凸显焦点特征的成分，因此我们便不对它进行过多的说明。通过上文我们知道，在信息结构研究中，焦点性质的界定和与信息状态的关系是需要亟待解决的问题，而其在语音层面上的表现是吸引国内外学者关注的主要内容。

（二）信息的已知性（Giveness）

信息的已知性主要表示的是信息的状态。关于信息的状态，主要涉及两方面的问题：①信息状态的分类；②信息状态的接口研究。下面我们分别进行说明。

上文中，我们曾指出，Halliday（1967）认为新信息是说话人认为听话人不能从已有的语篇中提取的信息，而已知信息则指可以从上文中获取的信息，通常的排列是已知信息在前，新信息在后。具体来说，他认为新信息和旧信息的区别在于"可恢复性"（recoverable），"可恢复性"指的是已经在前文中提及的内容、处于当前语境中的内容、已经流传开的内容及只能意会的内容；而前文中未提到的内容及意想不到的内容则是不可恢复的。我们可以很明显地看到，Halliday 对信息状态的划分是二元的。此外，他虽然没有进行明确的划分，但我们也能够看到，他对信息状态的划分实际上包括了客观上的话语信息状态及对于会话参与者来说主观感受上的信息状态。胡壮麟（1994）很大程度上继承了 Halliday（1967，1994）的看法，他认为："信息结构是一种语义结构形式。在这个结构中，语篇的每一个成分在已知信息、新信息的框架中，均具有一定的功能，即不是已知信息，就是新信息"。

Chafe（1976）反对简单的新旧划分，假设了第三类信息的存在。他认为旧信息在受话者头脑中是已激活状态，新信息对应的是未激活状态，而介于这两者之间存在一个半激活状态，引入了可及性信息的概念，这类信息在某种意义上是语境中的新内容，但在认知上与已出现的内容存在相关关系。可以说，Chafe 的划分跳出了非此即彼的二分法，肯定了中间状态的存在，有了很大的进步。Prince（1981）也反对二分法，她认为这样无益于描述信息状态。她使用"认定的熟悉程度"（assumed familiarity）这一标准对信息状态进行描述，构建了一个信息状态分类体系，如表1—6 所示。

表1—6　　　　　　　　Prince 信息状态分类体系

信息状态	子类	次子类
新实体 （new entity）	全新实体 （brand-new entity）	无依附全新（unanchored）
		有依附全新（anchored）
	未用实体 （unused entity）	—
可推知实体 （inferable entity）	非包含性（noncontaining）	—
	包含性 （containing）	—
被唤起的实体 （evoked entity）	情景唤起的实体 （situationally evoked entity）	—
	语篇唤起的实体 （textually evoked entity）	—

我们可以看到 Prince 实际上是划分了 3 大类及 6 个小类，相比之前学者的二分法要进步很多。

国内学者在这一方面也做出了一系列有益的探索。如徐盛桓（1996）认为，信息状态的划分主要应该依据交际当时所发生的文本。据此，他将信息状态划分为已知信息、相关信息、零位信息、新信息、混合信息。其中的零位信息是指"信息的消息内容为零"的词语，如英语里"There be"句型里的"There"实际上没有具体语义所指，只起到引出其他信息的作用，因此传递的信息为零。而混合信息是指在一个信息单位中存在的不同的信息状态，构成了混有已知信息和新信息的混合信息。徐盛桓（1996）的分类也是一次有益的探索，但关于零位信息和混合信息的分类存在些许不妥之处。比较合理的分类应该适用于多种语言，而他所举的英语例子可能并不适用于汉语。至于混合状态则不应该是信息状态基础分类的一部分，而应该是更高层次的内容。对前文中所提到的几种信息状态的分类方法进行了梳理，我们得到了表 1—7。

表 1—7　　　　　　　　　　信息状态分类情况

代表人物	划分标准	划分方法	划分类别
Halliday	可恢复性	二分法	已知信息、新信息
Chafe	意识	三分法	已知信息、可及信息、新信息
Prince	认定的熟悉程度	三分法	新实体、可推知实体、被唤起的实体
徐盛桓	交际当时所发生的文本	五分法	已知信息、相关信息、零位信息、新信息、混合信息

在对信息状态分类的过程中，我们看到国内外的很多学者都积极地做出了有益的尝试。我们认为在进行信息状态基础类别划分时，不能够进行简单的二分法，因为信息状态与人的认知心理存在一定的相关关系，应该是一个连续体。而划分得过于细致又会给研究人员进行信息状态判断造成困扰。我们认为，Prince 的划分方法相对较为合理，在划分出基本类别的基础上进行子类划分，可以说是"点面俱到"，比较利于开展相关方面的研究。

信息状态的接口研究主要集中在语音层面，国外的研究相对来说起步较早且较为成熟。"Halliday（1967）认为英语语调的功能之一就是标示新、旧信息。话语分布成为信息单位，是通过声调群（tone groups）来体现的。""Halliday（1967）认为在言语交际中，说话者总是想把信息编码成不同的信息单位，信息是通过一系列的信息群展现的，在口语交际中则是通过不同的声调群。"（转引自鞠玉梅，2003）Swerts 和 Krahmer 等（2002）曾经对荷兰语、意大利语的信息状态和韵律结构之间的关系进行了探究。语料来自 8 个荷兰人及 8 个意大利人的简单对话游戏。在重音的分布上，他们发现在荷兰语中新的、有对比性的信息获得了重音，已知信息则没有获得重音；而在意大利语中，重音分布并不是区分信息状态的显著因素。在重音的等级上，他们发现荷兰语中单一的对比重音被感知到的重音等级是最高的，已知信息被感知到的重音等级是最低的；在意大利语中，被感知到的重音等级和信息状态的相关关系并不明确。笔者猜测这可能是由于意大利语是非可塑性语言（unplastic language），有很多韵律之外的方法来标记信息状态，如词序。国内对这方面的研究虽然起步较晚，但也取得了一定的成果，我们将在下文对此进行专门的介绍。

（三）信息结构标注系统

如果想要进一步深化对信息结构的研究，进行相关方面的接口研究，则需要大量的语料作为支持，在此基础上，提取相关数据进行统计分析。这就要求我们预先对语料进行处理，标注出所需要的信息结构内容。下面，本部分着重介绍两个不同的信息结构标注体系，包括其理论基础、标注内容、指导方针等方面的内容，并对这两个标注体系进行比对、分析。

1. Paggio（2006）

Paggio（2006）对丹麦语口语语料库进行了信息结构的标注，她的标注体系主要建立在 Lambrecht（1994）的理论基础上。Lambrecht（1994）进行了两方面内容的区分：一是对句子的焦点和已知背景，二是对句子的话题和说明。他认为焦点是必需的，但背景不是必需的；句子的话题是与焦点表达相关的信息的指称，而说明则包括了焦点和其他背景信息。基于这样的理论基础，Paggio（2006）选取了焦点作为主要的标注内容，并对能够识别出的话题也进行了标注。该标注体系主要的指导方针有以下三点：

（1）不是所有句子都有话题，但是所有句子都有焦点，两者不相干；

（2）焦点不一定是句子短语；

（3）焦点部分至少有一个主要重音，非焦点的词不一定非重读。

在信息结构层 Paggio 主要标注了话题和焦点；由于标注的对象为口语语料库，她对其中的停顿和重音也一并进行了标注；此外还对词语的结尾进行了标注。其中主要的标注符号及代表含义如表1—8所示。

表1—8　　　　　　　Paggio（2006）标注符号及意义

符号	含义
F	焦点
T	话题
+	停顿
,	重音
−	词语结束

标注工作主要在 Praat 里进行，由两名标注人员完成。在标注过程中，标注人员借助语音文件的韵律信息进行焦点和话题的判断。经检测，标注人员在独白和对话两种类型语篇上的一致性测试结果为 0.7—0.8，达到了较高的一致性水平。根据标注结果，Paggio 对焦点和停顿的关系进行了探究，她主要关注的问题有两点：①小句内的停顿是否和焦点相关；②焦点区域的停顿在哪个位置发生得最为频繁。经过统计分析，她得出：总体上看，在焦点区域前存在停顿的可能性较低；从内部表现上看，形容词前存在停顿的可能性相对较高。焦点区域的停顿和短语边界不存在对应关系，焦点左手方向的边界也不存在作为标记的停顿。

可以说，Paggio（2006）对信息结构的标注相对简单，只关注了焦点和话题，而在其标注的过程中，依靠韵律信息确定焦点和话题在一定程度上简化了标注任务，但也使标注内容在语义上显得含混不清。（Riester and Baumann, 2011）一致性测试的分数虽然相对较高，但这建立在标注人员数量较少和特定类型语篇的基础上。如果加入更多标注人员，并把更多的语篇类型纳入考量，那么一致性测试的分数很有可能会低于现有水平。但是，该标注系统的建立和使用，对焦点和停顿关系的探究比较有启发意义。

2. Dipper 和 Götze 等（2007）——LISA

Dipper 和 Götze 等（2007）的信息结构标注体系是他庞大的语料标注系统中的一个分支。他对信息结构的标注没有以特定的某个理论作为基础背景，标注的内容主要分为三个层面：信息状态、话题、焦点。该标注体系的主要的指导方针有三点：

（1）标注方法主要依赖功能测试，而非语言形式相关的测试；

（2）信息结构的几个方面分别标注，假定彼此之间无关；

（3）分为核心标注方案（是一个总体上的分类，标注人员必须标注，其结果较为可靠）和外延标注方案（是一个更为细致的分类，标注人员可依据自己的判断进行标注，结果的个体差异可能较大）。

下面我们将分别描述其标注的具体内容，包括标注对象、标注方案、符号表示等。

（1）信息状态。信息状态的标注对象主要为指称，包括很多类型的实体，如个体、地点、时间、事件等，不对与会话指称无关的名词性短语或介词短语进行标注。信息状态可以理解为获得先行指称的难度，在核心标注方案中主要分为三类：giv（已知信息）、acc（可及信息）、new（新信息）。giv（已知信息）指的是在上文中已经提到的信息；acc（可及信息）指的是可以根据会话内容推断出来的信息；new（新信息）指的是前文中没有提到，也不能够根据文章内容推断出来的信息。具体的标注方案（包括核心方案、外延方案的标注符号和相关含义）详见表1—9。

表1—9　　　　　信息状态层的标注方案及含义

核心标注集	描述	外延标注集	描述
giv	Given（已知信息）	giv-active	active（在前一个句子中已知）
		giv-inactive	inactive（在前一个句子之前已知）

续表

核心标注集	描述	外延标注集	描述
acc	Accessible（可及信息）	acc-sit	situationally accessible（当前会话情景中的一部分，如花园——花）
		acc-aggr	aggregation（前文已知或可及信息构成的组群，如他——人群）
		acc-inf	inferable（整体和部分、个体和集合、前文已知信息的属性，如花——香味）
		acc-gen	general（类属，如狮子——动物）
new	New（新信息）	—	—

（2）话题。话题标注主要包括 aboutness topic（关联话题）和 frame-setting topic（框架设定话题）两类。aboutness topic（关联话题）表示与对话中作出描述的句子相关的实体，主要有：指称性的名词性短语、有专门解释的非指称性名词性短语、有类属解释的复数形式、指称具体事物的限定性从句。frame-setting topic（框架设定话题）组成文章的框架，只有在这样的框架之下，分散的句子才能够被理解，通常包括：表示时间或地点的介词短语、副词性短语等。frame-setting topic（框架设定话题）绝大多数情况下位于首位，或者作为会话参与者共有的背景知识或者作为能够简单推导出来的相关信息。aboutness topic（关联话题）和 frame-setting topic（框架设定话题）两者间并不互相排斥。但不是所有的句子都有话题。话题的标注只有核心标注方案，其标注符号和含义如表 1—10 所示。

表 1—10　　　　　　　　　话题层的标注方案及含义

核心标注集	描述
ab	aboutness topic（关联话题）
fs	frame-setting topic（框架设定话题）

（3）焦点。按照 Dipper 和 Götze 等（2007）的观点，焦点的判定主要有两个标准：①提供新信息或带领会话向前；②与语义或句法上相似的成分存在矛盾。前者就是焦点标注层中的 new information focus（新信息焦点），后者就是焦点标注层中的 contrastive focus（对比信息焦点），这两种焦点并不互相排斥，主要出现在对 wh–类问题的回答里、疑问句和祈使句中。具体的标注方案（包括核心方案、外延方案的标注符号和含义）可详见表 1—11。

表 1—11　　　　　　　　　焦点层的标注方案及含义

核心标注集	描述	外延标注集	描述
nf	New information focus（新信息焦点）	nf-sol	solicited（会话中一方寻求新信息）
		nf-unsol	unsolicited（非寻求新信息）
cf	contrastive focus（对比信息焦点）	cf-repl	Replacement（替换概念）
		cf-sel	Selection（从给定选项中选择）
		cf-part	Partiality（偏好类的选择）
		cf-impl	Implication（暗示已知信息并不是真值）

续表

核心标注集	描述	外延标注集	描述
cf	contrastive focus（对比信息焦点）	cf-ver	truth value（强调真值）

我们可以看到，Dipper 和 Götze 等（2007）的信息结构标注体系非常详尽，涵盖了信息结构的多方面内容，而且他们创造性地发展了两套标注方案，既实现了全面统筹，也进行了细节规划。但我们也应该看到其存在的问题：①该标注系统已经在信息状态的部分进行了新旧信息的划分，然而在焦点部分又将新信息焦点单独作为一类提出，两者存在交叉。在如此细致的标注体系中，这样的做法很容易造成混乱，削弱了其合理性。②在焦点层，Ritz 和 Dipper 等（2008）报告了基于不同文本类型的一致性测试结果，仅为 0.41—0.62，一致性水平比较低。

（四）总结

通过回顾国内外相关研究，我们可以发现国外对信息结构诸多方面的研究在国内学界均有所涉及，例如，在明确焦点、背景、话题等与信息结构相关的重要概念的基础上，对信息状态进行分类，并提出不同的信息结构标注体系，以便开展大规模标注、为深化信息结构以及开展接口研究提供语料支持。相较于国外学界，国内学界在焦点研究方面缺乏对对比焦点和信息焦点的对比，对二次焦点的研究存在不足，这反映了国内学界对信息结构中焦点概念的认识有待进一步扩展；在信息状态研究方面，信息状态的界定缺乏统一标准，且一些学者持有简单的二分观点。此外，在信息结构研究的几个视角上，国内学界的接口研究不够丰富，在汉语信息结构的研究中，接口研究还相对较少，尤其是信息结构和韵律的接口研究。接口研究有助于我们整合不同层面的语言要素，进行综合考量，继而获得对语言系统较为全面的整体认知，这是汉语信息结构研究主要的发展方向之一。

第二节 研究目的和意义

通过回顾以往的研究可以发现，汉语语篇理论层面的分析，主要在语法、语义与语用角度开展，多注重理论的发展和对汉语的解释，研究结果往往缺乏大规模数据的支撑。而语料库、多模态和互动角度的研究多基于统计分析，主要关注语言的使用和交际意义，但在计算机领域的扩展性不强。就前文介绍的各理论而言，依存句法、修辞结构理论和向心理论划分了具体的关系集或给出系统的关系判断方法，因此具有较强的可操作性，结合语料库开展的接口研究数量较多。其中，依存语法和修辞结构在计算机研究领域的应用性也较强，原因在于语言特征转化为可被计算机识别和利用的知识特征，例如依存分析结果是一棵树，但和修辞结构的树不同，句子之间直接建立依存关系，不再含有中间节点。在修辞结构（RST）树结构的分析过程中，关联性强的单元先通过修辞关系进行组合，形成大的语篇单元，大的语篇单元再形成更大的语篇单元，直至形成一棵覆盖语篇所有单元的树，该树形结构可以在计算中得到较好的应用。而回指、话题与话题链以及信息结构则更侧重于理论研究，其主要原因在于相关领域的部分概念界定仍存在争议，尚未形成被广泛认可的特征集。因此，要加强语言学相关理论的应用价值，需要构建针对语篇的特征描述体系，开展大规模的接口研究，并提出可供计算机识别的特征和结果。

目前，语言学研究领域强调了语篇层面语法和语义研究的重要性，其研究结果属于理论层面的探讨，可靠度与可信度亟须在大规模语料上进行实验验证。理论层面研究缺乏大规模统计数据的验证和支持，而应用角度的研究方法往往较单一，研究结果往往是理论和应用的结合性不强。为了进一步扩展语篇层面的韵律接口研究，需要综合多个研究领域，如语篇语法角度、语义角度、语用角度、语料库角度，以及对语篇韵律接口问题开展较全面的研究，以揭示语篇的语法结构与语义、语用和韵律等方面的交互影响和制约作用。尽管以往对语篇的研究已经注意到语篇多角度研究对韵律影响的重要性，但是理论框架往往只涉及语法、语义或语用的单一方面，例如以修辞结构理论和向心理论等为理论框架，考察其内部成分对语篇韵律的影响和制约作用。每个研究所采用的语料内容差异较大,造成结果的统一性和应用性不强。此外,研究缺乏依存语法、话题链和信息结构对语篇韵律的影响作用。因此,已有的研究无论从整体性还是系统性上看,仍有待进一步研究。

鉴于以上分析,为了对语篇韵律的表现具有较全面和系统性的认识,本研究拟面向汉语朗读语篇,以依存语法、回指结构、向心理论、话题与话题链以及信息结果为理论基础,构建一个语法、语义、语用与韵律特征的分层表示体系,通过不同层级特征的描写,解析汉语从底层的结构特征,到表层的韵律实现特征。在构建表示体系的基础上标注汉语语篇语料,构建大规模标注库,开展语法、语义、语用与韵律的接口研究,在不同的层面考察不同语法、语义或语用特征对语篇韵律的影响和制约作用,即语法与韵律、语义与韵律以及语用与韵律之间的关系研究,以厘清不同特征对语篇韵律特征的影响作用。语法层面的标注主要基于依存句法、回指理论展开,语义层面的标注基于修辞结构理论、向心理论以及话题链展开,而语用层面的标注基于信息结构理论展开。

该研究的学术价值和应用价值在于:①以依存语法、音系学、语音学,以及篇章语言学等理论为基础,提出一套针对语法、语义、语用与韵律特征的分层表示体系,该体系可以在不同的层级上,对语言的不同类型的特征进行描写,在国内同类研究中具有创新性;②通过分层表示体系的特征描写,可以将语法、语义、语用与韵律中某个特征(如依存关系、句子语义衔接类型、话题转化以及新、旧信息)分别作为变量,考察两者之间或者更多特征之间的交互对韵律的影响,对于韵律接口问题的研究而言,本研究更具有系统性和创新性;③研究通过构建大规模数据标注库,可以对语法、语义、语用与韵律的接口问题进行统计与分析,研究结果更具有可靠性,其推广性也更强;④该研究属于跨学科研究,采用了语音学、语言学、自然语言处理和机器学习的相关研究方法,研究结果可用于汉语语篇理解、对话意图分析、信息安全等领域,具有很强的应用性与社会效益。

第三节　各章内容简介

本书第一章对不同领域中与语篇相关的研究和应用进行了全面、系统的梳理和总结。从语法语义语用角度、互动角度、语料库角度、多模态角度、语音角度对语篇的研究以及其在教学、自然语言处理和跨语言对比等方向的实际应用进行了回顾。此外，还详细介绍了依存语法、篇章回指、修辞结构、向心理论、话题和话题链，以及信息结构方面在理论与实践中所取得的成果和不足。通过对相关问题国内外前期研究的梳理，在归纳其共性，总结其优势的基础上，发现了先前研究在理论和应用结合方面依然存在诸多不足，特别是国内目前采取的很多研究和分析方法过分依赖于现有的西方的方法和理论，缺乏对汉语个性的考量。因此，本研究尝试提出适合于汉语的标注体系和研究方法，拟构建一个针对汉语朗读语篇，包括语法、语义、语用与韵律特征在内的分层表示体系。本章接下来还对构建汉语分层表示体系的重要性和必要性进行了论证。

第二章从理论角度出发，重在厘清本书所涉及的重要概念。对于书中所涉及的与本研究相关的语言学子领域，篇章结构和韵律特征等方面术语的定义进行了详细的介绍，以防不明确的术语对读者理解造成困扰。同时，从基础概念、理论框架、主要特点等几个角度入手，着重介绍了在后续章节中构建分层表示体系及开展接口研究时所采用的与语篇分析相关的六种主要理论：依存语法理论，篇章回指理论，修辞结构理论，向心结构理论，信息结构理论和互动语言学理论。以期为读者提供阅读所必需的背景知识和理论结构框架。

第三章梳理了前人所构建的标注体系，主要包括篇章句间关系标注体系，以修辞结构标注体系、关联词语标注（宾州语篇树库 PDTB）、面向中文的篇章句间语义关系体系、适合英汉双语的标注体系为代表；篇章内部实体关系的标注体系，以信息结构的标注体系、基于话题链的汉语语篇连贯性描述体系、广义话题结构标注、汉语"词库—构式"互动的语法描写体系为代表。在此基础上，提出了适合于汉语语篇（朗读和对话）的，以句法学、音系学、语音学以及篇章语言学等相关理论为基础，包括语法、语义、语用韵律特征在内的分层表示体系。本章接下来对语法层、语义层、语用层及韵律层的标注规范进行了说明，并结合汉语朗读语篇，从相关实例入手，具体展示了依存关系、回指结构、修辞结构、向心理论、话题和话题链，以及信息结构的标注规范。这是第四章接口研究开展的基础，也可为后续相关研究的开展提供标注上的指导。此外，本章介绍了 RSTTool、MMAX2、Praat 等标注工具的功能和使用方法，以及接口研究中涉及的统计方法。

第四章是本书的核心内容，研究回顾了以往关于语篇韵律的研究内容，并指出在与结构和语义及语用接口上需要进行扩展研究。在此基础上，研究根据上文所构建的汉语分层表示体系，在进行大规模语料标注的基础上，以重音分布位置、重音等级和停顿时长等参数为切入点，开展了基于依存语法、篇章回指、修辞结构、向心结构、话题和话题链，以及信息结构等理论的韵律接口研究，从不同层面反映了语篇信息对韵律的影响和制约作用。本次研究从语音视角丰富了汉语相关领域的研究，在补充前人成果的基础上，发现了诸多具有重要意义的语音现象，进一步加深了对汉语篇章层面韵律特征的了解。此外在实际应用上，也期望能对言语工程中语音合成及语言识别等领域产生积极的影响。

第五章结语部分，梳理了各部分的主要内容，总结了本研究的发现和意义。本研究既对前人的部分结论进行了检验和修正，也对此前语篇韵律接口研究尚未涉足的领域有了进一步的深化。不但在理论上加深了认识，相关成果也具有一定的实际应用价值。但本研究依然存在一些缺陷和不足之处，本章尝试指出了未来研究的扩展方向，即指出从依存语法、篇章回指、修辞结构，以及信息结构等角度，开展综合研究的必要性，并论述了在此基础上，开展互动研究的意义和方法。

第四节　本章总结

上文首先从多个角度回顾了语篇的理论以及应用研究，指出综合考虑多个篇章理论的重要性，其次分别对依存语法、篇章回指、修辞结构、向心理论、话题和话题链、信息结构等多个语篇分析相关领域的研究进行了全面的总结，厘清各理论之间的联系。

通过回顾与梳理上述研究，不难发现国内语篇研究在理论与应用层面均获得了丰硕的成果，但仍存在一定的问题。首先，较多定义尚不明确，各家存在争议，在一定程度上阻碍了该领域的深入研究。例如，对于话题链的定义和界定就存在很大的分歧，至今没有取得统一的认识。其次，尽管语篇研究与各个学科都有紧密的联系，但目前尚未形成大规模且有意识地与其他领域的接口研究，从而无法获得对语言系统较为系统和全面的认识。最后，国内相关领域仍倾向于采用定性研究的研究方法，以定量方法进行实证式研究相对较少。因此，研究在回顾上述研究基础上，提出了本研究的目的、意义和研究方法，以及本研究各个章节的组织和规划。

第 二 章

相关术语和理论简介

第一节 术语介绍

本节将首先定义本研究涉及的基础语言学概念，再介绍本研究所依据的主要理论中涉及的关键术语（对相关理论的介绍详见本章第二节），最后定义与韵律特征相关的术语。

一 基础概念

语法（grammar）

语法包括词法和句法，词法的研究范围包括词类和各类词的构成、词形变化，句法的研究范围包括短语、句子的结构规律和类型，本书相关研究主要集中于句法领域。目前主流的句法理论包括生成句法与系统功能语法，前者侧重研究语言知识或语言能力，而后者侧重研究语言的使用。

语义（semantics）

语义即自然语言包括词、短语（词组）、句子、篇章等不同级别的语言单位的意义，涉及语言学、逻辑学、计算机科学、心理学等多个领域。目前主流的语义理论包括词汇语义学与形式语义学等，前者主要研究词与词之间的语义关系，如同义词、同音词等，后者则以形式化描述自然语言的语义为目标。

语用（pragmatics）

语用即语言在使用中的意义，研究如何在语境中理解和使用特定话语。不同于真值条件语义，语用通常研究的是言外之意。例如，"有车来了"的字面意义是有车来了,但在特定语境下可表达提醒行人注意来车的语用义。

篇章（text）

篇章是前后相连的小句组成的段落,是一次交际过程中使用的完整语言体,表现为独立的功能单位。Renkema（1993）罗列了判断连续小句是否构成篇章的七项标准,即外部联系、内部联系、目的性、可接受性、信息性、环境因素、内部篇章性。徐赳赳（1995）则认为,篇章具有功能性、层次性、关系性等特征。与篇章相近的另一概念为话语（discourse）,有学者认为篇章与话语的差别在于前者指书面语,后者指口语,也有学者认为篇章既包括书面语,也包括口语（徐赳赳,2003）。本书采用第二种观点,即篇章也包括口语,并以朗读篇章作为研究对象,在不同理论框架下研究朗读篇章的韵律表现。

接口/界面（interface）

接口/界面指语法中不同模块间的关系。广义的语法包括形态学、句法、音系等,这些模块并不是独立运作的,其中一部分的运作规则可能取决于另一部分,或影响另一部分,传统的接口研究包括音系—形态接口、句法—语义接口等（O'Grady and Dobrovolsky et al.,1997）。

互动语言学（Interactional Linguistics）

互动语言学是对语言研究的互动综观,主张语义、功能和句法结构间存在互动性（Couper and Selting,2001）,以口语为主要研究对象,其核心理念是从社会交际互动来了解语义的结构和使用。研究内容主要包括语言的结构和使用方式如何通过互动交际来塑造,以及社会交际中互动双方需要完成的交际功能和承担的会话行为如何通过语言资源来实现,涉及语言学、语音学、会话分析、社会学、人类学等多学科的研究范式（乐耀,2017）。

二 篇章理论

（1）依存句法

依存句法（dependency grammar）

依存句法是在句法体系中用词与词之间的依存关系来描述语言结构的句法,由法国语言学家Tesnière（1959）最先提出。依存结构成对出现，由支配词和被支配词构成，以此为基础，语句可以被分析成完整的依存句法树，用于清楚描述出各个词语之间的依存关系，同时也指明了词语在语法层面的搭配关系。依存句法以其形式简洁、易于标注等优点，广泛应用于文本分类等领域，也可转化为语义依存描述以服务于事件关系识别等（王鹏、樊兴华，2010；周惠巍、黄德根等，2012），本书的句法相关研究主要基于依存句法展开。

（2）回指

回指（anaphora）

回指又称照应，涉及两个先后出现、在指称上重复的语言单位，其中后者可能是前者的简略形式。回指现象的研究范围是句内还是篇章，回指语的所指是语词表达、实体还是心理表征，取决于具体的研究视角。本书在篇章范围内考察回指，且将语词表达视作回指语的所指。

指称（reference）

作为语言哲学与语义学术语，指称是与语言中一个词语相联系的外界实体；在语法分析中，术语指称则用来说明语法单位之间存在的一种等同关系，例如代名词指称一个名词或名词短语。在讨论回指现象时，本书采用指称的第二个定义。

先行词（antecedent）

回指中先被表达的语言单位称为"先行词"，在某种程度上决定回指中另一成分（即照应语）的解释。通常在上文已出现过，与回指对象指称相同或部分相同（徐赳赳，2003），且一般以全称形式出现。

照应语（anaphor）

依赖于先行词得到自身意义的语言单位称为"照应语"，其解释在某种程度上取决于回指中前一个成分的解释。一般以衰减形式出现，可能是先行词的简略形式。

间接回指（indirect anaphora）/联想回指（associative anaphora）

间接回指是一类特殊的回指，一般无明确的先行语（Erkü and Gundel，1987），也被称为联想回指（徐赳赳，2005）。间接回指具有两大特征：①前文话语没有明确提及回指语的指称对象；②需借助前文话语中出现过的信息理解该回指语的所指对象。

(3) 修辞结构

语段（span）/ 基本篇章单元（elementary discourse unit）

修辞结构理论是通过描写篇章各部分之间的结构关系来展开分析的，这些大小不一的篇章单元称作语段或基本篇章单元（简称 EDU），是语篇结构中任何具有修辞结构的、功能完整的片段，"两个独立的结构段根据其在相互关系中的核心或辅助地位，实现结构段的表层语篇单位"（王伟，1994）。相邻的两个 EDU 之间语义互相不重叠，但又具有明确语义联系。

修辞关系（rhetorical relations）

从小句到更大的篇章单位之间是由一定量的、反复出现的修辞关系连接的，修辞关系是修辞结构理论的核心概念。修辞关系存在于两个 EDU 之间，是从功能角度分析作者的目的和作者对于读者的预设，反映了作者在组织和表达时的选择。修辞关系适用于各个层级，不随层级或规模而变化。

层级性（hierarchy）

层级性指篇章并不单是句子的线性排列，是由层级组织的句子和句群组成的，即两个最低层的 EDU 通过语义联系组成较高层级的语段，两个较高层级的语段再组成更高层级的，直至组成整个篇章。篇章的层级多少与篇章的长度、EDU 的数量、篇章语义关系的复杂程度相关。

核心性（nuclearity）

核心性指命题集合中某一命题的相对重要性（陈忠华、邱国旺，1997）。依据交际意图的重要性，修辞关系分为多核心（multinuclear）关系和单核心（mononuclear）关系，例如，罗列关系是多核心关系，条件关系是单核心关系。

核心句（nucleus）—卫星句（satellite）

基本篇章单元可分为核心句和卫星句，对于作者意图表达和篇章连贯性的地位不同，"核心性的转移会造成篇章焦点的转移，这对作者表达一个连贯的交际意图来说很有影响。"（乐明，2006）也就是说，删除核心句，篇章的连贯性会受损；但删除卫星句，核心句的存在保证了篇章的连贯。多数修辞关系是核心—卫星关系，是不对称的（asymmetric）。

（4）向心理论

中心（center）

中心是向心理论中的重要概念，即维系语篇片段中当前语句和其他语句的实体。其中实体指语篇谈论的对象，在语篇中体现为指代成分（苗兴伟，2003）。中心只存在于语篇中的语句中，而非孤立的句子中。

实现（realize）

由于中心需实现在语句中，"实现"的概念在向心理论中至关重要。"实现"是抽象语言单位的有形表现，任何一个底层形式都可视为由相应的实体来实现。通常情况下，"实现"的形式有代词、零形代词、语篇中的显性语义实体以及可以从语境中推断出的隐性语义实体。

语句（utterance）

语句是向心理论分析的最小单位，一般被认为是至少含有一个述谓结构、由句号逗号等标点断开、结构相对完整的小句。语篇由若干语篇片段（简称语段，discourse segment）构成，而语段由一组语句组成；虽然 utterance 也被译作"语段"，但会和其上级概念"语段"混淆，因此许余龙、段嫚娟等（2008）将其译作"语句"以示区分。

连贯（coherence）

连贯是话语组织的主要假设原则，用于解释篇章底层的功能联系或一致性，或者说是关于"篇章世界"的各种概念相互依存和相互关联（Beaugrande and Dressler，1981，转引自徐赳赳，2010）。

显著度（salience）

显著度是知觉心理学的概念，显著实体是容易吸引人注意的事物，更易识别、记忆和处理。显著度是下指中心排序的主要依据，不过其判定依据涉及句法、信息结构等多个因素，因语言而异，如英语、日语、意大利语等按语法角色排序，而德语等按照信息结构排序。

（5）话题与话题链

话题（topic）

话题是一个句子中被谈论的对象，通常是句子中其他部分关涉的内容。徐烈炯、刘丹青（1998）认为，汉语的话题具有以下几点特征：第一，话语形式上，位于句首，其后常有语音停顿。第二，信息特点上，是有定的已知信息。第三，话语功能上，是某个话语片段的起点，其后的内容与之相关并对其进行陈述。第四，语义关系上，不受任何限制。

话题链（topic chain）

话题链术语是由 Dixon（1972）首先提出的。台湾学者曹逢甫（1979）最早提出汉语话题链的概念，把汉语话题链定义为：由一个或多个语句组成且以一个出现在句首的共同话题贯穿其间的语段。他在《汉语的句子与子句结构》中进一步指出话题链是由一个或多个评论子句共享一个位于话题链首位的话题而形成的一段话语。Li 和 Thompson（1981）则将话题链定义为：由多个语句组成且共享一个话题的语段，且该话题在第二句及之后的语句中以零形式出现。

主位—述位（theme-rheme）

主位—述位的概念最早由 Mathesius（1939）提出，他认为应该根据话语在语境中的交际目的、要表达的实际意思，即从功能角度进行句子切分，这种切分方式迥异于从语法要素角度对句子成分进行的形式切分。按照该理论，句子应分为主位和述位两部分，其中主位是话语的起点，表示说话人要叙述的对象；而述位则是话语表述的核心，表明主位做什么或者怎么样，是与主位相关的内容。

（6）信息结构

信息（information）

信息是对某一情景中的不确定性的度量，用来消除随机的不确定的东西（Shannon，1948），最初应用于通信工程领域的信息传递研究。作为音义结合的符号系统，语言最基本功能就是在交际的过程中传递信息，因此"信息"这一概念同样适用于语言学领域。

已知信息—新信息（given information-new information）

已知信息与新信息是最常见的信息状态分类方式，已知信息表示说话人认为听话人已经掌握的信息、言语活动中已经出现过的内容或者是可以根据语境断定的成分，新信息则表示说话人认为听话人不知道的信息、之前未出现过的内容或者难以根据语境断定出来的成分（Haliday and Matthiessen，2004；胡壮麟，2005）。

焦点（focus）

焦点是说话人在信息传递中最关注的信息，与背景相对，往往通过语调等方式实现凸显效果。刘丹青、徐烈炯（1998）认为，焦点在本质上是话语功能的概念，是说话人最想让听话人注意的部分。

三 韵律特征

韵律特征（prosodic feature）

韵律特征即超音段特征，是与音段特征相对应的语音学和音系学术语。音段即语流中任何可在物理上或听感上被辨别的离散单位，而另一些与其对立的、无法被简单地分析为音段的成分，作用于整个音节或词，因此被称作超音段成分，包括音高、时长、重音等。本书着重考察朗读篇章的韵律表现，下文将简要定义常见的韵律特征，并在此基础上介绍韵律的层级结构。

音高（pitch）

音高是声音频率的感知对应物，是一种主观心理量。在声学上，音高是用频率来测量的，单位是赫兹（Hz）；而在听觉上，音高与频率的对数值存在相关关系，单位一般是美（mel）或巴克（Bark）。在语音中，一个声音的音高由其基频决定，基频则是由声带的周期性振动决定的。

时长（duration）

时长指一段声音或发音活动占据的时长，一般用毫秒（millisecond）来测量。在语言中，音段可以用时长来形成对立，而不同的发音活动和与它对应的语音也都有各自的固有时长。

重音（stress）

重音指一个音节相对于其他音节在声学上的凸显，重读音节在声学上表现为音高更高、时长更长、响度更大。一个语言可能利用一个或几个声学特征来表征重音；而在发音上，重音表现为更强的肌肉活动。

停顿（pause）

停顿指语句中一段短暂的中止，一般分为两类：一类为无声停顿（silent pause），不包含任何语音；另一类为有声停顿（filled pause），一般由填充词（filler）如"那个""呃"等充当。

韵律层级结构（prosodic hierarchy）

一般认为以下韵律单元构成韵律层级结构：韵律词，次要韵律短语（韵律短语），主要韵律短语（语调短语）。其中韵律词（prosodic word）一般包括一个或多个语法词，词内音节没有停顿，具有一个词重音，词后一般没有无声停顿；次要韵律短语（minor phrase）由一个或多个韵律词构成，具有一个短语重音，短语后有较短的无声停顿或有声停顿；主要韵律短语（major phrase）由一个或多个次要韵律短语（韵律短语）构成，具有一个短语重音，短语后有明显的无声段，与后接短语间有明显的音高重置（李爱军，2002）。语篇层面，多个语调短语构成韵律组，形成更大的韵律单元。Tseng 和 Chou（1999）、Tseng（2002）提出阶层式多短语韵律群（Prosodic Phrase Grouping，PG）的假说，该假说将停顿分为六个等级：弱化音节边界（reduced syllabic boundary）"0"、正常音节边界（normal syllabic boundary）"1"、次要短语边界（minor-phrase boundary）"2"、主要短语边界（major-phrase boundary）"3"、换气单位边界（breath group boundary）"4"和韵律群边界（prosodic group boundary）"5"。停顿之间的语音片段有五种韵律单位，即韵律单位（prosodic units）、次要韵律短语（minor prosodic phrase）、主要韵律短语（major prosodic phrase）、换气单位群（breath group）和韵律群（prosodic group），不同语音片段单位在强调等级、音量（volume）、语速、音高和调域（pitch range）有不同的表现。随着停顿等级的增加，其间语音片段的强调等级、音量、语速、音高和调域都分别增大。

韵律边界（prosodic boundary）

韵律边界指语言中用来划分韵律单元的单位，不同层级的韵律单元之间会出现不同的韵律边界。时长变化与音高变化都可以充当实现韵律边界的声学手段。例如，在两个韵律短语间有较短的无声段或有声停顿，而在两个语调短语间有明显的无声段；在语调短语的边界处，音高曲线有明显的重置（李爱军，2002）。

第二节　相关理论简介

一　依存语法（Dependency Parsing）

句法分析是从句法的角度来分析句子各构成部分，因所使用的文法不同，又可以分为短语结构句法和依存结构句法，本研究采用的是后者。依存句法理论由法国语言学家 Tesnière 于 1959 年提出，该理论着眼于句法体系中的词语，用词与词之间的依存关系来描述语言结构。该理论认为，词语之间存在支配与被支配的关系，所有受支配的成分都以某种依存关系从属于其支配者，而句子中的动词是支配其他成分的中心，本身不受任何成分支配。因此，完整的依存结构由支配词、被支配词、依存关系三部分构成。以此为基础，语句可以被分析为一棵完整的依存句法树，能够清楚地反映出词语之间的依存关系及词语在语法层面的搭配关系，这种搭配关系实际上是和语义相关联的。

目前，英语依存关系的研究成果较为丰富，很多理论和方法都是从英语出发建立而成的，不能直接应用到汉语研究领域。汉语和英语属于不同的语系，在语法结构上存在很大的差异，英语中的每个成分都不能超出一致关系所控制的范围，即所谓的"主语—谓语"，并且要符合主谓一致的关系；而汉语则是"话题—说明"的结构框架，不受一致关系的控制，这使句子的结构规则是开放的。关于汉语依存关系的研究，在自然语言处理领域开展得较多，如通过改进自动分析算法来提高依存分析模型的性能，并将结果应用于浅层语义分析和机器翻译等领域（Jin and Kim, 2005）。此外，句法依存关系也被应用于语言习得领域，张碧川（2012）认为儿童的句法习得过程直接依据词汇进行，因此他着重考察了长距离相依关系的习得。这一理论及计算模型的构建对于成人二语习得语言模型的构建具有重要意义。

我们看到依存语法在现阶段的自然语言处理研究中备受重视，具有较高的应用价值。下面本研究将以"我实在是没时间"（Liu and Li et al., 2014）一句为例，说明相较于短语结构语法，依存句法表现出的特点和优势。图2—1分别表示出该句的短语结构句法和依存结构句法。

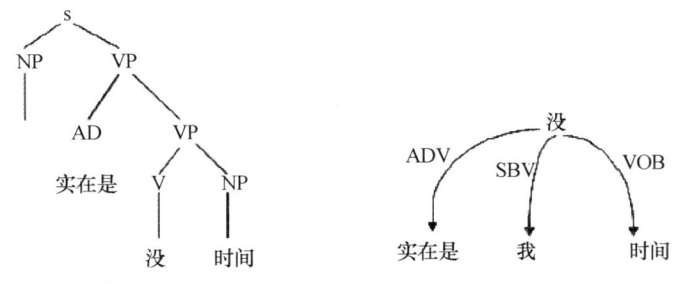

图2—1 短语结构（左）和依存结构（右）实例

在图 2—1 中，短语结构句法中的 S 表示句子，NP、VP 分别表示名词性短语、动词性短语，V 和 AD 分别表示动词和副词；依存结构句法中的 ADV 表示状中结构，SBV 和 VOB 分别表示主谓关系和动宾关系。从图 2—1 中可以发现，与短语结构句法相比，依存句法具有以下几个特点：

（1）短语结构句法以二叉树形式出现，采取结构驱动，核心词的地位没有得到体现；而在依存结构中，所有的依存关系都以动词为核心，作为结构树的根节点，其核心地位突出；

（2）短语结构句法没有直观体现出句法关系，而依存句法以依存关系为基础，便于直接提取词汇之间句法关系；

（3）短语结构句法只能表现各成分之间的句法关系，而依存句法则主要强调各成分之间的功能关系，更易于表示句子成分之间的语义关系；

（4）依存句法树表达形式清晰、简单，针对同一个句子，依存句法树的节点数和边数要比短语结构树少得多。

总的来说，依存句法简洁明了、便于标注，且时间复杂度低，使用依存句法标注的句法树可以大大节省存储空间，也更便于计算机对其进行处理。

二 篇章回指理论（Anaphora）

回指（anaphora）是一种在日常语言交际中普遍存在的语言现象。由于回指直接影响到读者或听者对话语的理解，且涉及多个学科，过去的 40 年里，它从最初的哲学、逻辑学概念发展为现代语言学研究的中心课题之一，在不同的语言学领域中得到了系统性的研究。

（一）回指分类

国内外对回指的研究多探讨不同类别回指形式的性质及其制约条件，而不同的分类方式也会影响后续研究的进行。因此，下文将简要介绍最常见的两种分类方式。

根据回指语的不同形态和句法特征，陈平（1987a）将汉语中较常出现的名词性回指分为三种形式：零形回指、代词回指和名词回指，这也是汉语学界广为接受的分类方式。其中名词回指可细分为同形、部分同形、同义、上下义及比喻五类（徐赳赳，2003）。在此基础上，池昌海、曹沸（2012）通过分析名词回指，发现还存在一种修辞回指，即主要为了实现言外之意使形象更为丰满的特殊称代。相较于其余两种名词性回指，零形回指在汉语中出现频率最高，分布最广泛，也较能反映汉语特点（陈平，1987a）。

根据有无明确的先行语，回指可分为直接回指和间接回指（direct anaphora and indirect anaphora）（Erkü and Gundel，1987）。学界对于间接回指的研究主要集中于回指语的形式以及信息来源（Apothéloz and Reichler-Béguelin，1999）。关于回指语的形式，Kleiber（转引自 Apothéloz and Reichler-Béguelin，1999）认为用作间接回指语的名词短语必须是定指名词短语；Brown 和 Yule（1983），Charoles（转引自 Apothéloz and Reichler-Béguelin，1999）等则认为人称代词也可用作间接回指语；Gundel 和 Hedberg 等（1993），Apothéloz 和 Reichler-Béguelin（1999）甚至认为任何类型的指称表达式都可用作间接回指语。关于信息来源，Kleiber 等认为必须是语言信息，而 Erkü 和 Gundel（1987），Apothéloz 和 Reichler-Béguelin（1999）则认为，这种信息既可以是语言信息也可以是非语言信息。国内学者也针对该情况开展了相关研究，其中徐赳赳（2005）的研究较具代表性。他称间接回指为联想回指，区分了同指名词回指和联想名词回指，把联想回指分为上下义回指和关联回指并探讨了它们在语篇中的推进模式。

以上两种分类方式简洁明晰，易于操作，已被广泛认可和接受。此外，也有学者根据先行语形式将广义的回指分为名词、动词、名词短语和动词短语回指以及语句回指和语篇回指（许余龙，2004），或从可及性角度进行分类（Ariel，1990），后文如有涉及会进一步讨论。

（二）理论研究

由于回指现象的普遍性，语言学不同学派均对其进行了广泛的研究，其中形式学派和系统功能学派的理论视角和方法论差异较大，而认知语法学派从另一角度出发为回指研究开辟了新思路。

由于回指具有丰富的形式，而其形式的选择在一定程度上受句法结构制约，回指研究在生成语法中有重要的地位。其中关于回指现象最具代表性的理论是约束理论，不仅进一步探讨了代词回指的句法制约条件，还新增了对指称表达式的讨论，解释了许多句内回指现象。然而，约束理论也存在无法解决的问题，如长距离自反代词在其管辖范围内不受约束的现象。虽然 Chomsky（1995）修改了约束理论以增强其解释力，但总体来说其研究范围仍局限于小句之内，难以解决篇章层面的问题。此外，不同于英语、法语等语法起主要作用的语言，汉语是一种"语用"语言，因此约束理论并不适用于解释汉语的回指现象（Huang，1994）。

与主要探讨结构对回指形式限制的形式学派不同，以 Haliday 为代表的系统功能学派更侧重于探究回指在篇章中系统性的功能表现。Haliday 和 Hasan（1976）注意到回指在语篇中的衔接作用，他们认为回指能够组织语篇中的句子，从功能的视角阐述各种指称语和语篇的衔接关系，揭示出指称在语篇中的衔接功能，将回指研究的视域从句子层面扩大到语篇层面。此外，系统功能学派的"主位推进"（Danes，1974）也涉及篇章回指。

认知语法学派则将不同形式的回指语视作作者向读者提供的语言提示，Ariel（1990）提出篇章回指的可及性理论（Accessibility Theory），认为一个指称对象的心理可及性与其在篇章处理及加工时在记忆系统中的激活程度和认知状态相对应。就指称词语在篇章中的指称功能而言，不同形式的指称词语用来标示指称对象不同程度的心理可及性，因而可以将它们称为可及性标示语（accessibility markers）。基于可及性理论，Hoek（1997）从认知语法基本观点出发，提出了统一处理句内回指与语篇回指的理论模式，认为要解释语言中的回指现象只需以语义为基础的概念，不必借助句法结构关系的概念。上述理论阐释了形式如何制约理解，而许余龙（2003）在此基础上提出了第二类理论，根据照应语和先行词的形式语义特征和句法功能，提出了篇章回指确认的可及性指称确认模式，阐释人们如何在一组可能的理解中选择所期望的理解。

三 修辞结构理论（Rhetorical Structure Theory，RST）

修辞结构理论是美国学者 Mann 和 Thompson（1988）于 20 世纪 80 年代初在系统功能理论框架下创立的，通过描写篇章各部分之间的结构关系来分析语篇的理论。篇章的整体性和连贯性是 RST 关注的焦点。篇章各小句存在各种各样的语义关系，即修辞关系（Rhetorical Structure Relations），这也是 RST 理论的核心内容之一。修辞关系存在于两个互不重叠但又有明显联系的语段之间，是未经陈述但可以引申出来的关系命题（Relational Proposition）。RST 中的语段概念是任何一部分从文本组织的角度上看具有功能整体性的文本跨段（Span）。

由于语段各自对实现作者交际意图的作用不同，一个修辞关系的两个语段中，比较重要的一个就叫作核心单元（Nucleus，N），相对不太重要的一个叫作卫星单元（Satellite，S）。除了核心—卫星类的单核心（mono-nuclear）修辞关系，语篇中还有一类多核心（multi-nuclear，RR）修辞关系，在这种关系中的两个（或多个）语段同等重要地实现作者的交际意图，因此皆为核心。

将修辞关系与特征性单元的核心性地位进行绑定是 RST 理论的本质特点。核心性的转移（变换特征性单元的核心性地位），本身并没有产生一种新的修辞命题（如原因关系和结果关系没有什么本质的差异），只是对某个修辞谓词的两个基本语篇单位（Elementary Discourse Unit，EDU）在位置上做了调换。但核心性转移会造成篇章焦点（discourse-focus）的转移，这在很大程度上会影响交际意图的连贯表达。

RST 最初主要是为了分析书面独白的，但一些研究人员认为对话的参与者往往有明确的交际动机，其话语也显示出明显的修辞结构，而且为了解释篇章后面完整的层级性结构，某种修辞结构模型很有必要使用，因此在自然语篇和网络语言中，RST 也大有作用。由于修辞信息与韵律直接相关，RST 结构将来在语音合成和识别领域，RST 或可发挥重要作用。

四　向心理论（Centering Theory）

向心理论是关于对话者的指称形式、语篇连贯性、语篇主题等如何在语段序列中变化的理论，由 Grosz 和 Weinstein 等（1995）正式提出。该理论基于中心展开，中心特征本身体现词汇短语层面信息，而通过中心的不同关系划分的小句间过渡关系，可在小句层面体现语篇连贯性，因此可同时将不同层次的语言单位考虑在内。

（一）基础概念

向心理论主要包括 3 个单位：语篇、语段和语句。语篇由若干语篇片段（简称语段，discourse segment）构成，而语段由一组语句（utterance）组成。其中语句（utterance）也被译作语段，但会和其上级概念——语段（discourse segment）混淆，因此本书采用许余龙、段嫚娟等（2008）的翻译以示区分。

该理论围绕中心（center）展开，其选择会影响语篇整体和局部的结构，从而影响指代表达和整体连贯性。中心是语篇中的名词性语义实体（semantic entities），即语篇谈论的对象，在语篇中具体体现为指代成分（苗兴伟，2003），可分为下指中心（forward-looking center，Cf）、回指中心（back-looking center，Cb）和优选中心（preferred center，Cp）三类。下指中心是可成为下一语句所涉及的中心的集合（语句中所有的中心都有这种可能），并按语篇显著度的不同形成一定的等级排列。优选中心是下指中心中的特殊元素，即根据语篇显著度排序最高的中心，其作用为突出当前语句的注意中心，并预测下一语句的回指中心。回指中心是语句所谈论的、回指上一语句中某实体的下指中心，将当前语句和上一语句相互联系在一起，一般来说是上一语句的优选中心在当前语句中实现的语义实体。

定义"中心"一个重要的概念为"实现"，其具体含义取决于所选择的语义理论，但通常情况下，"实现"的形式有代词、零形代词、语篇中的显性语义实体以及可以从语境中推断出的隐性语义实体，其中隐性语义实体包括近义词、下义词、上义词和搭配等（Halliday and Hasan，1976）。目前的研究多将直接实现纳入研究范畴，如许余龙、段嫚娟等（2008）仅将直接实现视为实现，Poesio 和 Stevenson 等（2004）也只对较为容易识别的间接回指关系做了标注。然而，Taboada 和 Zabala（2008）等强调了隐性语义实体的重要性，认为如果仅考虑显性语义实体，容易出现回指中心空缺的情况，也不利于判定中心过渡关系。此外，汉语中存在大量的零形代词，若只考虑直接实现的中心，容易影响下指中心的完整性，并导致无法准确得出语句中心过渡关系。

确定优选中心时需将下指中心按显著度排序，而显著度顺序涉及句法、信息结构等多个因素，因语言而异。英语、西班牙语、日语、意大利语等按照语法角色排序，而德语等按照信息结构排序。英语的下指中心显著度排序如下：主语＞间接宾语＞直接宾语＞其他。汉语作为主题凸出型语言，排序和英语相比略有差异，主题位置上语义实体的凸显性一般最强，

Yeh 和 Chen（2001）、王德亮（2004）的排序也证实了这一观点。

（二）理论框架

向心理论由 3 条制约条件和两条规则构成，其中 3 条制约条件分别对中心的数量、出现形式以及选择方式作出了说明，内容如下：

对于由语段 U1，…，Ui 组成的语篇片段 D 中的每一个语句 Un：

（1）只有一个回指中心 Cb（Un，D）。①

（2）下指中心集合 Cf（Un，D）的每一个成分都必须在 Un 中实现。

（3）回指中心 Cb（Un，D）在 Un 所实现的下指中心 Cf（Un–1，D）中显著度最高。

两条规则内容如下：

在由 U1，…，Ui 组成的一个语段 D 中，对每一个语句 Un 而言：

（1）如果下一个语句中的下指中心 Cf 在上一语句中实现为代词，那么在上一语句中的回指中心也应该实现为代词。

（2）过渡关系是有序的，从延续、保持、流畅转换至非流畅转换，排序越往后，连贯程度越低，被判断为不合法的可能性也越大。

其中，规则 1 将语篇局部连贯性和显著性与指称形式的选用联系起来，规则 2 提出了 4 种过渡关系（transitions）以衡量语篇的连贯程度，是本书关注的重点之一。过渡关系通过回指中心和优选中心的关系确立，详见表 2—1。

表 2—1　语句过渡方式（Grosz and Weinstein et al.，1995）

	$Cb(U_n) = Cb(U_{n-1})$ 或 $Cb(U_{n-1})$ 不存在	$Cb(U_n) \neq Cb(U_{n-1})$
$Cb(U_n) = Cp(U_n)$	连续（Continue）	流畅转移（Smooth-Shift）
$Cb(U_n) \neq Cp(U_n)$	保持（Retain）	非流畅转移（Rough-Shift）

五　信息结构理论（Information Structure）

在语言学领域，"信息"是指以语言为载体所传输出的消息内容，称为话语信息。运用信息理论来研究语言始于布拉格学派，布拉格功能学

---

①　注：Cb（Un，D）表示 D 语段中当前语句回指中心，Un–1 表示上一语句，下同。

派代表人物 Mathesius 运用信息论原理分析文本和话语，提出主位和述位两个概念（王栋、张锐，2013）。主位是话语的出发点，是听话人已知的信息；述位用来说明有关主位的新信息。张今、张克定（1998）认为，信息传输过程中的根本矛盾是新信息（未知信息）和旧信息（已知信息）之间的矛盾。在信息结构中，"新旧信息"指的是交际过程中的信息状态。其中，旧信息（已知信息）是发话人认定或假定已存在于受话人意识中的信息，包括由这种信息可以联想到的相关信息；新信息（未知信息）则是发话人想要输送到受话人意识中去的新内容。为达到交际目的，说话人需要将新旧信息进行融合、组织，通过新信息达到传递信息的目的，通过旧信息实现衔接连贯，促使听话人在旧信息所构建的背景内容的基础上接收新信息，从而实现有效的接收和理解。整个信息交流过程就是新旧信息交互、融合的过程，旧信息促进新信息的接收和理解，新信息不断变成旧信息，这就构成了信息结构的核心内容。

在信息结构中，说话者决定主位和述位，话语的起点是主位，一般承载旧信息，位于句首；围绕话语起点展开的信息内容是述位，一般承载新信息，也可能同时承载新旧两种状态的信息。但在真正的交际过程中，信息新旧与否取决于交际双方，并非完全由一方决定，对于听话者来说，在语言交际活动中已知的内容是旧信息，无法从交流的上文中获得的信息是新信息。从功能主义的视角看，语言信息的传递过程是述位对主位的解释和阐明过程，以旧信息为出发点，引出新信息，阐述旧信息，不断推动信息传递的过程。语言信息在传递过程中，表层的语言形式和结构不完全等同于信息传递的内容。说话人和听话人对信息的加工和处理也并非完全契合。信息传递的过程不仅涉及信息的语义分析，而且受到认知和语用因素的影响。

六 互动语言学理论（Interactional Linguistics）

互动语言学的形成源于三大语言学传统：功能语言学、会话分析和人类学语言学（Couper and Selting, 2001）。早期功能主义语言学家试图寻找语言形式与话语功能间的关系，尽管还未将研究重心转移到对话互动中，互动语言学研究有助于建立将语言形式视为在特定场合用于"完成某事"的方式的思维方式。19世纪70年代，社会学家们开始主张将日常交谈作为社会秩序的研究对象，将其他类型的话语理解为对基本对话秩序的适应，并提出了涉及"在线"沟通的自然言语交换的术语，即"互动中的对话"（talk-in-action）。此外，一系列方法论被提出，包括从真实、自然发生的数据中进行实证归纳和范畴重建。把言语交换视作社交互动的会话分析理解以及微观分析，或参与者导向性的会话分析方式，这些方法对互动语言学研究至关重要。语言学关注的是言语交流系统以及话语策略的跨文化比较。如果语言研究要依据话语的使用，而话语或对话秩序的研究也以语言为基础，那么有理由相信不同文化的社会秩序或组织对话的方式会对语言产生不同的影响，而语言的差异也会在不同程度上影响社会秩序。

互动语言学对口语问题的研究，主要讨论互动以及语言结构两部分的关系。语言结构可分为语法与韵律两类。语法研究可分为词、句两个层面，词层面的研究一般考察句末语气词、标句词、连词、否定词、情态动词、称呼语等所承载的功能；句层面的研究范围相对较广，包括句法成分、语序以及特定构式实现的功能等；互动部分可大致分为互动单位、互动任务、互动参与者以及互动程度4类，下文将分类介绍相关研究。

互动的基本单位是话轮（turn），而话轮构建单位（Turn-constructional Units, TCU）是构成话轮的基本单位。语言结构在话轮中的位置是常见的研究问题，例如，Hakulinen（2001）分析了芬兰语中的小品词"kyl（lä）"的位置，发现在是非疑问句的肯定答复中，"kyl（lä）"一般出现于话轮首；在除此之外的话轮中，kyllä可出现在话轮中与话轮末。

互动任务一般包括话轮转换、话轮共建和修正等，即传统会话分析中常见的话语功能。Wells和Peppé（1996）考察了不同方言中话轮转换的韵律特征，而陈玉东、马仁凤（2016）比较了汉语访谈节目中3类话轮转换的韵律特征，以话轮转换前后音节的音高、时长为参数，开展了统计分析。Selting（1996）分析了德语自发性与他发性修正行为的韵律特征，发现呈现更高音高、更大响度的修正发起（initiation）更能表示惊讶。Scheutz（2001）研究了德语中weil引导的因果小句，发现不同语序的因果小句在功能上存在差异：传统语序多用于表示回顾与序列的终止，而在口语表达中出现的语序在功能上的限制较少，可用于引出主题以及延续话轮。

互动参与者也被纳入互动语言学的研究范畴，例如，高岳（2016）分析了北京口语状中、主谓、述中易位句在不同亲密程度、地位高低的人际关系中的分布，并开展了基础统计。

此外，少量研究关注语言结构如何反映互动程度。姚双云（2015）参考 Csomay（2002）的处理方法，以每千字中话轮的数目界定互动性，他发现口语语篇中互动性越强，连词出现频次越多，并据此认为连词是表征口语互动性强弱的重要参数。

互动语言学这一新兴理论是对语言研究的一种崭新构想，是以"互动观"为基础得出的对语言符号本质的全新认识（刘锋，2015）。与以书面语为研究对象的传统语言学相比，互动语言学强调语言的互动作用，将口语作为研究对象；同时，互动语言学采用现实生活中真实互动的语料，在研究方式上也有所革新。其研究理念与视角将为语言研究带来新思路。

第三节　本章总结

本章对本书中涉及的基础概念以及与篇章特征、韵律特征相关的 30 余个概念进行了详细的定义。在此基础上，对本研究涉及的 6 个重要理论的基础概念、理论框架、主要特点等展开了简要介绍，主要包括依存语法、篇章回指理论、修辞结构理论、向心结构理论、信息结构理论和互动语言学理论。上述概念与理论在本书的分层表示体系构建以及接口研究开展中将反复出现，因此，本章厘清概念并介绍相关理论，旨在明确术语、为读者提供阅读所必需的背景知识。

第 三 章

汉语语篇分层表示体系构建

第一节 以往表示体系概述

语篇的衔接、连贯是语篇语义分析的重要内容,在进行语篇标注时,很多标注体系都着眼于此,试图通过语篇的标注,来揭示语篇内部的衔接与连贯机制。相关的标注体系主要从两个角度入手:一是篇章内部句子之间的关系;二是篇章内部实体间的关系。这些语篇标注体系能够在思路上为其他方面的研究提供很多启示。因此,本部分首先介绍篇章句间关系标注体系,包括修辞结构标注体系和宾州语篇树库;然后介绍篇章内部实体关系的标注体系,包括信息状态的标注体系和话题链、话题结构的标注体系;最后介绍与宾州语篇树库具有异曲同工之处的"汉语'词库—构式'互动的语法描写体系"。

目前比较有影响力的篇章句间关系标注体系主要包括两种:一种是基于修辞结构理论(Rhetorical Structure Theory,RST)构建的标注体系(Mann and Thompson,1987,1988),主要关注的内容是句间的修辞关系,以 WSJ-RST(Wall Street Journal-RST,Carlson and Marcu et al.,2003)英语篇章标注库为主要代表;另一种则是基于谓词—论元理论,主要关注的内容为句间的关联词,以宾州语篇树库(Penn Discourse Tree Bank)(Prasad and Dinesh et al.,2008)为代表。

一 修辞结构表示体系

Marcu 和 Carlson 等(2000)扩展了修辞关系集,构建了英语篇章标注库 RST-DT（RST Discourse Treebank），该标注库以小句为基本标注单位，构造了篇章的修辞结构树。在其不断的发展过程中，不同学者针对不同语种提出了适用的关系集。

  这里主要介绍乐明（2008）构建的汉语篇章修辞结构标注项目CJPL（Cai Jing Ping Lun, CJPL）。该项目建立在修辞结构理论的基础上，主要参照了英语 WSJ-RST（Wall Street Journal-RST）修辞树库和德语 PCC（German Potsdam Commentary Corpus, Stede, 2004）语料库。语料来源于人民网《主要媒体财经评论》栏目上转载的395篇排版质量较好的文章，共计785045字。可以发现，其语料体裁为财经评论类书面文本，整体规模较大，截至2008年已标注完成了其中的97篇。该语料库标注了三个方面的内容：修辞结构、新闻语篇的信息结构以及可能具有提示修辞结构作用的字符串。其中，以修辞结构的标注为主。修辞结构的标注对象为基本篇章单元（EDU），是"由句号、问号、叹号、分号、冒号、破折号、省略号以及段落结束标记所分隔的文字串"。标注的内容为修辞关系。在 RST Tool V3.41 软件中已有修辞关系的基础上，结合汉语实际，乐明（2008）提出了汉语修辞关系集，该关系集共含12组47种关系，每个关系都有后缀，"用来区分该关系的特征性单元在篇章单元组合中的核心性地位"。新闻语篇的结构信息主要包括出版信息、标题、体裁、摘要、刊物免责声明等。可能具有提示修辞结构作用的字符串主要包括：①关联词语、独立成分和序数词；②指示词和代词；③EDU 边界的标点符号。标注内容主要包括："提示标记类别、提示标记在篇章单元中的相对位置、提示标记所在 EDU 的序号、提示标记所标示的修辞关系、提示标记所在单元的核心性地位、提示标记辖域的起止范围、备注等项。"此外，他们也标注了每个 EDU 内部最上层连词的用法信息，包括连词、其句内位置、其所在 EDU 在上下文中的修辞关系、所在 EDU 的核心性地位、备注等。该标注体系的整体流程为：先导研究—预处理—机助处理—人工标注—统计分析。在人工标注阶段，使用的标注工具为 RST Tool（V3.41）软件，标注人员为经过培训的语言学或新闻传播学专业的学生，在10篇语料上取得的标注一致性水平为 0.638（Kappa 系数[①]），乐明认为这一结果尚不理想。

使用相关标注数据进行统计分析后，乐明（2008）对语料的篇章结构特点、修辞结构关系分布特点及汉语篇章结构与表层形式标记间的关系进行了探究。在 CJPL 篇章结构特点上，他认为现代汉语财经评论都能在 RST 框架下用树表示，树是表现汉语篇章结构的较好的方式；"从正文的根节点位置来看，在语篇开头出现的核心单元占 40.2%"，从正文根节点的关系看，最多的是证明关系。在 CJPL 修辞结构关系分布特点上，修辞关系出现的频率表明，"汉语评论文中的并列结构较多，但单核关系仍占主导地位"；修辞关系中核心与卫星单元的位置表明，"前偏后正的结构在分号句及以上层次中并不明显"。在汉语篇章结构与表层形式标记间的关系上，"CJPL 中有 28.5% 的正文之间使用句间关联词语"，关联词语在不同关系间的分布不均衡，且其标记的关系多为较低层次的、局部的关系；"有 15.0% 的 EDU 带某种形式的代词或指示词回指"，其中近一半的 EDU 是核心单元；"标点符号的用法与修辞关系存在显著的关联"，"汉语标点具有重要的篇章功能"。

二 关联词语表示体系

宾州语篇树库 PDTB（Penn Discourse Tree Bank）是由 Rashmi Prasad 等（Prasad and Dinesh et al., 2008）开发的一个大规模语料库，该语料库的开发及建设建立在宾州树库 PTB（The Penn Treebank, Marcus and Marcinkiewicz et al., 1993）和 PropBank（Proposition Bank, Kingsbury and Palmer, 2002）的基础上。主要标注英语的语篇结构，目前已经从 1.0 版发展到 2.0 版。其语料来自《华尔街日报》（*Wall Street Journal*），共标注了其中的 2304 篇文章，约 100 万词。可以看到，该树库语料主要为新闻报道，属书面文本。

[①] Kappa 系数用于一致性检验，也可以用于衡量分类精度，通常 kappa 落在 0—1 间，可分为五组来表示不同级别的一致性：0.0—0.20 极低的一致性（slight）、0.21—0.40 一般的一致性（fair）、0.41—0.60 中等的一致性（moderate）、0.61—0.80 高度的一致性（substantial）和 0.81—1 几乎完全一致（almost perfect）。

宾州语篇树库的理论基础是 Webber 和 Joshi（1998）提出的语篇词汇化树邻接语法——DLTAG（Discourse Lexicalized Tree-Adjoining Grammar）。该理论高度重视语篇连接词的作用，认为语篇连接词是一种高级别谓词，能够连接子句的论元。在 DLTAG 语法框架下，语篇连接词被分为结构型（包括从属连词、并列连词）和照应型（即语篇副词）。

建立在 DLTAG 的理论基础上，宾州语篇树库的核心思路是以词汇为基础进行语篇关系的标注。其主要思想是将语篇关联词（Discourse Connectives）看作语篇关系中的谓词，依据动词论元结构理论，这些充当谓词的语篇关联词能够携带并控制两个宾语，这两个宾语实质上是抽象的，可以由事件、命题或状态来充当。这就构成了由一个谓词连接的两个论元，在该标注体系中分别被定义为 Arg 1 和 Arg 2。标注的主要内容为关联词的论元结构和意义、关联词与论元之间的修饰关系特征等。根据是否存在关联词，语篇的连接关系被分为显式连接和隐式连接。显式连接下标注 4 种类型的连接词及其论元，连接词主要包括 4 类：从属连接词、并列连接词、副词性连接词和固定连接词；论元间的语义关系主要分为 4 类：时间关系、或然关系、比较关系、扩展关系。此外，"针对真实文本中大量存在的连接词缺失现象，又设计了多层次标记和多重特征相结合的描述机制。"（周强、周晓聪，2014；刘敏贤、杨跃等，2011），他们认为该语料库利用现存的衔接词描述语篇的衔接关系，更加简洁易懂，且以篇章关联词语为核心，从语义角度出发构建了篇章句间关系树库，语义信息丰富且可操作性强。

刘敏贤、杨跃等（2011）对比了 RST Treebank（Carlson and Marcu et al., 2003）和 PDTB，他们提出，在标注层次上，RST Treebank 为高标准标注，PDTB 为基本标注；在标注内容上，RST Treebank 标注的是抽象的语篇关系，PDTB 语料库标注的是连接词和论元；在标注特点上，RST Treebank 缺少确定语篇关系的基础，而 PDTB 语料库把语篇关系定位到词条；在标注一致性水平上，RST Treebank 低于 PDTB 语料库；在标注规模上，RST Treebank 要小于 PDTB；在与其他树库的联系上，RST Treebank 与其他树库没有直接联系，而 PDTB 则是基于宾州树库 PTB 和 PropBank 建立的。

三 面向中文的篇章句间语义关系表示体系

PDTB 主要面向英语，与其类似的篇章句间关系研究在土耳其语、阿拉伯语等语言中也开始出现。在这样的背景之下，国内学者开始了对该领域的探索。张牧宇、秦兵等（2014）提出了面向中文的篇章句间语义关系体系，该体系直接建立在 PDTB 的基础之上，但考虑到中英文关联词的使用和语义关系之间存在的差异，他们提出直接将英文体系平移到汉语中会出现一系列问题，例如英文体系对中文语义覆盖不全、对某些关系分类不清、时态关系平移困难、元素定义在中文上的使用困难等。因而，结合汉语实际，张牧宇、秦兵等（2014）将 PDTB 体系进行了英汉相互依赖性关系化处理，形成了面向中文的篇章句间语义关系标注体系。

该体系主要包含 3 个层次的内容：篇章句间关系、关系元素和语义关系体系。篇章句间关系指的是两个文本块之间存在的语义关联类型，主要由关联词进行标识。其下分为 3 类：显式关系（存在明显的关联词语）、隐式关系（缺少关联词语）和替换关系（缺少关联词语，但具有功能类似的短语或其他成分替代）。关系元素则指的是构成句间关系的文本单元，包括简单句、短语、复句、指代表达式。与句间关系相呼应，关系元素也分为 3 类：显式关系元素、隐式关系元素和替换关系元素。而篇章句间语义关系体系则是一个多层级的结构，最多可细化至 3 级类目，具体关系如表 3—1 所示。

表 3—1　　　　　　　　篇章句间语义关系体系

语义关系一级类目	二级类目	三级类目
时序关系	同步关系	—
	异步关系	先序关系（Arg 1 先于 Arg 2）
		后序关系（Arg 1 后于 Arg 2）

续表

语义关系一级类目	二级类目	三级类目
条件关系	直接条件关系	充分条件
		必要条件
		无条件
	形式条件关系	—
比较关系	直接对比关系	同向对比
		反向对比
	间接对比关系	—
因果关系	直接因果关系	原因关系
		结果关系
	间接因果关系（推论因果）	—
	目的关系	—
扩展关系	细化关系	解释说明
		实例关系
		例外关系
	泛化关系	—
	递进关系	—
并列关系	平行关系	—
	选择关系	相容选择
		互斥选择

根据该标注体系，张牧宇、秦兵等（2014）开展了语料标注工作，并对标注结果进行了分析。标注的语料来源于新浪和搜狐两个门户网站上的互联网新闻，从网站新闻频道下属的各个顶级类别中各选择一篇质量较好的语料。数据标注由 3 名标注人员完成，一致性测试结果为 59.90%（Kappa 系数）。张牧宇、秦兵等（2014）认为，标注结果的一致性整体较高；而标注人员之间完全不同的标注例子较少，体现了该体系的完备性，说明大部分真实语料都可以在这一框架下被划分至合适的类别；而标注过程中存在的个体差异则显示了语义问题的复杂性。同时，他们也对标注过程中出现的问题进行了整理，主要包括信息缺失、句法

与语义关系的区别、语义歧义等。针对这些问题，张牧宇、秦兵等（2014）提出了一系列的解决方案，进一步完善了面向中文的篇章句间关系标注体系。

四 适合英汉双语的表示体系

建立在 PDTB 的基础上，练睿婷、史晓东（2008）提出了一个适合英汉双语的标注体系，主要针对基于语篇的机器翻译，该体系也可以应用于其他领域。该标注体系在 PDTB 的基础上，吸收了 Halliday（1985）关于子句复合体的理论。"Halliday 把子句复合体与传统语法的句子相提并论，且认为子句复合体中各子句的关系划分为相互依赖型和逻辑语义关系。标注语料暂时使用的是 PDTB 中的文本语料。"标注内容主要包括以下 5 个方面：①语篇基本形式单元及其类型的标注；②子句的标注以及子句间关系的标注；③句子的划分以及句子间关系的标注；④句群以及句群中心句的标注；⑤语篇词汇关系的标注。

（1）语篇基本形式单元及其类型的标注。在语篇的基本形式单元及其类型的标注上，练睿婷、史晓东（2008）认为语篇的基本形式单元（BFDU）是以标点符号（顿号、引号等除外）隔开的分句或句子片断，与语义无关。根据其句法结构是否完整，可以分为合法的 BFDU 和不合法的 BFDU；具体判断方法则需要借助 PDTB，能构成一棵子树则为合法的 BFDU，否则不合法。将不合法的 BFDU 进行合并，直到其合法为止。语篇标注体系主要采用的是 PDTB 的标注体系。

（2）子句的标注以及子句间关系的标注。练睿婷、史晓东（2008）认为，子句是一组关联字，包含一个主词和一个动词，其中的动词是不可或缺的。该体系在此采用 PDTB 的语法体系，将子句与 PDTB 中的简单从句（IP）相对应。而在该标注体系中，BFDU 与子句没有直接的关系。依据 Halliday 关于子句复合体的理论，该体系首先将子句间的关系分为两大类：相互依赖性关系和逻辑语义关系。其中，相互依赖性关系为嵌套关系，多指从句现象；逻辑语义关系分为并列关系和偏正关系。子句关系的标注也借鉴了宾州树库的处理方法，将存在语义关系的两个子句看作关系中的两个参数，标注格式为"关系名称（Arg—1，Arg—2）"，不同关系中参数对应的子句如表 3—2 所示。

表3—2　　　　　　　　　不同关系中参数所对应的子句

关系	Arg—1	Arg—2
嵌套关系	嵌套子句的子句	被嵌套的子句
并列关系	位置在前的子句	位置在后的子句
偏正关系	正句	偏句

（3）句子的划分和句子间关系标注。在该标注体系中，句子被定义为"以句末标点（句号、问号、感叹号、省略号）结尾的片段。"（练睿婷、史晓东，2008）句子之间的关系主要有并列关系（包括并列、承接、连贯、递进和选择关系）和偏正关系（包括因果、假设、条件、让步关系）。句间关系的标注类似于子句间关系的标注，标注格式相同，且在并列关系和偏正关系中，参数对应的句子也与子句相同。

（4）句群以及句群中心句的标注。该体系认为，如果某两个相邻的句子不存在逻辑关系和一些词汇上的交叉等现象，就应在这两个句子间作划分句群的标记，并对句群实行最小化原则。表达句群中心的句子为群中心句，句群中的句子若为并列关系，则皆为中心句。

（5）语篇词汇关系的标注。在该体系中所要标注的语篇词汇关系主要有：省略、共指、词汇衔接和相关词。在进行省略的标注时，要将省略的词补上，并标明省略的位置；而标注其他几种词汇关系时，要将存在关系的所有词都作为某一关系内部的不同的部分。此外，还要标注出词汇衔接的子系统。

总的来说，练睿婷、史晓东（2008）认为，该语篇标注体系是一个从基本语篇形式单元到句群标注的自底层向上的标注过程。

五　篇章内部实体关系表示体系

上文主要探讨的都是句间关系的标注，下面介绍的标注体系则主要基于语篇中的实体，包括信息结构中信息状态的标注和话题链、话题结构的标注。

（一）信息结构标注

Riester 和 Baumann（2014）提出了"RefLex"这一信息结构标注体系，主要着眼的对象是信息结构理论中的信息状态。该标注体系主要建立在 Halliday 和 Hasan（1976）、Schwarzschild（1999）和 Chafe（1994）等关于信息状态和焦点的理论上，Schwarzschild（1999）关于指称性表达和非指称性表达的区分。Riester 和 Baumann（2014）虽未明确指出其面向的语种，但文中举例多使用英语和德语。"RefLex"信息结构标注体系将信息结构分为词汇层和指称层两个层级。其中，词汇层从形式表达上出发，分析具体词汇的信息类型，标注的主要对象为实词，包括名词、形容词、实义动词、副词；标注的主要内容分为三大类：已激活信息（l-given 类）、半激活信息（l-accessible 类）和未激活信息（l-new 类）。指称层从关系意义上出发，分析词语所指的信息类型，标注的主要对象为指称性的限定词短语 DP、介词短语 PP、名词性短语 NP；此外，根据依赖语境与否、特指与否、信息的新旧等将指称信息分为五大类：文本外部交际语境中的指称、语篇语境中已出现的指称、依赖语境的新实体、语篇中的特指新实体和非特指新实体。此外，指称层还附带一个表示类属的可选特征。词汇层和指称层中具体的标注符号和描述详见表 3—3 和表 3—4。

表 3—3　　　　　　　　词汇层标注体系

分类	标注符号	描述
l-given 类 active（已激活）	l-given-same	已出现词语再次出现
	l-given-syn	已出现词语的近义词
	l-given-super	已出现词语的上义词
	l-given-whole	已出现词语的整体词
l-accessible 类 semi-active（半激活）	l-accessible-sub	已出现词语的下义词
	l-accessible-part	已出现词语的部分词
	l-accessible-stem	与已出现词语有相同词干的相关词
inactive 类 non-active（未激活）	l-new	与前文没有任何联系的词语

表 3—4　　　　　　　　　　　指称层标注体系

分类	Tag	描述
文本外部交际语境中的指称	r-given-sit	指称对象在文本外部的交际语境中，不伴随着指示的手势
	r-environment	指称对象当即在场，需伴随指示手势或凝视，只用于面对面的交流中
语篇语境中已出现的指称	r-given	与前文中出现的先行词具有同指关系
	r-given-displaced	具有同指关系的先行词的出现早于五个语调短语或句子
依赖语境的新实体	r-bridging	可及信息，非同指，但与前文有联系
	r-cataphor	后指照应
语篇中的特指新实体	r-bridging-contained	嵌套式的可及信息
	r-unused-unknown	语篇中的定指新信息，说话人认为听话人不知
	r-unused-known	语篇中的定指新信息，说话人认为听话人已知
非特指新实体	r-new	语篇中新出现的实体
可选特征	+ generic optional feature	表示类别，抽象内容，非特定、非具体的内容

此外，"RefLex"信息结构标注体系还规定了一些标注中的细则，如"除了 l-accessible-stem 外，词汇层存在关系的词语不能跨越词类"等。本书篇幅所限，在此不做详述。

（二）基于话题链的汉语语篇连贯性描述体系

周强、周骁聪（2014）提出了基于话题链的汉语语篇连贯性描述体系。该体系建立在话题和话题链理论、语篇连贯理论之上，所面向的标注语料主要为书面文本语料，重点探索篇章中事件情景的连贯特征。周强、周骁聪（2014）把汉语语篇连贯性描述体系分为以下两个处理阶段：①事件句式—小句—句子，②句子—句群—段落。而这两个处理阶段又可分成 3 个层面：①事件句式—小句，②小句—句子—句群，③句群—段落。话题链标注体系着眼于"小句—句子—句群"层面，"重点分析书面文本段落内部以各个小句描述的基本事件为基础形成的复杂事件关系网络。"（周强、周骁聪，2014）所要标注的基本单元为事件描述小句（EDC），是由逗号、分号、句号等分隔的单元，"其结构组合主要包括：

①包含谓语成分的小句；②句首的主语或话题成分；③句首或句中的状语或状语从句。"（周强、周晓聪，2014）

整个标注体系是一个形式和内容相结合的汉语连贯性描述模型。在连贯形式方面，提取了话题链、关联词和其他连贯形式（包括实体链、平行结构和谓词组合等）。其中话题链和关联词语是主要的连贯形式，描述的是汉语连贯性体系的共性；而其他连贯形式则是辅助性的，用来凸显某些特殊的连贯表达。在连贯内容方面，构建了话题评述关系（包括时空顺序关系、解释注解关系、视域变换关系）、广义并列关系、广义因果关系和广义转折关系四大修辞关系描述集。其中话题评述关系对应的连贯形式是话题链形式，其他关系则对应的是关联词形式。

周强、周晓聪（2014）选取了清华句法树库 TCTVer 1.0（Tsinghua Chinese Treebank）中全部的标注句子作为语料，对该标注体系的可行性进行了验证和分析。研究结果显示，在连贯形式上，零形话题链"是汉语复句的主要连贯形式"；"关联词语是汉语复句的重要连贯形式"；两者"同时使用是其应用常态"；"而其他连贯形式主要分布在流水和并列复句中"。（周强、周晓聪，2014）在连贯形式和内容的对应关系上，该体系中"提出的3种连贯形式和4种修辞关系之间存在很强的对应联系"（周强、周晓聪，2014）。关于话题链和关联词这两种连贯形式在不同体裁的汉语真实文本中的使用情况，在不同体裁、不同连贯关系的复句中，话题链的应用比例都很高，这体现了其在汉语句子连贯体系中的重要地位；而关联词的应用比例则呈现出不均衡的态势。总体结果表明："话题链在不同体裁的汉语真实文本数据上都有很好的适用性，可以很好地解决显性关联词不足导致的连贯性判据缺失问题。"（周强、周晓聪，2014）

（三）广义话题结构标注

宋柔（2013）提出了汉语篇章广义话题结构的流水模型。该模型主要面向语言工程的需求，近期目标是"把标点句句首缺失的广义话题成分从上下文中补全"；远期目标是"让计算机对任何正常的现代汉语篇章的微观话题结构进行自动处理，进而解决各种实际应用问题。"

宋柔（2013）认为："汉语篇章以标点句为基本单位，遵从流水模型形成广义话题结构。"所谓的标点句"就是逗号、分号、句号、叹号、问号、直接引语的引号以及这种引号前的冒号所分隔出的词语串。"值得注意的是，由逗号隔开的两个熟语不算标点句；相互之间具有逻辑语义关系的标点句也不纳入考量范围。而此处的"话题结构"首先指的是微观话题结构，是对某一个词语（即话题）共同展开说明的一系列相邻语句形成的结构，而非"表征篇章各部分讲述内容的大纲"的宏观话题结构。微观话题与它的所有说明共同组成一个话题结构，话题结构中的标点句数量一定是大于"1"的，因为话题一定要被其所在标点句外的其他标点句说明。文中列举《围城》中的一句话"他在剑桥念文学，是位新诗人，新近回国"来说明话题结构；这句话共具有 3 个标点句，都是对话题"他"的说明，因而共同构成了一个话题结构。我们知道，话题作为被谈论的对象，通常由实体话题和环境话题来充当。在此基础上，宋柔（2013）引入了性状、谓性、推理前提等类型的话题，与前两者一并组成了广义话题，广义话题和它的说明就构成了广义话题结构。

宋柔（2013）归纳出了汉语篇章广义话题结构遵从的堆栈模型，这是广义话题结构的基本模型，据此可以生成话题自足句。"每一个标点句都有其对应的话题自足句，话题自足句总是栈内容。"生成话题自足句的具体操作方式为退栈和进栈，这也是篇章遵循话题结构进行延续的过程。首先，将新的标点句与栈中已有的话题自足句进行关系分析，如果该标点句是对已有自足句中话题的说明，那么将已有自足句中话题右侧的词语串退掉，将该标点句推入，更新后的栈中内容即为该标点句的话题自足句。如该标点句与原自足句中话题不存在说明—话题的关系，则该标点句自身亦为话题自足句，此时应将栈中原有所有内容退掉，将该标点句推入栈中，充当新的栈内容。宋柔（2013）认为，话题自足句"恰好补全了标点句缺失的且存在于上下文中的全部话题"。在此过程中，广义话题结构具有两个重要的性质：话题的成句性和话题的不可跨越性。

话题自足句具有成句性特征，而基于堆栈模型的话题自足句存在少数不成句现象，为了解释一些特殊的结构，宋柔（2013）又引入了逆向堆栈模型、节栈模型和汇流模型对原有理论进行了扩展，扩展后的模型统称为流水模型。其中，逆向堆栈模型主要针对的是话题后置的现象；节栈模型主要针对的是新支句，即原话题自足句中产生的新分支；而汇流模型针对的是后部不完整的标点句。上文中提到的广义话题结构的性质，在扩展后的流水模型中依然得到了保留。此外，宋柔（2013）认为，汉语流水模型的性质如同河流一般，可以归纳为"从左向右，向下为主，分支汇流，节闸限源，不可穿越"，而这正在篇章微观话题结构层面上为吕叔湘先生提出的"汉语多流水句"的观点提供了佐证。同时，针对大脑对汉语篇章的编码和解码过程，该模型"提供了一种可能的认知机理的解释"。

表示流水模型的话题结构图式是由换行缩进图式表示的。所谓的换行缩进是将"具有广义话题结构关系的标点句进行分行排放，用于说明的标点句的左端缩进到被说明的话题的最后一个字后面。"如文中例子所示：

{他［在剑桥念文学，
　　　是位新诗人，
　　　新近回国。］}

其中方括号中的内容为说明，共同谈论的是方括号左面的话题"他"，整个话题结构为花括号中的内容。而换行缩进图式是将所有的括号省去，使用线条将话题和对它的说明连起来，这样就可以比较直观地展示出汉语篇章微观话题结构的轮廓，如下所示：

他在剑桥念文学，
　是位新诗人，
　新近回国。

该例可以很典型地表现出话题结构的堆栈模型。"左端是栈底，右端是栈顶，左端不动，词语从右端出进。"话题"他"永远留在栈中，与其具有"话题—说明"关系的标点句的构建就是不断将话题右边表示说明的词语串从栈顶退出，然后推入新的说明词语串内容，不断更新对话题的说明，不断更新栈里的内容。流水模型中的其他模型也能很好地用换行缩进图式表示。

"基于流水模型，使用换行缩进图式"，宋柔（2013）标注了《围城》全书和许多其他语料，内容丰富，涉及"章回小说、现代小说、当代小说、古典白话小说、翻译小说、大陆报纸新闻、台湾报纸新闻、政治报告、百科全书、法律法规、散文、操作说明等语体",共40万字左右。我们可以看到,其标注语料为书面文本,涵盖多种语体,规模庞大。标注结果显示:仅有约10%的情况违背了流水模型的情况,且其中大部分可以通过完善该模型得到解决。根据大规模语料标注结果,宋柔(2013)认为,流水模型对于不同语体的汉语篇章文本中具有较高的覆盖率,能够深刻揭示汉语篇章的内在结构,具有较强的有效性和较高的可信度。

(四)汉语"词库—构式"互动的语法表示体系

上文中介绍的 PDTB 标注体系主要以作为关联词的词汇为线索,探索句子间的语义关系。而袁毓林、詹卫东等(2014)提出的"汉语'词库—构式'互动的语法描写体系"与此则存在相似之处,可以说两者都吸收了论元结构理论的精髓。下面我们就对该体系进行介绍。

袁毓林、詹卫东等(2014)认为,对汉语意合机制的探究,实际上存在两个支点:词和构式。词和构式中隐含着"跟人类生成和理解语言相关的概念结构",而这种概念结构正是"我们生成和理解意合性词语组合和小句序列的认知基础"。(袁毓林、詹卫东等,2014)此外,交际过程也是在这两个支点的互动中实现的,词和构式互相影响,共同作用于语言习得。因而,在汉语国际教育蓬勃发展的背景下,考虑到汉语的意合性特点,袁毓林等提出了"汉语'词库—构式'互动的语法描写体系",意在揭示汉语内在的意合机制,推动汉语国际教育中语法教学的发展。该体系主要建立在"认知语言学、配价语法和论元结构理论、生成词库论、构式语法等当代语言学理论"的基础之上(袁毓林、詹卫东等,2014)。在策略上,该体系主要采用的是"大词库、小语法"的策略,设定将一万多个词语与几十种构式相对应。在描述方式上,该体系使用"分词类、分层面"的方式,将整体分为4个层面:词库的较低平面——"建构和描述词语(特别是名词)的物性结构等基本的概念结构,揭示有关名词的功用角色和施成角色";词库的较高平面——"建构和描述词语(特别是动词、形容词)的论元结构,揭示其从属成分的论旨角色以及它们之间的配位方式";高层的构式平面——"描述构式的形式—意义配对关系,说明构式的有关论元位置及其语义角色,刻画填入相关位置的动词的句法、语义特征；揭示动词的论元结构与构式的论元结构之间的互动和模塑关系"；动态的语义组合和语义推理平面——"用语义的扩散性激活和缺省推理等动力学机制说明比较特殊词语组合、句子形式的语义解释。"

根据该描写体系，袁毓林等尝试将其研究成果建立成可视化知识库和大型语料库。在此我们着重介绍其语料库的构建设想。语料库的内容包括现代汉语语料库、汉语—英语对齐语料库和汉语中介语语料库等，整体的框架为分层的金字塔格式，由下自上分为：浅层标注语料库、深层标注语料库、专化语料库。其中浅层标注语料库规模最大，语料为五亿至十亿字级的汉语单语大规模语料，此层级强调语料选材的广泛性，对语料的标注主要为篇章级的浅层标注。而深层标注语料库及专化语料库则规模相对较小，"精选百万字级规模的语料，做深度标注，标注内容包括：句法结构标注（树库）、语义角色（语义关系）标注、事件类型标注、构式标注等"。

董振东、董强等（2011）在《下一站在哪里？》一文中对中文信息处理，尤其是计算语言学进行了回顾和展望。他们一方面肯定了过去 30 年来中文信息处理领域取得的成果；另一方面也指出了研究中存在的不足。他们认为：近 20 年来，在计算语言学发展的过程中，国内采取的主要做法是跟进西方的脚步，过分依赖已有的方法，同时又过多地关注了语言的共性，缺乏对汉语个性的观照，很多做法都是将中文塞进非中文的框架中。据此，他们提倡关注中文的个性，"让中文归于中文"。

在具体研究领域上，董振东等提出了对词性标注和树库建设的质疑。在词性标注上，他们认为国内学者大多跟风标注，忽略了英语和汉语的差异：在词性序列上，英语词性序列整齐，而汉语词性序列比较松散；在周围词词性对目标词的约束上，英语约束作用良好，而汉语则缺乏严格的约束作用。在对树库的建设上，他们也提出了一些质疑：其一，英语和汉语的表示方法不同，英语可以用树状结构来表示，而汉语则是图非树。其二，汉语的词性与句法功能不像英语那样存在严格对应关系。以"词性"为基础、以主谓宾等句法功能为架构的中文树库也许不能够全面准确地反映汉语实际情况。其三，他们提出由于汉语词性和句法功能的不严格对应，导致标注规范较为复杂，一致性水平难以保证。

针对以上提到的问题，董振东等对汉语语言信息处理作出了一系列的设想和展望。一方面，他们倡导信息处理要走向深层，包括数据的深加工和计算工具的改进；另一方面，他们提出对汉语标注体系的一系列设想，认为不应对词性进行标注（后文的研究标注了词性），也不应建立以词性为基础的树库，要更多地着眼于意义；要进行专题分解的标注，实现标注资源的共享和共建；"标注工具应该具备自动学习的功能"，并且能对语义歧义的标注给出例子；要重视全文依存关系的标注；此外，他们还强调标注质量及技术融合，呼吁学界关注人本计算。我们认为，董振东等的建议对相关研究具有一定的启发意义，尤其是看到了汉语与英语之间的差异，倡导尊重汉语实际。这一方面有利于相关学者继续深入挖掘汉语的特点，另一方面也有助于改进汉语的信息处理方法。但其在汉语词性标注和树库建设方面的一些看法是值得商榷的，词性作为中文信息处理过程中的基础性工作，是不能够被忽略的，我们要做的是根据汉语自身的特点，借鉴国外的一些方法，不断完善对汉语词性的描写。关于中文树库的建设，汉语的特殊实际固然非常重要，但语言的某些共性也是值得我们注意的，我们认为未来研究的主要方向是在借鉴西方成熟树库建设的基础上，结合汉语实际，充分发挥汉语学界的主动性和创造性，继续深入挖掘能够兼顾语言共性和汉语特性的描写方法和实现手段。

第二节 语篇分层表示体系理论框架

综合上述分析，语法、语义与语用是语言学、语音学以及计算机科学共同关注的跨学科热点研究问题。林焘（1957）从互动研究角度出发，考察了现代汉语趋向补语、可能补语等问题，发现语音格式的不同对语法和语义有直接的影响。近些年，在语言研究领域，随着非线性音系学和节律音系学的兴起和发展，汉语韵律语法研究蓬勃发展，例如端木三（1999，2007）提出的"辅重论"，王洪君（2001）提出的"音节单双—语法功能分工说"，冯胜利（2013）提出的"汉语韵律句法学"，周韧（2007）提出的"信息量原则"，均是从语法与韵律的角度来解释汉语的语法现象，强调韵律对句法的制约作用。但也有研究质疑韵律对语法的影响力,沈家煊(2011)提出韵律结构不足以解释形名定中[1+2]的常态问题。上述研究表明,诸多语言学研究领域均注重韵律特征对语法和语义的影响作用。

在语音学研究领域,语法和语义对韵律特征的影响和制约作用受到越来越多的关注。莫静清、方梅等(2010)的研究指出,不同类型的句法标记词所指示的焦点,其感知强度存在差异。赵建军、杨晓虹等(2015)采用修辞结构标注方法,标注汉语朗读语篇的语义关系,并指出语篇的语义链接和层级性对韵律特征和焦点分布具有显著影响,语篇层级性越高,焦点成分对应的韵律特征越明显。刘晨宁、贾媛等(2016)在信息结构理论框架下,初步考察了语篇重音受篇章新/旧信息类型的影响,研究结果指出,语篇的词汇和指称信息对重音分布有显著影响。上述研究表明,语篇的语法、语义、语用对韵律特征存在重要的影响。

在计算机科学领域,篇章话题链的标注是自然语言语义计算的核心内容,也是互动研究的重点问题。王永鑫、蔡莲红(2010)引入语法和语义信息,通过机器学习手段,实现了对语篇韵律结构的预测。上述研究表明,在语音技术领域,语法与语义影响韵律特征的预测,而话题链和修辞结构对于语篇的语义计算具有至关重要的作用。

综合以往关于语法、语义、语用与韵律的研究,可以发现,语言学研究领域注重韵律的解释作用,从研究指向上看,是从韵律到语法和语义,即重视韵律对语法和语义的影响和解释作用。语音研究领域对韵律的探讨则主要集中于语法、语义或语用对韵律特征的制约和影响作用,从研究指向上看,是从语法、语义与语用到韵律,即注重语法、语义与语用对韵律特征的影响作用。此外,以往研究甚少关注信息状态,即信息结构对语篇韵律的影响作用。考虑到信息结构对推动语篇组织的作用(Halliday and Hasan,1976)以及对语篇理解的重要作用(王丹、杨玉芳,2004),信息状态的分布和类型对语篇的研究也具有重要意义。

以往研究结果显示,无论从整体性还是系统性上看,均需要针对汉语语篇开展拓展和纵深性研究:①语言学研究领域强调了韵律对句法和语义的制约作用,但其主要是利用韵律特征对汉语语法现象进行解释,其研究结果属于理论层面的探讨,可靠度与可信度亟须在大规模语料上进行实验验证;②"辅重论"和"信息论"将重音视为解释句法组合模式合格的原因，而对于重音是否真正分布在其预测的位置，还缺乏实验证据；③语音学研究领域较少探究不同语篇结构因素对语篇韵律的共同影响作用，因此，对语篇韵律表现的解释存在一定的片面性；④利用语法与语义信息对韵律特征的预测研究，通常将多种因素混杂在一起，并未进行细致分类，每个特征的具体作用不够清晰，预测结果的可靠度和可推广性受到一定影响。

近年来，国际上对于语法、语义、语用与韵律的接口问题研究，主要是在构建分层表示体系和大规模标注库的基础上开展统计分析，例如Dipper 和 Götze 等（2007）构建了跨语言信息结构分层表示体系，该体系涵盖了句法、语义、音系以及信息结构等特征。Riester 和 Baumann（2011）提出的标注方式，将以往的新信息和旧信息进一步分为词汇范畴（L-categories）和指称范畴（R-categories），以满足实际语篇语料的需求。因此，为满足汉语语篇韵律接口研究以及自然语言处理和语音翻译对篇章语法、语义与韵律计算的重大需求，本研究拟面向汉语语篇（主要包括朗读语篇），构建一个语法、语义、语用与韵律特征的分层表示体系，通过不同层级特征的描写，解析汉语从底层的结构特征到表层的韵律实现特征，进而采用表示体系标注汉语语篇语料，构建大规模标注库，基于标注库开展语法、语义与语用对韵律特征的分层影响作用，即语法与韵律、语义与韵律、语用与韵律之间的大规模接口研究。

该表示体系的提出、标注库的构建以及接口研究的开展，其学术价值和应用价值在于：①该表示体系借鉴了语言学诸多的理论，涉及句法学、篇章语言学、语义学、音系学以及语音学等。所构建大规模的数据标注库包含文本和语音标注，研究将在标注库基础上开展综合性的大规模统计分析。因此，该研究是一个跨语言学领域的综合性研究。②所提出的表示体系，是一套针对汉语的语法、语义、语用与韵律特征的分层表示体系，该体系可以在不同的层级上，对语言的不同类型的特征进行描写，在国内同类研究中具有创新性。③通过分层表示体系的特征描写，可以将语法、语义、语用与韵律中某个特征（如指称、话题、语义衔接类型、新—旧信息）分别作为变量，考察两者之间或者更多特征之间的交互作用，对于接口问题的研究而言，研究更具有系统性和创新性。④研究通过构建大规模数据标注库，可以对语法、语义、语用与韵律的交互作用进行统计与分析，研究结果更具有可靠性，其推广性也更强。⑤对于语篇韵律的研究采用分层和分理论体系考察的方法，研究结果更可靠，可以用于发掘不同因素之间显著和可靠的影响关系，进而为语言学的接口研究提供统计分析和预测工具。对于语法、语义、语用对韵律的影响研究而言，具有开创性意义。⑥该研究属于跨学科研究，采用了语音学、语言学、统计学相关研究方法，研究结果具有较强的应用性，可用于汉语语篇理解、对话意图分析、信息安全等领域，具有很强的应用性与社会效益。

一 分层表示体系理论框架

"语法"（Grammar）通常包括词法和句法，词法的研究范围包括词类和各类词的构成、词形变化（形态），句法的研究范围包括短语、句子的结构规律和类型。"语义"（Semantics）主要研究自然语言的意义，即词、短语（词组）、句子、篇章等不同级别的语言单位的意义。"语用"（Pragmatics）主要以语言的意义为研究对象，主要关注语言的理解和使用。"韵律"（Prosody）在语音学中也称为超音段，统指音高、语速及节奏等变化。语法、语义、语用与韵律均具有较广泛的定义，在语言学和语音学研究领域均开展过系统研究，已经取得了丰硕的成果（沈家煊，2016；王洪君、李榕，2014；胡建华、杨萌萌，2015）。在本研究中，为满足自然语言处理和大规模数据处理与计算的需求，本研究从语言学、语音学和自然语言处理角度出发，将"语法"界定为词法和句法，主要涉及短语和句子；"语义"界定为语篇层面句间语义链接类型；"语用"界定为篇章语境；"韵律"界定为语篇韵律结构和重音分布。

语法、语义、语用和韵律特征表示体系构建主要参照 Dipper 和 Götze 等（2007），具体层级依据汉语特色设定。该体系包括 4 部分内容（依据图 3—1）。①语法层，主要包括两方面内容：一是形态层，主要词性的描写及回指的类型和变化描写；二是句法层，依据依存语法（Dependency Grammars）标注句法成分之间的支配与被支配关系。②语义层，主要包括三方面内容：一是修辞关系，通过关系集描述语篇中句子之间的衔接与连贯等关系；二是向心关系描述，主要通过描述中心的位置变换及停顿关系变化，揭示语篇韵律特征；三是话题链，主要描述话题的延续和起止位置。③语用层，主要包括信息结构，主要通过新/旧信息、词汇/指称类别的划分，揭示语篇层面的信息类型。④韵律层，主要包括3个方面：一是音段与声调层（该层级对韵律标注必不可少，李爱军、陈肖霞等，2002），音段信息包括：元音、辅音、音节、声韵母；二是韵律边界层，包括话语的韵律切分方式，即语调短语等韵律边界位置；三是重音层，主要标注重音分布位置和重音级别。

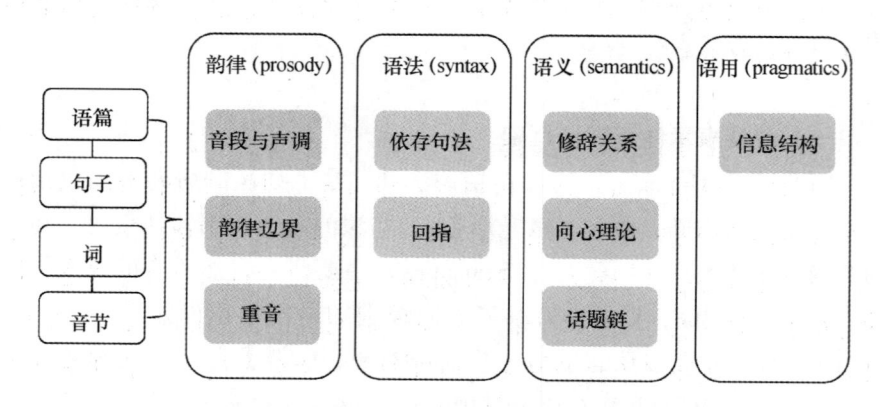

图3—1　汉语语篇语法、语义、语用与韵律分层表示体系

二　分层表示体系与标注库构建方法

（一）语法层标注规范

（1）形态层标注：形态层主要包括词性信息和语法功能。① 词性范畴遵循的一般规律是句法导向性，这种规律并不是要建立语言的特殊范畴，而是提供一种与句法相关的范畴化信息。语法功能主要标明每个词素的词汇意义或语法功能，第一人称单数或复数等，符号集以英文缩写为主，例如第一人称单数（FIR-SIG）。本研究主要关注语篇结构信息与韵律特征之间的接口问题，因此，该层级与音段层一样，被视为基本标注层，语法功能会在依存标注中涉及，而人称信息会在回指标注中涉及。在后

---

① Dipper 和 Götze 等（2007）的研究中，将形态层内容定义为词素结构、词素释义及词素的语法范畴（即词性）。本研究主要为了开展韵律接口研究，选用对语音特征有意义的形态特征进行标注，研究仅在回指结构和依存结构中标注必需的形态特征，不再把形态特征作为单独的标注层级。

续研究中并未对音段层面特征进行分析,因篇幅所限,该层级具体标注规范只在该部分进行简略介绍。另外一个层级为回指层,主要根据陈平(1987a)的定义,将回指标注为名词回指、代词回指和零形回指。此外,根据标注和韵律研究的需要,又将零形回指分为有距离零回指和紧邻零回指。

(2) 句法层标注:句法层的标注则主要采用依存语法,标记语法成分之间的支配与所属关系信息。依存语法(Dependency Grammar)最早是由法国语言学家 Tesnière(1959)在《结构句法基础》(Eléments de syntaxe structurale)一书中提出的。依存语法强调"动词中心说",认为动词是句子的中心,支配着别的成分,而本身不受任何其他成分的支配,词与词之间的依存关系是由支配词和被支配词联结而成的。本研究主要标注支配者、被支配者和依存名称。具体表示为:(A←B,Label),A 是被支配者,B 是支配者,A 和 B 之间的依存关系是 Label。

(二) 语义层标注规范

语义层主要包括 3 部分内容,首先是修辞结构标注,主要关注句间语义关系。其次是向心关系的标注,主要关注中心的分布和语篇中句子的过渡关系与链接紧密程度。最后是话题的位置和话题链的构成和链接方式。具体标注规范如下:

(1) 修辞结构层标注:修辞结构理论(RST)是美国学者 Mann 和 Thompson 于 20 世纪 80 年代初在系统功能理论框架下创立的,通过描写篇章各部分之间的结构关系来分析语篇的理论。篇章的整体性和连贯性是 RST 关注的焦点。篇章各小句存在各种各样的语义关系,即修辞关系(Rhetorical Structure Relations)。由于它们各自对实现作者的交际意图的作用不同,一个修辞关系的两个语段中比较重要的一个就叫作核心单元(Nucleus,N),相对不太重要的一个叫作卫星单元(Satellite,S)。在关系的定义上,我们将采用 Mann 和 Thompson(1988)提出的语义关系集合,例如让步,Con(Concession)等。

(2) 向心关系层标注:主要采用向心理论,描述语篇主题和语义关系的变化,该理论围绕中心(center)展开,其选择会影响语篇整体和局部的结构,从而影响整体连贯性。中心是语篇中的名词性语义实体(semantic entities),即语篇谈论的对象,在语篇中具体体现为指代成分(苗兴伟，2003），可分为下指中心、回指中心和优选中心，共3类。

（3）话题链层标注：汉语话题链是篇章中普遍存在的语言现象，突出表现为连续零形式的使用，沈家煊（2012）也曾指出，汉语中"零句是根本"。屈承熹（2006）将话题链定义为一组以零回指形式的话题链接起来的小句。陈平（1987a）指出，如果从意思上讲句子中有一个与上文中出现的某个事物指称相同的所指对象，但是从语法格局上看该所指对象没有实在的词语表现形式，此处用了零形回指。孙坤（2015）认为，话题链表现为由共同话题引起的一系列评述而构成的语言现象，突出表现为零形式的使用。本研究将采用屈承熹（2006）和孙坤（2015）对话题链的定义。

（三）语用层标注规范

主要通过信息结构的标注揭示语篇的语境信息，在语言学领域，运用信息理论来研究语言始于布拉格学派。本研究的信息结构表示体系采用Riester 和 Baumann（2011）的研究，将新信息和旧信息进一步分为词汇范畴（L-categories）和指称范畴（R-categories）。词汇范畴主要用于区分实词与非指称性短语的信息结构，指称范畴出现在自然篇章中指称性的限定词短语 DP（Determiner phrases）与介词短语 PP（Prepositional phrases）。

（四）韵律层标注规范

韵律标注是标注语句中有语言学功能的声调变化、语调模式、重音模式和韵律结构。本研究韵律标注将采用 C-ToBI（李智强，1998；Li，2002），主要包括以下几个小层：①音段与声调层，音段标注的时候，一般要结合看三维语图和听音来标注音段起始点和结束点。主要分为两小层，第一层是音节和声调层，标注音节边界和声调类型，第二层是声母和韵母层，标注元音和辅音边界。②韵律边界层，标记感知到的韵律边界或者韵律层级结构。有关汉语韵律结构以及边界征兆的研究有很多，一般来说韵律结构的韵律层级从下至上为音节、韵律词、韵律短语（复合韵律词）及语调短语。③重音层，标记语句的重音模式，主要包括：韵律词重音、韵律短语重音以及语调短语重音。

本部分研究系统地介绍了语篇分层表示体系构建的意义、方法和主要内容。对于具体的标注规范、符号集和语篇例子将在第三章第三节至第三章第八节进行详细介绍。因语法、语义、语用与韵律层每个部分均包括诸多小层，为了将每个小层的信息特征描述清楚，下文将以小层名称为构建语篇表示体系的基础。为了标注与计算的方便，具体的标注层级会有所调整。

第三节 依存关系

一 依存关系标注规范

句法分析应该达到的预期效果为：输入一个句子，通过特定的算法输出一棵关系结构树，并以此形式能表现出各个句子成分之间的语法关系，而这样的结构关系树正是语义理解中的关键所在。所选取的标注体系是否得当会直接影响分析工具的性能和句子句法分析的准确率。国内外现有一系列较为完整成熟的依存句法标注体系可供使用，例如哈尔滨工业大学依存句法标注体系（李正华、车万翔等，2008）和斯坦福大学依存句法标注体系（Marnee and Manning，2008），本研究将从标注效果、标注效率、标注表现方式等方面来对比这两种句法标注体系。

斯坦福依存句法分析虽然初期是针对英语等西方语言设计的，但是现在被广泛应用于各种语言中。在国际上该领域的相关研究课题大多数都是采用斯坦福依存语法标注体系。该体系引入中国之后，研究者们针对汉语语言的特点，在其基础上也为汉语设计了一套分析体系，包括44种依存关系。这套改良过后的依存体系虽然关系数目较多，但是，类型不够全面，而且因为其舶来品的本质，有的关系应用在汉语中比较牵强，如该体系认为"原是自给自足的发展"中的"是"与"自给自足"是"copular"（连接）的关系。更重要的是，有些属于汉语特有的句法结构，比如兼语结构和"的"字结构等，在此体系中均没有得到体现。同样，汉语复句结构的依存关系在该体系中也没有相应的体现方式。

哈工大依存标注体系是由哈工大信息检索研究中心开发设计的主要针对汉语的标注体系，该体系共包含24种依存关系。其最大的特点是对汉语中依存关系有很强的针对性，包括的关系类型更适用于汉语环境，可以准确地表现出汉语中特有的结构，如"把"字结构、"被"字结构、兼语结构和"的、地、得"字结构等。更为重要的是，哈工大还专门针对汉语复句设计了一些特殊的依存关系，例如独立分句、依存分句等。

即使如此，其关系数目还是比斯坦福体系中的关系数目要少得多。综合比较之后，本研究中选用了哈工大的依存标注工具。下面对哈工大依存标注体系进行简单的说明。（如图3—2 所示）

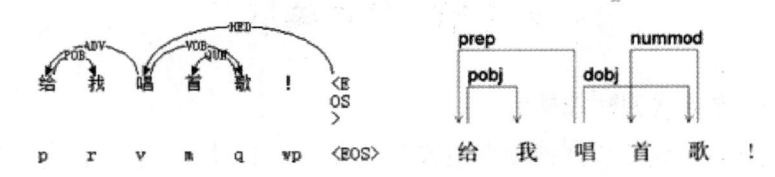

图3—2 哈工大标注体系处理结果（左）和斯坦福标注体系处理结果（右）

我们在哈工大标注体系的基础之上，结合汉语口语的标注实例，对哈工大的标注体系进行了适当的修改和补充，共设计了 26 类依存关系（李正华、车万翔等，2008）。现将这 26 类依存关系说明如下：

表3—5　　　　　　　哈工大依存标注体系关系

汉语名称	英文缩写	英文全称	例　子
主谓关系	SBV	Subjet-Verb	小刚寻找姐姐。（小刚←寻找，SBV）
动宾关系	VOB	Verb-Object	小刚接受采访。（接受→采访，VOB）
定中关系	ATT	Attribute	小刚找各种借口。（各种←借口，ATT）
状中结构	ADV	Adverbial	他跑得很快。（很←快，ADV）
动补结构	CMP	Complement	他跑得很快。（跑→得，CMP）
"得"字结构	DEI	"DEI" Construction	他跑得很快。（得→快，DEI）
"的"字结构	DE	"DE" Construction	心理上的准备。（上←的，DE）
"地"字结构	DI	"DI" Construction	他飞快地跑出去。（飞快←地，DI）

续表

汉语名称	英文缩写	英文全称	例　子
语态结构	MT	Mood-Tense	我吃完饭了。 (吃→了，MT)
数量关系	QUN	Quantity	北京是一座极美丽的城市。 (一←座，QUN)
定语后置	AB	Attribute-Backwards	高级绿茶，中国制造。 (绿茶→制造，AB)
宾语前置	OF	Object-Forward	我渴了用英语怎么讲。 (渴←讲，OF)
关联结构	CNJ	Conjunctive	因为今天下雨，会议取消了。 (因为←下雨，CNJ)
并列关系	COO	Coordinate	他们在研究和开发新产品。 (研究→开发，COO)
同位关系	APP	Appositive	北京，中国的首都。 (北京→首都，APP)
介宾关系	POB	Preposition-Object	狗把我咬了。 (把→我，POB)
比拟关系	SIM	Similarity	她的脸如同鲜花一样。 (鲜花←一样，SIM)
前附加关系	LAD	Left Adjunct	他们在研究并且开发新产品。 (并且←开发，LAD)
后附加关系	RAD	Right Adjunct	北、上、广等是中国的大城市。 (广→等，RAD)
连谓结构	VV	Verb-Verb	美国总统前来中国访问。 (前来→访问，VV)
独立分句	IC	Independent Clause	我是^{1}一名学生，他是^{2}一名老师。 (是^1→是^2，IC)
依存分句	DC	Dependent Clause	他被叫"神枪手"，听起来很神气。(叫→听，DC)
独立结构	IS	Independent Structure	事情明摆着，你看，我们能不管吗?(看←能，IS)
核心关系	HED	Head	北京是中国的首都。 (是←EOS，HED)

哈工大依存语法标注体系以哈尔滨工业大学信息检索研究中心汉语树库（Research Center for Information Retrieval Chinese Treebank, CIRCTB）中的语料为研究对象。CIRCTB 中共包含 10000 个选自《人民日报》的汉语句子，这些句子语法正规标准，逻辑严谨，每个句子以句号（。）、问号（？）、叹号（！）、分号（；）或回车符结尾。CIRCTB 的依存语法标注采用机器和人工相结合的方式，即先由机器自动标注，然后由人工进行进一步校对。哈工大标注体系将动词作为一句话的核心，所有的词都将依附于动词。在进行具体标注的时候，主要遵循两个原则：

（1）语义原则，即句子中语义上存在联系的词语之间存在依存关系，例如"小王具有先进的销售理念"一句，"具有"和"理念"这两个词在语义上存在联系，因此，它们之间存在依存关系。

（2）主干原则，即尽量保证句子中主要的词作为依存关系的核心，其附属成分依存于该核心词。例如"小王具有先进的销售理念"这一句中的主干成分就是"小王具有理念"。

创建依存句法关系需要在分词以及词性标注工作的基础上进行：词性标注需要分词，而分词的最小单位指的是句子中有意义的最小单元词语，不可再切割。下面将通过实例来说明在哈工大体系中这种支配与被支配关系的文字表示。在本研究中，依存句法关系的表示如表 3—6 所示。

表 3—6　　　　　　　　　依存句法关系表示实例

句子	火山就在这一刻间爆发了。
分析结果	火山/n 就/d 在/p 这/r 一/m 刻间/nt 爆发/v 了/u。/wp [1] 火山/n [2] 就/d [3] 在/p [4] 这/r [5] 一/m [6] 刻间/nt [7] 爆发/v [8] 了/u [9]。/wp [10] ＜EOS＞/＜EOS＞ [7] 爆发_ [1] 火山（SBV）[7] 爆发_ [2] 就（ADV）[6] 刻间_ [5] 一（ATT）[10] ＜EOS＞_ [7] 爆发（HED）[7] 爆发_ [8] 了（MT）

以上简要地介绍了哈工大标注体系的工作原理和标注规范。在使用的过程中，只需要将待分析的文本输入，该文本的依存句法关系就会以上面介绍的形式展现出来。不过需要注意的是，机器标注结果并非百分

之百正确，还需要进行人工校对和矫正。使用哈工大标注体系进行自动标注和后期进行人工矫正的工作都是由专业人员完成并审阅的，以确保矫正结果具有较高的可信度和正确率。

在哈工大标注体系的基础之上，结合汉语标注实例，对哈工大的标注体系进行了适当的修改和补充，共设计了26类依存关系（Liu and Li et al.，2014），该表示体系同时适合汉语朗读和口语语篇。现将26类依存关系说明如下：

表3—7　　　　　　针对汉语语篇的依存关系标注集

标记名称	标记代码	例子
主谓关系	SBV（subject-verb）	大家试验了不同的方法。（大家←试验，SBV）
动宾关系	VOB（verb-object）	大家试验了不同的方法。（试验→方法，VOB）
定中关系	ATT（attribute）	监督委员会常提出各种议案。（各种←议案，ATT）
状中结构	ADV（adverbial）	小周无所顾忌地乱打。（乱←打，ADV）
动补结构	CMP（complement）	每个人在一周中只有一天吃得饱。（吃→得，CMP）
易位关系	TRL（translocation）	两杯水，我要（水←要，TRL）
"得"字结构	DEI（DEI）	小周的成绩好得出奇。（得→出奇，DEI）
"的"字结构	DE（DE）	曾经的她身着长裙。（曾经←的，DE）
"地"字结构	DI（DI）	小周无所顾忌地乱打。（无所顾忌←地，DI）
语态结构	MT（mood-tense）	战争就在这一瞬间爆发了。（爆发→了，MT）
数量关系	QUN（quantity）	给我拿一杯！（一←杯，QUN）
重复关系	RPT（repetition）	能能听懂吗？（能←能，RPT）
重叠关系	DUP（duplication）	休息休息（休息→休息，DUP）
话语不完整	OM（omit）	就交了一半儿还是怎么着，就……（……→就，OM）
关联结构	CNJ（conjunctive）	不管你走到哪里，都可以随时随地享用空气。（不管←走，CNJ）

续表

标记名称	标记代码	例子
并列关系	COO（coordinate）	禁酒令为造私酒和卖私酒等犯罪活动提供了市场。 （造→卖，COO）
同位关系	APP（appositive）	"猛将"小周有点慌了！ （猛将→小周，APP）
介宾关系	POB（preposition-object）	他把别人的汽车砸坏了。（把→汽车，POB）
比拟关系	SIM（similarity）	长枪似的望远镜（长枪←似的，SIM）
前附加关系	LAD（left adjunct）	噪声是指从声源发出的频率和强度都不同的、无规则的声波振动。（和←强度，LAD）
后附加关系	RAD（right adjunct）	花了家里的一百多斤粮食。（百→多，RAD）
连谓结构	VV（verb-verb）	钱荣京哮喘找不到合适的工作。 （哮喘→找，VV）
独立分句	*IC（independent clause）*	他向右边跑，我向左边跑。（跑→跑，IC）
依存分句	*DC（dependent clause）*	后来生产的粮食卖不动了，镇上商户吞并了乡里商户。（卖←吞并，DC）
独立结构	*IS（independent structu）*	事情明摆着，你看，我们能不管吗？ （看←能，IS）
核心关系	HED（head）	花了家里一百多斤粮食。 （花←＜EOS＞/＜EOS＞，HED）

其中，标记代码采用依存关系英文名称的缩写，加下划线的斜体表示在哈工大基础上增加或修改的关系。新增加的关系主要有"易位关系（TRL）""重复关系（RPT）""重叠关系（DUP）"和"话语不完整（OM）"，修改的关系主要有"独立结构（IS）""独立分句（IC）"和"依存分句（DC）"，删除的关系主要有"定语后置（AB）"和"宾语前置（OF）"。现对修改和增加的这几种关系进行简单说明：

（1）易位关系（TRL）。由于汉语中不存在宾语前置的问题，而且那些处于同一句法结构之内的句法成分，虽然位置相对来说比较固定，但是在口语里经常可以灵活地互换位置，因此，在本书研究中，删除了哈工大标注体系中的"定语后置"和"宾语前置"，增加了"易位关系"。"易位关系"主要包括主语和谓语之间的易位现象，状语和中心语之间的易位现象，述语和宾语之间的易位现象等（王韫佳、初敏等，2006）。在这一关系中，我们规定句子中的主要动词为核心词，易位的成分作为附属词依存于核心词。

（2）重复关系（RPT）。重复现象在口语标注中大量存在。话语中的重复现象是指说话人由于思维不连贯而导致一个词汇或者多个词汇连续重复出现，却表达同一个意思，或者说话人为了纠正前面所说的话而重新说的现象。在这一关系中，规定前一部分的核心词依存于后一部分的核心词，然后按照正常的标注规则标注。

（3）重叠关系（DUP）。重叠关系主要是指词汇上的重叠，属于构词法的问题，如"观察观察""相处相处"。在标注中，本研究规定后面的部分依存于前面的部分，前一个词为支配者。

（4）话语不完整（OM）。在自然口语对话中，说话双方经常会因为种种原因而出现话语不完整的现象，主要包括话语被打断、省略、删除等。在实际标注中，如果不完整的部分是句子的主体部分，则核心词是被省略的部分，否则，核心词是句子中的其他成分。

（5）独立结构（IS）。本研究将哈工大标注体系中的"独立结构"（IS，independent structure）重新解释为插入语、称呼语以及话语标记等不影响句子意义表达的成分。独立结构在句子中不与其他成分发生结构关系，具有相对独立性，在句子中的位置比较灵活。

（6）"独立分句"（IC，independent clause）是指句法地位平等，彼此之间存在平行、相对或者其他密切关系的分句，主要包括并列、顺连和对比等关系（祁峰，2012）。

（7）"依存分句"（DC，dependent clause）定义为各分句之间是主从关系的分句，从句通常是修饰整个主要分句，可以完全抽出而不影响主要分句的完整意义，主要包括因果、让步和条件等关系（祁峰，2012）。

二　依存关系标注范例

本节将简要介绍依存标注实例。依存句法关系可表示为：（A←B，

Lable），其中 B 是 A 的父节点，即 B 是支配者，A 是被支配者，A 和 B 之间的依存关系是 Lable，A 依存于 B，A 和 B 分别表示分词结构的最小单位。图 3—3 是"事实证明，哪里的领导班子团结得好，哪里就生气勃勃，能够集中精力搞好工作"的依存结构标注示例，并以此句部分依存关系为例介绍依存标注："领导"是定语，"班子"是中心语，"领导"依存于"班子"，其依存关系为 ATT（定中关系）；"哪里的"是"的"字结构，"的"依存于"哪里"，其依存关系为 DE（"的"字结构）；"精力"为宾语，"集中"为谓语动词，"精力"依存于"集中"，其依存关系为 VOB（动宾关系）；"集中精力"和"搞好工作"是连谓结构，其依存关系为 VV（连谓关系）；"能够"是状语，"集中精力搞好工作"是中心语，前者依存于后者，其依存关系为状中关系（ADV）；< EOS >/是句子结尾的标志，"证明"作为谓语动词，是句子的核心，"证明"依存于整个句子，其依存关系为 HED（核心关系）。

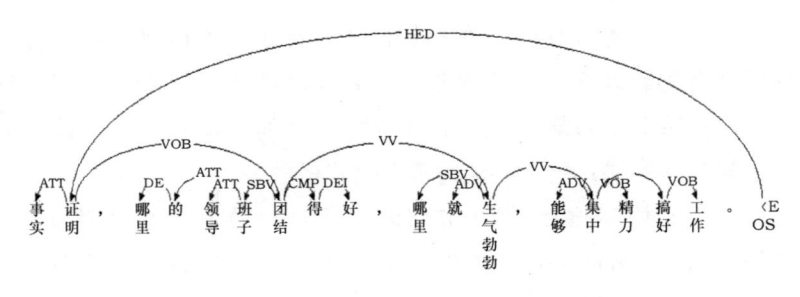

图 3—3 依存关系标注示例

第四节 回指结构

一 回指结构标注规范

回指是话语分析中一个重要的研究问题，廖秋忠（1986）从表达的角度，把回指分为同形表达式、局部同形表达式和异形表达式。在异形表达式中又分为同义词（包括异形简称）、统称词、指代词和零形式或省略式。他探讨了汉语中这些不同的表达式所表现出来的一些倾向性和强制性的制约条件，并指出这些不同的表达式所用词语之间存在不同的语义联系。陈平（1987a）把汉语的回指形式分成零形回指（zero anaphora）、代词回指（pronominal anaphora）和名词回指（nominal anaphora）3 种，廖秋忠（1986）以第一次引进篇章的人名和物为参照点，把名词回指对象分成五类：同形回指，部分同形回指，同义回指，上下义回指和比喻回指。

在标注中，回指的先行词用尖括号及小写字母标出。回指形式在圆括号内标出，回指形式的标注包括对应的先行词以及先行词被回指的次数。（如表 3—8 所示）

表 3—8　　　　　　　　回指标注符号及含义

标注符号	含义	示例
Z1	有距离零形回指	<丈夫>j 自愧邋遢，Øj（Z1）点头称是。
Z2	紧邻零形回指	这就是<他做的饭>j，Øj（Z2）半生不熟。
Z3	句首施事者和句内零形回指对象同指	<我>j 擦擦手 Øj（Z3）就来。
Z4	句首施事者和句内零形回指对象异指	<爸爸妈妈>i 问<他>j　Øi（Z4）要什么礼物。
P1	段首主语	<宋素梅>j 在去年下岗了。……// <她>j1（P1）试着做过小买卖，Øj 卖火腿。
P2	句首主语	<孙庆福>i 没有什么文化，Øi（Z1）骨子里却有知恩必报的侠义。<他>i1（P2）总觉得欠了媳妇的。
P3	分句首主语	<孙庆福>i 兄妹 7 个，<他>i1（P3）是老大。
P4	句首定语	<宋素梅>j 今年 35 岁。<她>j1（P4）<丈夫>i 在民航系统工作。
P5	句中定语	<老板>i 伸了伸腰，Øi（Z1）露出了<他>i1（P5）的"盒子炮"。
P6	句中主语	<老板>i 伸了伸腰，Øi（Z1）露出了<他>i1（P5）的"盒子炮"。<店员>j 看<他>i2（P6）动了真格。
P7	句末宾语	<周总理>i 去世后，<人们>j 频频呼唤<他>i2（P7）。
N1	同形回指	<虎妞>i 服下去神符，<陈二奶>j 与<童儿>k 吃过了东西。<虎妞>i1（N1）还是翻滚的闹。
N2	分同形回指	在芬兰的北方小镇建有<一座淘金博物馆>i。<这个博物馆>i1（N2）详尽地反映了芬兰和世界各地人类的淘金历史。

续表

标注符号	含　义	示　例
N3	同义回指	<我的好友>i，<绰号叫"老日本"的同学>i1（N3）最近回国了。
N4	上下义回指	下午时候，<鸽子>i已经不行了。解剖发现，<它>i1（P5）<肺部>i2（N4）出血，<食道>i3（N4）里也有硬物。
N5	比喻回指	<苏恩>i像个<刚刚会走路的孩子>i1（N5），Øi（Z1）充满朝气。

二　回指结构标注范例

回指结构标注范例如下：<我>i不愿<先生>j招摇过市……//一日，Øi+j（Z1）来到<一家精品店>f，<店>f1（N2）外站着<一个门卫>f2（N4），出入<精品店>f3（N1）的<顾客>f4（N4）个个俨然人物。Øi1（Z1）低头看看自己的<那身行头>k，Øi2（Z1）自觉Øk1（Z4）还说得过去，Øi3（Z1）回头再看<先生>j1（N1），Øi4（Z1）不觉眉头一皱，都什么时代了，<他>j2（P4）脚上还穿着<一双老头鞋>g，Øg1（Z2）说是穿着舒服，可是<那双鞋>g2（N2）的脏样却叫人不敢恭维。

第五节　修辞结构

一　修辞结构标注规范

在关系的定义上，我们应用了 Mann 和 Thompson（1988）设计的一套修辞结构（RST）关系的定义格式：定义中的每一部分说明篇章分析者建立 RST 结构时必须做出的某种判断（考虑到篇章分析的性质，这些都是作者创作时想要达到的交际目的的可能性的判断而不是确定性的）。在"效果"部分，分析者就是在判断作者是否有可能希望有这种特定的条件。表 3—9 为 RST 近期公布的关系分类及详细介绍。

表3—9　　2005年RST网站公布的修辞关系及主题性——
　　　　　表述性分类（Mann 2005）

关系名称	作者意图
第一类：单核心表述性关系（10种）	
Antithesis/对照	R加强了对N的正面态度
Background/背景	R理解N的能力增加了
Concession/让步	R加强了对N的正面态度
Enablement/使能	R执行N中动作的潜在能力增加了
Evidence/证据	R对N的信仰增加了
Justify/证明	R更加乐意接受W提出N的权利
Motivation/动机	R执行N中动作的愿望增加了
Preparation/准备	R阅读N更快、更有兴趣或更容易
Restatement/重述	R认识到S是对N的重述
Summary/总结	R认识到S是对N较短的一种重述
第二类：单核心主题性关系（15种）	
Circumstance/环境	R意识到S提供了解释N的一个框架
Condition/条件	R意识到N的实现依赖于S的实现
Elaboration/详述	R意识到S提供了N的附加细节
Evaluation/评价	R意识到S评价了N及其所指派的价值
Interpretation/解释	R意识到S将N与一个不涉及N本身的思想框架关联起来
Means/手段	R意识到S中的这一方法或工具能使N更可能被实现
NVC/非意愿性原因	R意识到S是N的一个原因
NVR/非意愿性结果	R意识到N可能导致了S中的情景
Otherwise/否则	R意识到在N和S的实现之间存在相互阻止的关系
Purpose/目的	N中的行为是为了实现S而发生的
Solutionhood/解答	R意识到N是S中提出的问题的一个解答
Unconditional/无条件	R意识到N并不依赖于S
Unless/除非	R意识到如果S没有实现N就能实现
VC/意愿性原因	R意识到S是N中意愿性动作的一个原因
VR/意愿性结果	R意识到N是导致S中行为或情景的一个原因
第三类：多核心关系（5种）	
Contrast/对立	通过比较使R意识到这种可比性和这些差异
Joint/连接	无

续表

关系名称	作者意图
第三类：多核心关系（5种）	
List/列表	R 意识到被连接项之间的可比性
Multi-nuclea Rrestatement/多核心重述	R 意识到被连接的各单元之间是重述关系
Sequence/序列	R 意识到核心单元之间的那种接续关系

每一类关系的详细定义如下文所示：

（1）背景 – S 关系（Background-S）

对 N 的限制：R 在读到 S 句前不会充分理解 N；

对 S 的限制：S 的内容在时间上早于 N 的内容发生或存在；

对 N + S 组合的限制：S 增加了读者理解 N 中某一元素的能力。

（2）并加 – M 关系（Conjunction-M）

对 N 的限制：无；

对 N + N 的限制：各个单元在上一层篇章单元中起同样的语用功能，对 W 表达意图的重要性也相等。

（3）重述 – S 关系（RESTATEMENT-S）

对 N 的限制：无；

对 S 的限制：无；

对 N + S 组合的限制：S 重述 N；S 和 N 在主要内容上是一致的，而且 S 和 N 长短差不多；N 对于 W 的目的而言比 S 更重要。

（4）重述 – M 关系（RESTATEMENT-M）

对 N 的限制：无；

对 N + N 组合的限制：两个单元长短差不多；其中一单元基本就是对与其相连接的另一单元的重述；对于 W 的目的而言两个单元也同样重要。

（5）除非 – S 关系（UNLESS-S）

对 N 的限制：无；

对 S 的限制：无；

对 N + S 组合的限制：S 影响了 N 的实现；如果 S 没有实现的话那么 N 就能实现。

(6) 动机 – S 关系（MOTIVATION-S）

对 N 的限制：N 是一个以 R 作为行为者的动作（包括接受一项邀约或某个实物），相对于 N 的语境而言还没有实现；

对 S 的限制：无；

对 N + S 组合的限制：对 S 的理解增加 R 执行 N 中动作的愿望。

(7) 对立 – M 关系（CONTRAST-M）

对 N 的限制：多个核心（一般只有两个，但也有极个别多个的）；

对 N + N 组合的限制：各个核心所表述的情景是：1) 在很多方面是相同的；2) 在某几个方面是不同的；3) 在一个或多个不同的方面被比较。

(8) 对照 – S 关系（ANTITHESIS-S）

对 N 的限制：W 对 N 持正面态度；

对 S 的限制：无；

对 N + S 组合的限制：N 与 S 是对立的；因为这种不相容的对照性使得我们不能同时对这两种情形都持肯定态度；理解 S 以及这两种情形的不相容性增加了 R 对 N 的正面态度。

(9) 方式 – S 关系（MEANS-S）（RESTATEMENT-S）

对 N 的限制：无；

对 S 的限制：无；

对 N + S 组合的限制：S 重述 N；S 和 N 在主要内容上是一致的，而且 S 和 N 长短差不多；N 对于 W 的目的而言比 S 更重要。

(10) 非意愿性结果 – S 关系（NONVOLITIONALRESULT-S）

对 N 的限制：无；

对 S 的限制：S 不是一个意愿性行为；

对 N + S 组合的限制：N 导致了 S；对 W 组合 N-S 的目的而言，对 N 的展示比对 S 更为重要。

(11) 非意愿性原因 – S 关系（Nonvolitional Cause-S）

对 N 的限制：N 不是一个意愿性行为；

对 S 的限制：无；

对 N + S 组合的限制：S 并不是通过激励某种意图性的行为而导致了 N；没有 S 的话 R 可能不知道该情景的具体原因；对 N 的展示对 W 组合 N-S 的目的而言比对 S 更重要。

（12）否则-S 关系（OTHERWISE-S）

对 N 的限制：N 是一个没有实现的情景；

对 S 的限制：S 是一个没有实现的情景；

对 N+S 组合的限制：实现 N 就会阻止 S 的实现。

（13）附加-N 关系（ADDITION-N）

对 N 的限制：N 在语义上与 S 是对等或并列可比的；

对 S 的限制：无；

对 N+S 的限制：N 和 S 在语境中的作用有主次之分，N 是作者更强调的重点。

（14）附加-S 关系（ADDITION-S）

对 N 的限制：无；

对 S 的限制：S 在语义上与 N 是对等或并列可比的；

对 N+S 的限制：N 和 S 在语境中的作用确有主次。

（15）环境-S 关系（CIRCUMSTANCE-S）

对 N 的限制：无；

对 S 的限制：S 展示了一种已经实现了的情景；

对 N+S 组合的限制：S 提出了主题的一个框架，R 可以在此框架下解读 N。

（16）解答-M 关系（SOLUTIONHOOD-M）

对 N 的限制：无；

对 N+N 组合的限制：在一个 N 中表述的情景是在另一个 N 中问题的一个解答。

（17）解答-N 关系（SOLUTIONHOOD-N）

对 N 的限制：无；

对 S 的限制：S 提出了一个问题；

对 N+S 组合的限制：N 是对 S 中给出问题的一个解答。

（18）解答-S 关系（SOLUTIONHOOD-S）

对 N 的限制：N 提出了一个问题；

对 S 的限制：无；

对 N+S 组合的限制：N 是对 S 中给出问题的一个解答。

（19）解释 – N 关系（INTERPRETATION-N）

对 N 的限制：无；

对 S 的限制：无；

对 N + S 组合的限制：N 句把 S 句所表述的情景与一个 S 句本身并不包括的，且和 W 主观评价无关的思想框架相联系。

（20）解释 – S 关系（INTERPRETATION-S）

对 N 的限制：无；

对 S 的限制：无；

对 N + S 组合的限制：S 将 N 与一个不涉及 N 本身的思想框架关联起来，并且与作者的态度无关。

（21）连接 – M 关系（JOINT-M）

对 N 的限制：无；

对 N + N 组合的限制：几个单元之间的重要性相等；单元间不存在一种已知的修辞关系。

（22）罗列 – M 关系（LIST-M）

对 N 的限制：某一项与其他通过列表关系被连接的项是可比的。

（23）目的 – S 关系（PURPOSE-S）

对 N 的限制：N 是一种行为；

对 S 的限制：S 是一个没有实现的情景；

对 N + S 组合的限制：S 所表述的情景要通过 N 句中的行为来实现。

（24）评价 – M 关系（EVALUATION-M）

对 N 的限制：无；

对 N + N 组合的限制：其中一个单元为另一个单元指派了主观的价值，且对 W 而言重要性相等。

（25）评价 – N 关系（EVALUATION-N）

对 N 的限制：无；

对 S 的限制：无；

对 N + S 组合的限制：S 将 N 与某种主观态度关联起来。

（26）评价 – S 关系（EVALUATION-S）

对 N 的限制：无；

对 S 的限制：无；

对 N+S 组合的限制：S 将 N 与某种主观态度关联起来。

（27）让步 – N 关系（CONCESSION-N）

对 N 的限制：W 并不能断定 N 中的内容是站不住脚的；

对 S 的限制：W 对 S 的内容表示肯定；

对 N+S 组合的限制：W 承认在 S 和 N 之间有潜在或明显的不相容性；承认 N 和 S 之间的相容性增加了 R 对 S 的正面态度。

（28）让步 – S 关系（CONCESSION-S）

对 N 的限制：W 对 N 的内容表示肯定；

对 S 的限制：W 并不能断定 S 中的内容是站不住脚的；

对 N+S 组合的限制：W 承认在 N 和 S 之间有潜在或明显的不相容性；承认 N 和 S 之间的相容性增加了 R 对 N 的正面态度。

（29）使能 – S 关系（ENABLEMENT-S）

对 N 的限制：给出了一个 R 的动作（包括接受一项提议），该动作相对于 N 的语境来说还没有实现；

对 S 的限制：无；

对 N+S 组合的限制：R 对 S 的理解增加了 R 执行 N 所描述动作的潜在能力。

（30）条件 – S 关系（CONDITION-S）

对 N 的限制：无；

对 S 的限制：S 给出了一个假设的、未来的或者是（相对于 S 句的语境而言）尚未实现的情景；

对 N+S 组合的限制：N 的实现依赖于 S 的实现。

（31）析取 – S 关系（DISJUNCTION-M）

对 N 的限制：无；

对 N+N 组合的限制：各个 N 之间的核心性地位相同，且存在一种互选或对立的关系。

（32）详述 – S 关系（ELABORATION-S）

对 N 的限制：无；

对 S 的限制：无；

对 N+S 组合的限制：S 以下面列出的一种或多种方式给出了 N 中给出的或可以从 N 中推断到的情景或主题中某一元素的附加细节。

（33）序列–M 关系（SEQUENCE-M）

对 N 的限制：有多个核心；

对 N+N 组合的限制：在各核心单元的情景之间存在一种接续关系。

（34）意愿性结果–S 关系（VOLITIONAL-RESULT-S）

对 N 的限制：无；

对 S 的限制：S 是一个意愿性行为或一个可能因某个意愿性行为而产生的情景；

对 N+S 组合的限制：N 可能导致了 S；没有 N 的话 R 可能不认为 S 的行为是有动机的或不知道具体的动机；在 N-S 的组合中，N 对 W 的目的而言比 S 更具中心性。

（35）意愿性原因–S 关系（VOLITIONALCAUSE-S）

对 N 的限制：N 是一个意愿性行为或一个可能因某个意愿性行为而产生的情景；

对 S 的限制：无；

对 N+S 组合的限制：S 可以导致 N 中意图性行为的执行者来实施那个行为；没有 S 的话 R 可能不认为 N 中的行为是有动机的或不知道具体的动机；对 N 的展示对 W 组合 N-S 的目的而言比对 S 更重要。①

（36）证据–S 关系（EVIDENCE-S）

对 N 的限制：R 对 N 的相信程度可能还不到 W 满意的程度；

对 S 的限制：R 相信 S 或者将会认为它是可信的；

对 N+S 组合的限制：R 对 S 的理解增加了 R 对 N 的信仰。

（37）证明–N 关系（JUSTIFY-N）

对 N 的限制：无；

对 S 的限制：无；

对 N+S 组合的限制：R 对 N 的理解加快了 R 接受 W 提出 S 的权利的速度。②

---

① W 的意图是，使 R 意识到，S 是 N 中意愿性动作的原因，R 在组合 N-S 的过程中，N 的展示比 S 的展示更重要，即某个意愿性行为产生的结果在 W 看来（W 想让 R 认为）是更重要的。

② W 的意图是，R 在理解了 S 后，能够更好地接受 W 提出 N 的理由。即 W 有提出 S 的权利，而 R 对于 N 的理解，能够帮助 R 接受 W 提出 S 的权利。

（38）证明 – S 关系（JUSTIFY-S）

对 N 的限制：无；

对 S 的限制：无；

对 N + S 组合的限制：R 对 S 的理解加快了 R 接受 W 提出 N 的权利的速度。①

（39）总结 – N 关系（SUMMARY-N）

对 N 的限制：无；

对 S 的限制：S 必须有不止一个单元；

对 N + S 组合的限制：N 是对 S 内容的一个重述，但是字数上要少。

（40）总结 – S 关系（SUMMARY-S）

对 N 的限制：N 必须有不止一个单元；

对 S 的限制：无；

对 N + S 组合的限制：S 是对 N 内容的一个重述，但是字数上要少。

二　修辞结构标注范例

修辞结构标注范例如图 3—4 所示。

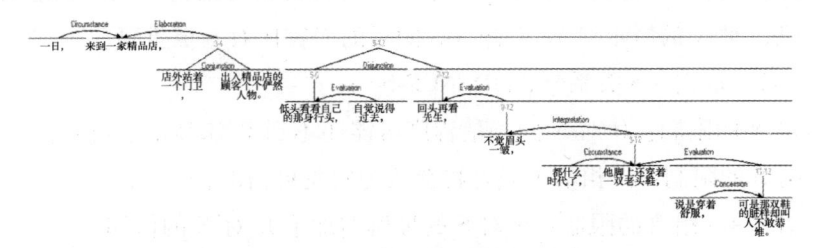

图 3—4　文本篇章修辞结构标注范例

第六节　向心理论

一　向心理论标注规范

（1）切分语句。将语句定义为语篇中至少含有一个述谓结构，并由

---

① W 的意图是：R 在理解了 N 后，能够更好地接受 W 提出 S 的理由。即 W 有提出 N 的权利，而 R 对 S 的理解，能够帮助 R 接受 W 提出 N 的权利。

逗号、冒号、分号和句末标点符号断开的、结构相对完整的小句。

（2）补全小句句法成分。因汉语中多省略，在确定各类中心前要将小句的主谓宾以及其他名词性成分补充完整。

（3）确定下指中心 Cf。将各小句中所有名词性成分确定为该小句下指中心 Cf。

（4）确定优选中心 Cp。根据主题＞主语＞宾语＞其他语义实体显著度序列，将 Cf 中最显著的语义实体确定为优选中心 Cp。

（5）确定主语或主题 S。

A. 当小句中存在显性主题或主语时，将其确定为 S。

B. 当小句中没有显性主题或主语时，根据上下文将省略的隐性部分补全，确定为 S。

（6）确定回指中心 Cb。一般情况下，篇章中的第一个小句并不存在回指中心。自第二个小句起，从以零形式、代词、名词等形式呈现的实体（即 Cf）中找到与上一小句相照应的名词实体，作为回指中心（即 Cb）。

（7）确定中心过渡关系。根据 Cp 与 Cb 的关系以及当前主语 S 与前一语句 S 的关系，确定中心过渡关系。

表 3—10 表示标注过程中使用的符号。

表 3—10　　　　　　向心理论标注符号

符号类别	符号	符号含义
语句切分	U1，U2，U3，…，Un	语句1、语句2、语句3
名词性句法成分	S	主语或主题
—	O	宾语
语义中心	Cf1，Cf2，Cf3，…，Cfn	下指中心集合
—	Cb（U1）…Cb（Un）	相应语句中的回指中心
—	Cp（U1）…Cp（Un）	相应语句中的优选中心

二　向心理论标注范例

标注范例如表 3—11 所示。

表 3—11　　　　　　　　向心理论标注范例

中心过渡关系	例句	中心过渡关系分析
延续	（U1）先生因工作需要， （U2）配备了一个"大哥大"。	Cb（U1）＝？ Cf（U2）＝他，"大哥大" Cp（U2）＝他 Cb（U2）＝他＝Cp（U2）
保持	（U1）孙庆福有些哥们儿义气的坏毛病， （U2）宋素梅不嫌弃他。	Cb（U1）＝？ Cf（U2）＝宋素梅，他 Cp（U3）＝宋素梅 Cb（U2）＝他（孙庆福）≠Cp（U2）
流畅转换 （U2 与 U3 之间）	（U1）面谈与电话再直接， （U2）也代替不了情书。 （U3）情书尤似浮桥。	Cb（U2）＝面谈与电话 Cf（U2）＝面谈，电话，情书 S（U3）＝情书 S（U3）∈Cf（U2） Cb（U3）＝情书≠Cb（U2）
非流畅转换	（U1）他们俩是夫妻， （U2）这辆车是他们流动的家。	Cb（U1）＝他们 Cf（U2）＝车，家 Cp（U2）＝车 Cb（U2）＝他们≠Cp（U2）≠Cb（U1）

第七节　话题与话题链

一　话题与话题链标注规范

根据屈承熹（2006）对话题的定义，话题是超小句的概念，在话题链中控制代词化和省略，而脱离语境确定话题是毫无意义的。因此，本研究根据话题在篇章中所处的语境，确立每一小句的话题：对于篇章首的小句，其话题是出现于与其相邻的下一小句中的语义实体；若该小句中存在两个及以上与下一小句相关的实体，则选择代词化或省略的实体；若存在两个及以上代词化或省略的实体，则将下一小句考虑在内，以此类推。对于位于非篇章首的小句，若作为上一小句话题的实体存在于该小句中，则将其作为话题；若不存在相应实体，则参考位于篇章首的小句话题的确立方式。

在确立话题的基础上，本研究开展了话题与话题链信息标注。基于周强、周晓聪（2014）提出的话题链标注体系，本研究首先对充当篇章话题的实体进行话题信息标注，包括词类、篇章位置以及实现方式。其中话题形式包括名词、代词以及零形式，名词、代词信息标注于对应实体上，而零形式无对应实体，则标注在该零形式之前的停顿上；篇章位置包括段首、句首、小句首、小句中、小句末；实现方式包括直接实现与间接实现，其中直接实现表示该话题和链中的上一话题指称完全相同，而间接实现表示该话题和链中的上一话题是上位或下位关系，如果该话题是链中的第一个话题，则不标注实现信息。各话题信息及其所对应的标注符号详见表3—12。各信息间分别以"_"分开，以便提取信息之后分列。

表3—12　　　　　　　　话题信息及其对应符号

词类		位置		实现方式	
名词	N	段首	1	直接实现	A
代词	P	句首	2	间接实现	B
零形式	Z	小句首	3	—	—
—	—	小句中	4	—	—
—	—	小句末	5	—	—

此外，为了考察话题链之间的关系以及同一话题链中话题之间的关系，本研究同时也标注话题链信息。由于同一篇章中可能出现多条话题链，首先以a、b、c等表示该实体位于该篇章的哪条话题链中，其次以数字表示该实体是这条话题链中的第几个话题。例如，b3_N_4_A表示该实体是篇章第二条话题链中的第3个话题，是位于小句中的名词，且和该话题链中的前一个话题是直接实现关系。

二　话题与话题链标注范例

话题与话题链标注范例如下：已经第3次了，（a1_n_3_0）老师要求家长带孩子去测智商。（a2_z_2_a）或许是对前两次姜大中"按兵不动"不满，（a3_n_3_a）老师这次是在课堂上当着全班同学的面宣布的，（a4_z_3_a）并称"如果测出小姜智力低下，可以在升学分数上给予照顾"。姜大中极感"挂不住脸"，而更不妙的是（b1_n_4_0），儿子陷入巨大的精神压力之中，（b2_z_3_a）蔫头耷脑，（b3_z_3_a）夜里做梦都在"胡说八道"。

第八节　信息结构

一　信息结构标注规范

上文提到，相较于其他语篇研究视角，汉语语篇的信息结构表示体系基本是空白。如果从信息状态角度出发进行标注，不考虑焦点、话题等其他方面，汉语与其他语言具有较强的共通性，而国外对于信息状态的标注已经形成了较为成熟的体系。因此，我们可以在引入国外成熟体系的基础上，根据汉语的自身特点和语料的实际情况，进行一系列的调整。在进行反复的对比分析后，研究认为 Riester 和 Baumann（2014）提出的信息结构标注体系——RefLex 较为完备、成熟。在语篇标注上，该体系首先从外在形式表达和内在关系意义两个角度出发，将信息结构分为词汇层（Lexical-Level）和指称层（Referential-Level）两大范畴。其中词汇层主要关注的是词汇本身的信息状态，标注对象为实词，包括名词、形容词、实义动词、副词。指称层主要关注的是指称内容的信息状态，标注对象为指称性的限定词短语、名词性短语、介词短语。无论是在词汇层还是指称层，信息结构都被划分为旧信息（given）、可及信息（accessible/bridging）、新信息（new）3个大类，分别对应的是认知上的已激活、半激活和未激活状态。此外，在大类的基础上针对实际情况划分出具体的子类。根据汉语的实际情况，我们对原文中的整体标注体系进行了调整：①在词汇层可及信息中增加了"accessible-other"一项，用来表示意义明显相关的两个词语，如"病"和"医疗"；②将词汇层的标注对象限定于名词，这是出于对标注工作量的考虑，对语篇的所有实词进行标注会带来庞大的工作量，影响标注效率，而名词作为典型的实词具有较强的代表性；③在指称层删去了"r-cataphor"（后指照应）、"bridging-contained"(嵌套形式的可及信息,如"the Opening ceremony of the G20 Summit"),这 2 种形式不符合汉语的习惯。在指称层将"unused-unknown"(定指新信息,不在受话人的百科知识范围内)和"unused-known"(定指新信息,在受话人的百科知识范围内)两者合并为"unused"(定指新信息)一项,本研究针对的语料为朗读语篇,难以预测受话人的百科知识情况。经过调整后的汉语语篇信息结构表示体系如表 3—13(词汇层)和表 3—14(指称层)所示。

表 3—13　　　　　　　　词汇层标注体系

小类	解释和示例
l-given-same	已出现词语:先生—先生
l-given-syn	已出现词语的近义词: 小孩—孩子
l-given-super	已出现的上义词: 狗—动物
l-given-whole	已出现词语的整体词: 羽毛—鸟
l-accessible-sub	已出现词语的下义词: 动物—狗
l-accessible-part	已出现词语的部分词: 房间—墙壁
l-accessible-stem	与已出现词语具有相同词干: 意大利语—意大利人
l-accessible-other	与已出现词语具有密切的相关关系: 病—医疗
l-new	新出现词语

表3—14　　　　　　　　　　指称层标注体系

小类	解释和示例
r-given	与已存在指称具有同指关系
r-given-displaced	与同指成分距离超过五个句子
r-bridging	与已存在指称非同指，但具有联系
r-unused	定指新信息
r-new	非定指新信息
+ generic	附加信息，表示类属

此外，该标注体系还包括一些具体的细则，我们根据汉语的实际情况进行了选择，具体如下：①在词汇层，与先行词距离超过五个句子后，已知信息应被重新标注为新信息（l-new），因为在这个临界值后，认知的激活度将会衰减；专有名词/名称与普通名词间的整体—部分关系不进行标注，但上下义关系要进行标注。②在指称层，并列的指称至少标注两层；只有表示类属的非限定性词才可以作为指称层的标注单元。

至此，我们根据汉语的实际情况和语料的特点，对国外比较成熟的信息结构标注体系 RefLex 进行了调整，构建了汉语语篇信息结构表示体系。该体系既关注了语篇中实体的外在形式，又关注了其之间的内在联系；既有大类作为整体框架，又有细致的子类划分。

二　信息结构标注范例

在信息结构标注中，信息对象用双斜线隔开，每个信息对象用大写字母标出。标注符号置于圆括号内，置于信息对象后方。

一日，来到//一家精品店//I（R-NEW），//店外//I1（R-GIVEN）站着//一个门卫//I2（R-BRIDGING），出入//精品店//I3（R-GIVEN）的//顾客//I4（R-BRIDGING）个个俨然人物。低头看看//自己的那身行头//J（R-NEW），自觉还说得过去，回头再看//先生//K（R-UNUSED），不觉眉头一皱，都什么时代了，//他//K1（R-GIVEN）脚上还穿着//一双老头鞋//F（R-UNUSED），说是穿着舒服，可是//那双鞋//F1（R-GIVEN）的脏样却叫人不敢恭维。

第九节　韵律标注规范 C-ToBI

韵律标注是对语音信号中具有语言学功能的韵律特征进行的定性描写。标注语句中有语言学功能的声调变化、语调模式、重音模式和韵律结构，受轻重音影响的音高变化属于标音内容，而元音内在音高变化和音节间声调协同发音不属于标注内容。不标注属于定量描写的韵律现象。

韵律标注一般是分层的，音段切分是韵律标注的基础，所以是必不可少的一层。其他层次的标注，要依据实际应用的需求和标注的语音特性确定，这里介绍的汉语韵律标注系统 C-ToBI（李智强，1998；Li，2002）参考了英语韵律标注系统 ToBI（Silverman and Beckman et al.，1992），建立在汉语语调和韵律结构研究的基础之上。一般来说可以根据需要选择以下几个层级的标注：音段层、声调语调层、韵律边界层、重音层、语句功能层、话轮层等。根据实际需要，可以增加标注层级。

声调语调层（Tone and Intonation）

"声调语调层"标记每个音节的声调变化和全句的语调变化模式。以建立在 AM 语调理论上的普通话为例，主要标记声调特征的变化如表 3—15 所示。

表 3—15　　普通话每个音节声调变化和全句语调变化模式①

标注内容	符号	说明
声调特征	H-L, L-H, H-H, L-L（-H）	普通话 4 个声调对应的特征
	H, L	轻声的声调特征
	&	过渡调
由重音或者语气引起的声调特征变化	用附加符号^和！表示声调特征的抬高和降低。附加符号的多少表示抬高和降低的程度。一般最多用两个。如 H 调抬高，L 调降低：H^, L!	在表情语调中，与中性语调比可以出现程度更大的声调特征抬高或者降低

---

① 本研究中声调特征变化和边界调并未涉及。

续表

标注内容	符号	说明
边界调	后边界调：L%或者H%；前边界调：%L或者%H；后续叠加边界调：L-r%，H-r%，L-f%或者H-f%	边界调的语音实现

间断指数层（Break Index Tier）

该层标记感知到的韵律边界或者韵律层级结构，通常标注音节、韵律词、语调短语、韵律组和语篇的边界。

韵律边界层（Prosodic Boundary Tier）

该层标记感知到的韵律边界或者韵律层级结构。汉语韵律结构以及边界征兆的研究有很多（Liu and Li，2003；Li，2003；李爱军，2002；熊子瑜，2003），一般来说韵律结构的韵律层级从下至上为音节、韵律词、韵律短语（复合韵律词）、语调短语、韵律组，分别用"0，1，2，3，4"表示。在口语中经常出现的异常停顿用附加符号"p"来表示，如1p、2p和3p等。"?"表示不确定。

重音指示层（Stress Index Tier）

该层标记语句的重音模式，如韵律词重音、韵律短语重音、语调短语重音和强调重音等。

汉语重音层级具有层级性（林茂灿，2012；贾媛，2012），本研究中用"1，2，3，4"分别标记韵律词重音、韵律短语重音、语调短语重音和强调重音等，一般标记在最重的那个音节上。

需要强调的是，由于汉语是声调语言，声调和语调的关系与重音、语气密切相关，因此，我们通常将重音层单独标记，在进行韵律分析过程中，重音层和韵律边界层是重点。

第十节 语料与标注工具

一 语料

本研究的研究对象为汉语朗读语篇，所用的十篇语料选自ASCCD语料库。ASCCD（Annotated Speech Corpus of Chinese Discourse）是由中国社会科学院语言研究所语音研究室制作的汉语普通话朗读语篇语料库，由语篇语料、语音数据和语音学标注信息组成。语篇语料包括 18 篇文章，体裁覆盖记叙、议论、通讯、散文等常见文体。语音数据由精选的 10 位（5 男 5 女）北京地区标准普通话发音人录制而成。声音文件采用高质量 16KHZ 采样、16 位数据、双声道 WAV 格式存储。语音学标注信息以 C-ToBI 符号集（C-ToBI 系统是中国社会科学院语言研究所语音研究室根据英语 ToBI 系统建立的汉语韵律标注系统）为基础，通过人工标注完成，标注软件为 Praat，标注内容包括：声韵母层、拼音层、间断指数层和重音层（具体标注内容见第三章第九节）。

二　标注工具介绍

（一）weCheck 标注工具

句法依存关系标注是建立在分词以及词性标注工作的基础之上的。分词的最小单位是有意义的最小单元词语，是不能再切分的最小单元。标注所使用的工具是"weCheck"标注工具[①]，其工作界面如图 3—5 所示。中间的汉字是分词的结果，用空格切分；每一个分词都是最小的有意义的词语单元；汉字下面的字母表示词语的词性，例如 n、r、v 等；分词之间的连线表示两个词语单元之间具有依存关系，连线中间的字母是依存关系的类型。"weCheck"标注工具的主要功能包括：将文本表示的汉语依存语料形象地展示成树的结构；支持对分词和词性标注的结果进行修改；支持在句法依存图上直接删除弧线和增加弧线；支持在句法依存图上直接更改依存关系类型；支持修改关系类型集合。

句法依存关系除以这种直观的方式查看之外，也有相对应的文本。"weCheck"标注工具接收以文本形式出现的依存句法树，同时也以文本形式保存人工标注的依存句法树。如图 3—5 所示的是"weCheck"工具底层的以文本形式保存的依存句法树。

第一行是分词和词性标注结果；第二行在第一行的基础之上增添了标号，标号唯一确定一个分词词语（这个标号在形象展示过程中具有很

[①] 该工具由科大讯飞专门为本研究开发。

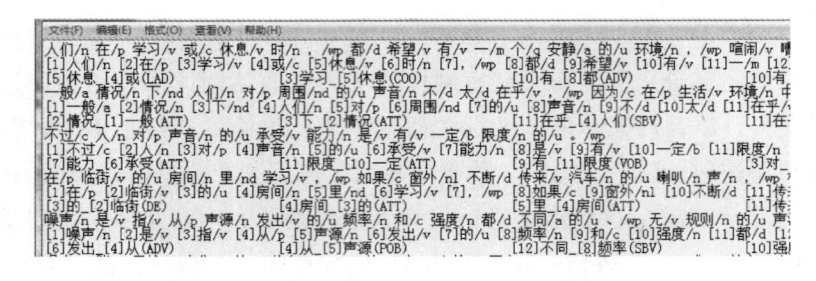

图 3—5　标注工具底层的文本形式的依存句法树

重要的作用，它唯一确定一个词语）；第三行表示的是句法依存关系，通过关系对的形式展示。例如"一般情况"这个短语在 txt 文件中的句法依存关系表示是：[2] 情况_[1] 一般（ATT）。具体含义解释如下：方括号中是某个分词词语的标号，方括号后是这个分词词语，两个分词词语用下画线进行连接；圆括号中的内容即两个分词词语之间的句法依存关系，前一个分词词语占支配地位，后一个分词词语是被支配的对象。上面的例子表示，"情况"是一个分词词语，它对应的唯一标号是 2，占据支配地位；"一般"是另外一个分词词语，它对应的唯一标号是 1，占据被支配地位。它们之间的关系是"ATT"，即修饰关系，也叫定中关系。

（二）MMAX2

MMAX2 可作为标注汉语回指结构和信息结构的标注工具，以下对其功能进行介绍。

1. 回指结构标注

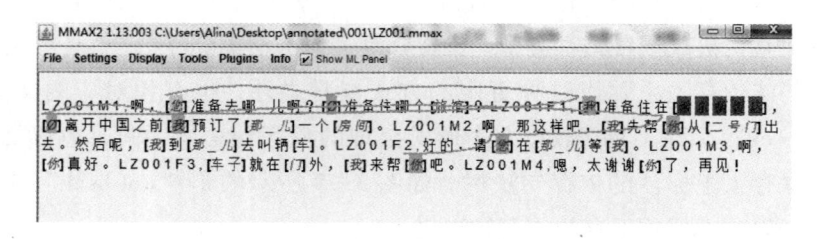

图 3—6　回指结构标注界面示例

回指结构标注主界面如图 3—6 所示。回指结构的标注包括下文中只有 6 个指标：回指形式（anaphora-form），包含名词回指（noun）、代词回指（pron）、零形回指（zero）；回指词的语法角色（grammatical-role），包含零形回指词的省略语法角色（none）、主语（sbj）、宾语（obj）、定语（attr）以及其他（other）；人称性数（agreement），如图3—7所示，包含第一人称单数、第一人称复数、第二人称单数、第二人称复数、第三人称单数、第三人称复数、适用于零形回指的无人称性数（none）以及其他（other）；回指词位置（position），包括段首（paragraph initial）、句首（sentence initial）、句中（sentence middle）、句末（sentence final）以及小句句首（clause initial）；语义类别（semantic class），其中包括适用于零形回指的无语义类别（none）、抽象语义（abstract）、人称语义（human）、物体语义（phys-obj）以及其他（other）；< >Type，如图3—8所示，包括适用于零形回指的none、回指（anaphoric）以及可及（bridging）。有关anaphoric以及bridging选项的详细解释参见下文信息结构中的相关内容。

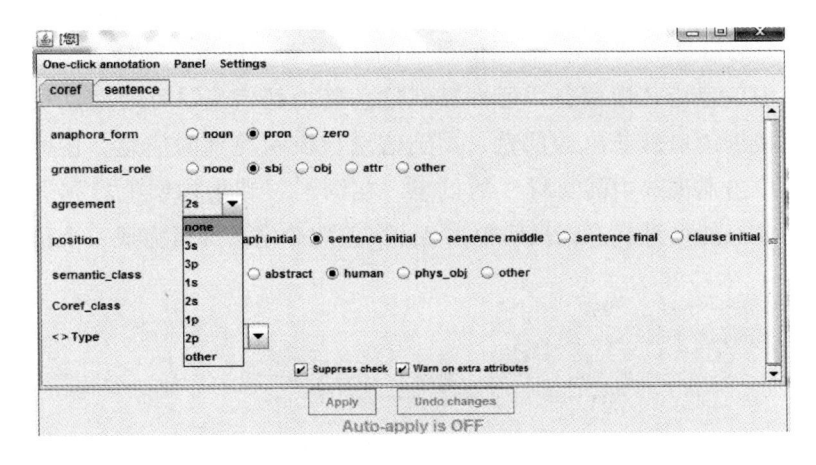

图3—7　回指结构人称性数示例

2. 信息结构标注

信息结构标注分为两层：词汇层（lexica-level）和指称层（referential-level），如图3—9所示。词汇层中包含新信息（new）、旧信息（given）、可及信息（accessible）和无信息（none）。新信息指首次出现的词汇，旧信息指非首次出现的词汇，也包括同义词和上义词。可及信息指

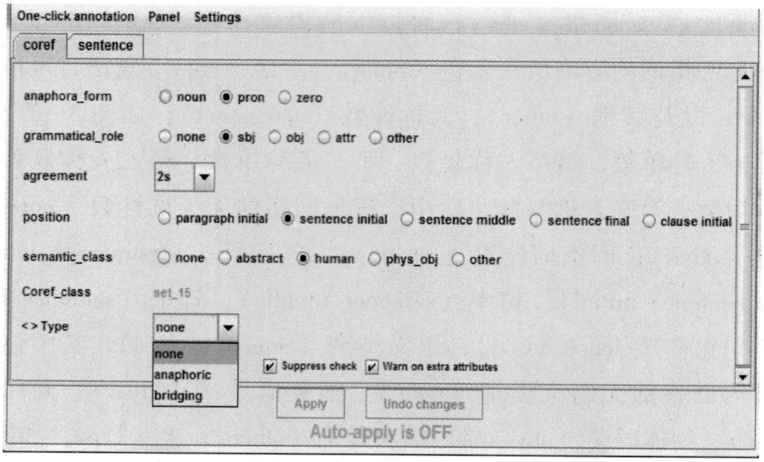

图3—8　回指结构＜＞Type 示例

与某一词汇相关的词汇，如下义词、部分义词。指称层中包含新信息（new）、旧信息（given）、可推断新信息（unused）、可及信息（bridging）、类别信息（generic）、无信息（none）。新信息指非确指首次出现的信息，旧信息指共指信息，可推断新信息确指新信息，可及信息指非共指、可根据语境推断出的信息，类别信息指表示类别的信息。在标注过程中，单击左键选中需要标注的信息，在词汇层和指称层上分别选择该信息所具有的信息状态，最后单击 Apply 按钮确定，即可完成一个信息的

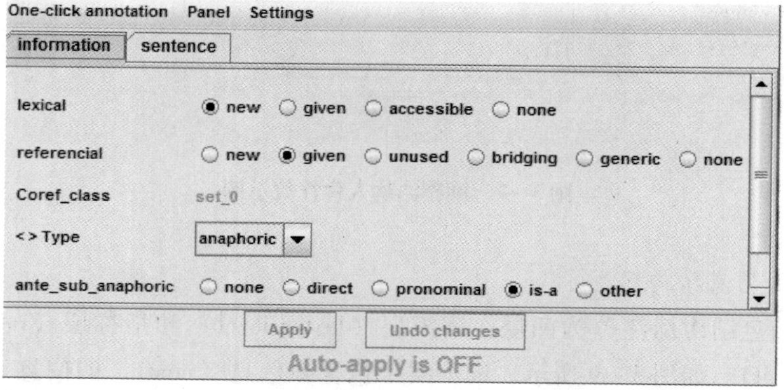

图3—9　信息结构标注层级图示：词汇层和指称层

标注。在标注过程中，如果遇到词汇的共指或者指称的共指，要将共指词汇或者共指指称进行连接。单击左键将共指信息选中后，选择 < > Type 下拉菜单中的 anaphoric 一项，继续选择具体的回指类别。如图 3—9 所示其中包括零回指形式（none）、名词回指形式（direct）、代词回指形式（pronominal）、解释回指（is-a）以及其他回指形式（other）。如果在指称层中选择可及信息，在图 3—10 的"< > Type"中则选择"bridging"选项。标注后的文本如图 3—11 所示，各类共指词连接到一起，词汇层信息和指称层信息可以通过单击该信息查看，其中显示为深色背景的是可及信息。

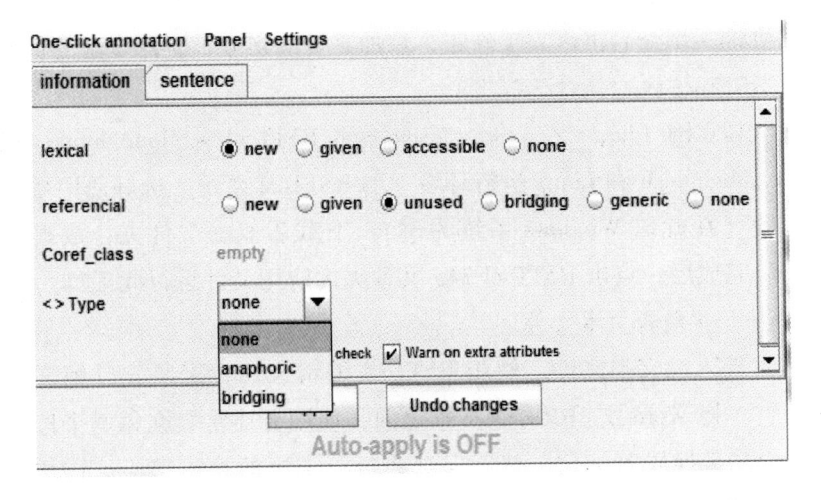

图 3—10 < > Type 类型展示

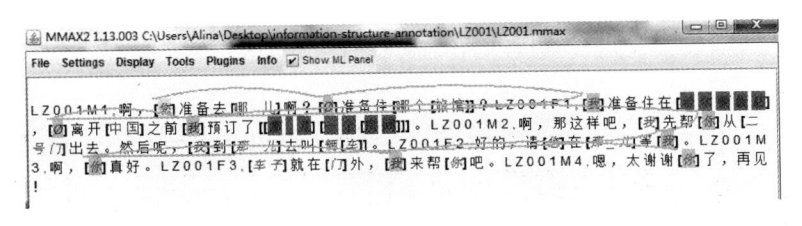

图 3—11 信息结构标注结构示例

（三）RSTTool 标注工具

在标注修辞结构的过程中，我们采用的工具是 RSTTool。RSTTool 是由澳大利亚博士 Mike O'Donnell 创建的，以修辞结构理论为理论框架，为语篇的修辞结构关系提供计算机分析的工具。

RST 理论通过描写篇章各部分之间的结构关系来分析语篇，这些大小不一的结构称作结构段（Span）或者最小篇章单元（Elementary Discourse Unit, EDU）。结构段的划分标准根据研究人员不同的研究目的而有所区别。Grimes（1975）和 Longacre（1983）认为，最小篇章单元应为小句。在现代有关 RST 的研究中，学者们认为最小篇章单元应为语篇中语义不相重叠的语段。乐明（2006）在建立汉语财经评论语料库并进行探索性分析时，把汉语篇章单元的基本分析单位定义为由句号、分号、叹号、问号、冒号、破折号、省略号以及段落结束标记所分隔的文字串，经计算机统一切分后再由人工修正，添加必要的切分，删除多余的切分。

1. RSTTool 的安装与运行

该工具官网（http://www.wagsoft.com/RSTTool/section2.html）包含 Window, Macintosh 和 Linux 运行环境下的 RSTTool 系统。选好适用系统后双击下载（在此以 Windows 系统为例），下载后双击文件夹，按提示安装。安装完成后，点击 RSTTool 345 文件夹内应用文件运行此工具。

2. 打开并编辑文本文件

（1）导入纯文本文件。使用 RSTTool 编辑文档，需要先以纯文本格式保存它。将 Word 文档保存为文本之前，使用者通常会在每两个段落标记间做全局替换段落标记，然后保存为每行末尾的换行符。这样便于在纯文本文件中看到段落边界。在弹出窗口中选择导入文本文件。若软件已在运行状态中，则可从文件一栏选择导入文本文件，在弹出窗口导入文件后单击"Import"，如图 3—12 所示。

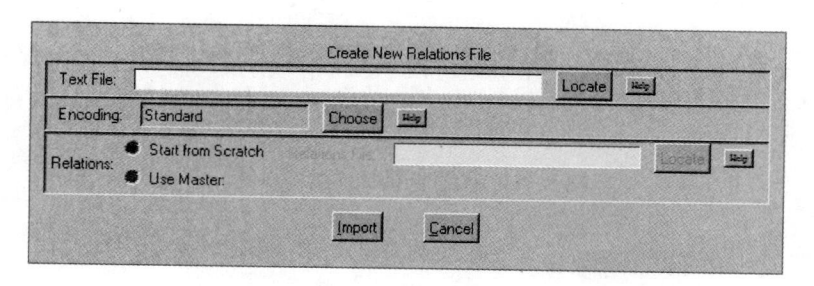

图 3—12　RSTTool 导入文件界面

（2）工具介绍。RSTTool 提供了"text""structurer""relations"和"statistics"，共计4个工具，下文将分别展开简要介绍。

Text 工具用于编辑文本文件和改变小句界限，操作界面详见图3—13。在"Segment"选项里可以添加或删除小句分隔线。光标移动到需要添加分隔线的位置就会变为"凸"字形，单击左键便可添加。删除分隔线时，将光标移至需删除位置，光标变为"X"形，单击左键删除分隔线。在"Edit"选项里可以像在 Word 里面一样修改编辑文本。"Sentence"选项用于在每句话的结尾添加分隔线。"Paragraph"选项用于在每段的结尾添加分隔线，单击即可。

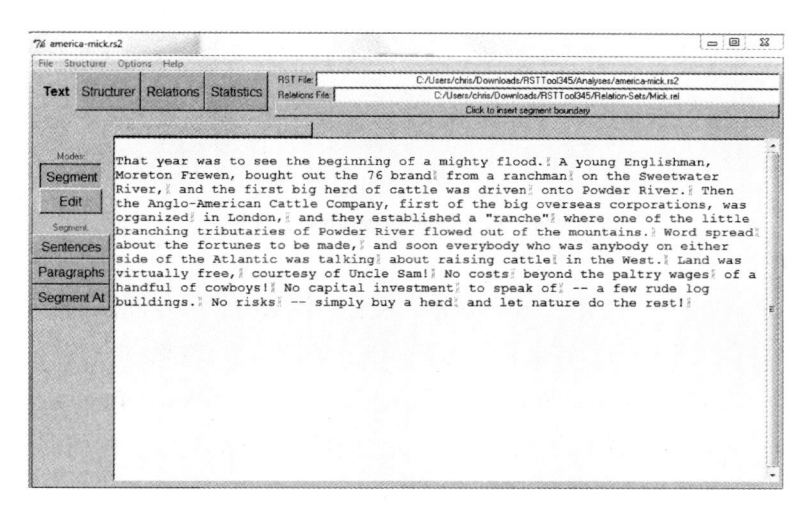

图3—13　RSTTool text 工具界面

"Structurer"工具用于标注两个小句之间的关系，操作界面详见图3—14。选中左侧"Link"选项，将光标移至卫星句的位置，此时光标变为双向箭头，单击左键并划到核心句位置，对话框将弹出各类连接关系，选择对应的连接关系并点击"Select"即可完成添加（注：箭头方向由卫星句指向核心句）；如所需关系并不在列表内，点击"Add New"便可添加新的连接关系。如关系添加/指向错误，可点击"Unlink"选项，将光标移到需要取消连接关系的卫星小句，此时小句周边会出现四方框，单击左键即可取消连接关系。如需改变连接关系，可将光标移至关系名称，单击左键也可出现对话框显示各类连接关系。例如需添加修辞层级，点击"Add Span"选项，将光标移动到需要添加层级的核心小句位置，此时小句周边会出现四方框，单击左键即可添加新的修辞层级。如需保存层级关系图，可以选择保存为 PS 和 PDF 两种格式，"Orientation"选项可以横向看到各层级的连接关系。

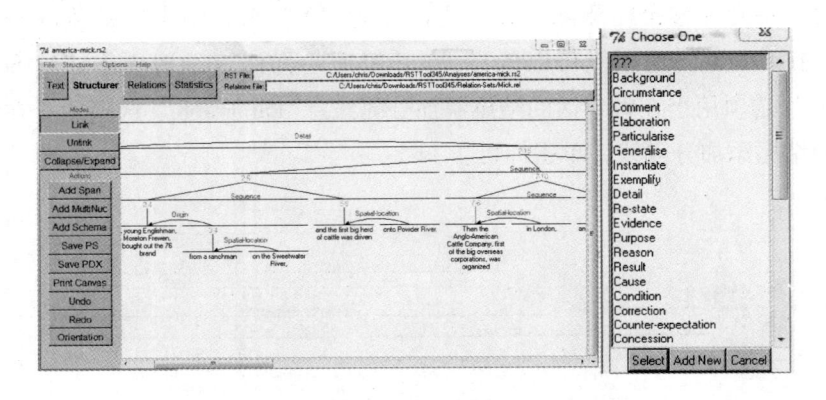

图 3—14　RSTTool structurer 工具界面

"Relations"工具用于编辑修辞关系和整体结构，可在此添加、删除、重命名各类关系，操作界面详见图 3—15。如需添加/删除/重命名主次关系选项，选择"Mononuclear"选项，点击"Add/ Delete/ Rename Relation"，在弹出的对话框内添加/删除/重命名所需连接关系。例如需添加/删除/重命名并列关系选项，选择"Multinuclear"选项，点击"Add/ Delete/Rename Relation"，在弹出的对话框内添加/删除/重命名所需连接关系。在"Schemas"选项内稍有不同。

"Statistics"工具用于导出此文本的基础数据，例如文本中各类关系的数量和所占比例，操作界面详见图 3—16。在"show results"和"save results"左侧可选择想要统计与保存的数据类型，RST only 即正文信息，"RST＋Schemas"即正文信息和模板信息。

3. 保存标注内容和数据内容

保存数据时，系统会弹出对话框，以便选择保存类型，包括"Plain Text""Tab Delimited"和"XML"。其中"Plain Text"既保存了纯文本信息（.txt），也保存了工具栏信息，然后选择保存路径。"Tab Delimited"

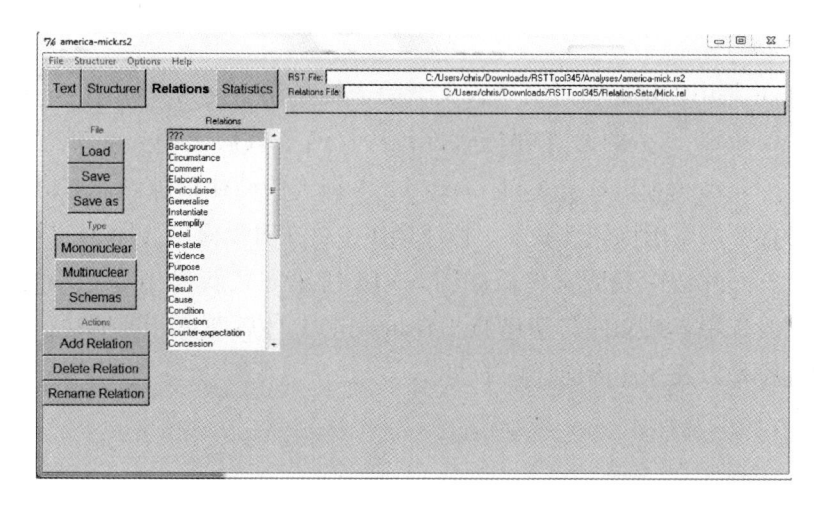

第三章　汉语语篇分层表示体系构建　　/　147

图 3—15　**RSTTool relations 工具界面**

图 3—16　**RSTTool statistics 工具界面**

保存为文本信息（.txt），不含工具栏信息，然后选择保存路径。"XML"保存为网页代码信息，可供程序员参考。

此外，韵律层级标注的保存可在"Relation Editor"内实现，保存为"PS"和"PDX"格式；统计数据结果的保存可在"Statistics"内实现，保存为文本信息。

（四）Praat

Praat 是由阿姆斯特丹大学人文学院语音科学研究所 Paul Boersma 和 David Weenink 发布的语音分析软件，从官网下载后无须安装即可运行（http：//www.fon.hum.uva.nl/praat/），本研究的韵律信息以及对应的篇章信息标注均基于该软件展开。标注操作主要在对象窗口（图3—17）中进行，打开并选中音频文件后如图3—18所示方式新建 Textgrid 标注文件，同时选中音频文件与新建的"Textgrid"文件后即可开展标注，具体的标注符号以及标注界面详见下文。

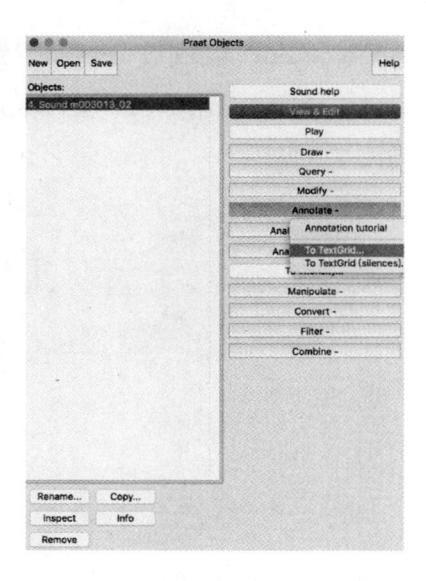

图3—17　Praat 对象窗口　　　　图3—18　新建 Textgrid 标注文件

1. 韵律标注

本研究的韵律标注以 C-ToBI 符号集（中国社会科学院语言研究所语音研究室根据英语 ToBI 系统建立的汉语韵律标注系统）为基础，由声韵层（DE）、拼音层（PY）、间断指数层（BI）和重音层（ST），共4部分组成，详见图3—19。其中，声韵层标注每一声母、韵母及其边界；拼音层标注每一音节的拼音及其边界；间断指数层标注语调短语、中间短语和词边界，其中数字"4、3、1"分别代表这3种韵律边界；重音层在每个韵律单位最重的音节上标注该韵律单位的重音,其中"1、2、3"分别代表韵律词重音、次要韵律短语重音(韵律短语重音)、主要韵律短语重音(语调短语重音)。

韵律标注系统

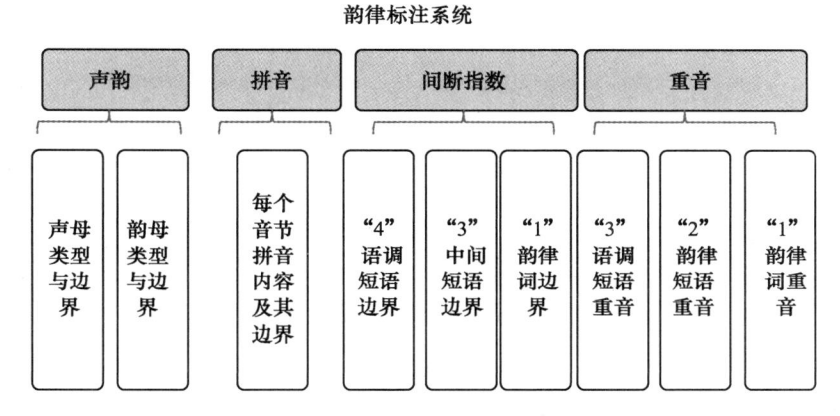

```
         声韵            拼音         间断指数                    重音
      ┌──┴──┐            │        ┌────┼────┐           ┌────┼────┐
    声母   韵母        每个音节    "4"  "3"  "1"        "3"   "2"   "1"
    类型   类型        拼音内容    语调  中间  韵律      语调  韵律  韵律
    与边   与边        及其边界    短语  短语  词边      短语  短语  词重
    界     界                      边界  边界  界        重音  重音  音
```

图3—19 韵律标注层级

2. 篇章标注

本研究的部分篇章信息直接在 Praat 中标注(如向心理论信息),部分篇章信息在上文所提及的其他工具中标注(如修辞结构、信息结构、回指等)。为了便于提取韵律与篇章结构对应的信息,最后在已标注韵律信息的"Textgrid"文件上新建篇章层,统一将篇章信息标注至 Praat 中。采用的标注符号因篇章理论而异,图3—20以向心理论为例介绍已标注韵律—篇章信息的界面。

三 数据统计

自变量、因变量的数据类型不同或水平不同会影响统计方法的选择,由于本书考察不同层面的篇章—韵律接口问题时涉及不同类型的自变量与因变量,下文将对各研究中使用的主要统计方法进行简要介绍。

(1)卡方检验。卡方检验是用于检验统计样本实际观测值与理论推断值之间偏离程度的常见统计方法,适用于考察范畴型因变量的分布情况。由于本研究标注的重音等级与停顿等级均为标注员基于听感进行的等级分类,是典型的范畴型变量,涉及篇章信息对重音、停顿分布状况

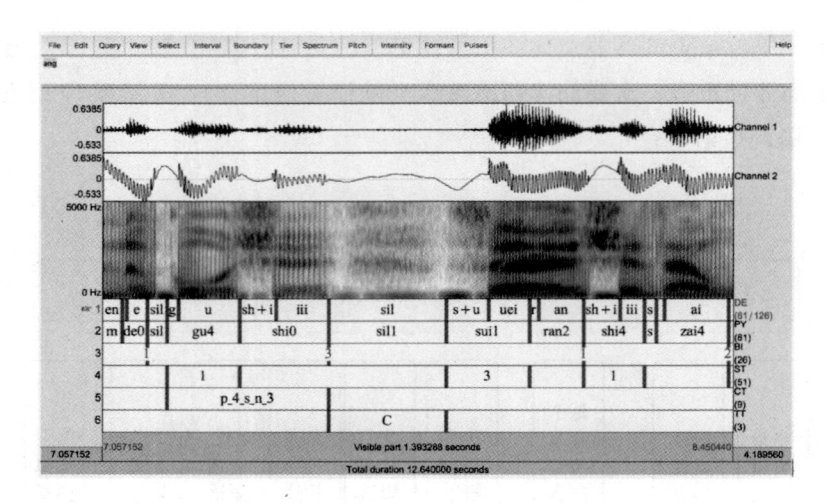

图 3—20 韵律—篇章信息标注界面

的影响时均可使用卡方检验。例如，本书信息结构接口研究中新旧信息对重音分布、停顿分布的影响，以及向心理论接口研究中中心特征对重音分布的影响，均使用了卡方检验考察其分布差异的显著性。

（2）t 检验。t 检验是在样本含量较小且符合正态分布的情况下比较两个平均数的差异是否显著的常见统计方法，通常适用于因变量为连续型变量、自变量为具有两个水平的范畴型变量的情况。本研究考察的时长为典型的连续型变量，因此，考察具有两个水平的自变量对时长的影响时通常采用 t 检验。

t 检验可根据检验对象是来自常态分配的独立样本还是配对样本分为独立样本 t 检验与配对样本 t 检验。本书回指接口研究中考察回指形式对停顿时长的影响时使用了配对样本 t 检验；向心理论接口研究中考察中心实现方式对停顿时长的影响、修辞结构接口研究中考察停顿前后的核心性对停顿时长的影响时，均使用了独立样本 t 检验。

（3）方差分析。方差分析用于两个及两个以上样本均数差别的显著性检验，通常适用于因变量为连续型变量、自变量为一个或多个具有两个及以上水平的范畴型变量的情况。与 t 检验相似，方差分析可用于考察范畴型自变量对时长的影响，不过与 t 检验的区别在于方差分析可考察具有两个及以上水平的范畴型因变量的影响，且可考察多个自变量间的交互作用。

根据自变量的数量，方差分析可分为单因素方差分析与多因素方差分析。本书修辞结构接口研究中考察修辞结构的层级性对停顿时长的影响、修辞结构的核心组合对停顿时长的影响，以及向心理论接口研究考察过渡类型对停顿时长的影响时使用了单因素方差分析；修辞结构接口研究中考察修辞结构的层级性、核心性及其交互作用对停顿时长的影响时使用了双因素方差分析。

第十一节　本章总结

本章首先回顾了前人构建的篇章标注体系，包括句间关系和内部实体关系两部分：句间关系标注体系主要包括修辞结构标注体系、关联词语标注体系（宾州语篇树库 PDTB），以及基于 PDTB 构建的中文篇章句间语义关系体系与英汉双语标注体系；内部实体关系标注体系主要包括信息结构的标注体系、基于话题链的汉语语篇连贯性描述体系、广义话题结构标注与汉语"词库—构式"互动的语法描写体系。

通过回顾上述标注体系，以及相关多层面互动研究，本研究强调了构建兼顾语言共性和汉语特性的分层表示体系和大规模标注库的重要性，并在此基础上提出了适合汉语语篇的分层表示体系理论框架。该表示体系分为 4 个主要层级：语法层、语义层、语用层与韵律层共 4 层，其中语法层包括依存关系和回指结构标注，语义层包括修辞结构、向心理论、话题和话题链标注，语用层包括信息结构标注，韵律层包括音段与声调、韵律边界、重音分布位置和层级标注。本章对每个层级的标注规范、符号集与标注实例进行了详细的介绍。此外，本章详细介绍了 weCheck、MMAX2、RSTTool 和 Praat 等标注工具以及后续接口研究中涉及的统计方法。

第四章

汉语语篇韵律接口研究

第一节　以往韵律研究概述

　　语言的韵律特征对于交际双方正确感知、理解彼此的话语起着不可替代的作用,同时也是提高机器合成语音自然度的关键所在。韵律问题也因此受到越来越多人的关注和研究。"韵律"一词最初是指诗歌中的押韵和平仄规则,后被语音学借来指话语中的重音、节奏和语调等现象,是语言中"超音段特征"的总体概念。韵律是话段内部大小不同的成分组成的结构(Beckman and Edwards,1994),从声学角度指基频、时长、强度等参数。王洪君(2008)认为,"韵律"指音流中音质之外的音高、音强、音长结构,"韵律单位与层级"是指那些由不同的韵律标记定义的大小不同的单位,这些单位是靠自身的韵律标记而不是靠与句法单位的对应来定义的。韵律的实现依靠语音的音段特征和超音段特征。韵律特征,又称超音段特征,是指大于一个音位的语音单位所表现出来的音强、音长、音高等语音特征(音色除外),通常所说的重音、声调和语调均属于韵律特征。通过感知韵律特征的变化,交际双方能更好地传递信息、理解对方的含义。同时,说话人还可选用不同的韵律特征来表现不同的语气、态度、感情色彩等,向听话者表达语言的言外之意。

　　本部分主要系统地回顾了以往关于语篇层面的韵律特征、语篇结构与韵律特征的接口研究,以及语篇层面句重音的研究,在此基础上,研究进一步指出,以语篇重音分布和停顿时长为主要参数,对朗读语篇韵律开展接口研究的必要性和重要意义。

一 关于汉语语篇韵律的研究

吴宗济（1993）很早就注意到篇章韵律的研究，他指出篇章中短语的移调程度和扩域程度受到语体的制约，而服从于篇章韵律的规则，表达逻辑重音和感情重音的任务已基本上由代词、副词承担，而使名词和形容词的韵律变量相对降低了。吴宗济（1993）指出，语句的韵律不单和"语音""语法"有关，更和"语义""语用"的环境有关。不能离开语言环境而孤立地去分析句子的韵律。Tseng 和 Pin 等（2004）及 Tseng 和 Pin（2004）提出阶层式多短语韵律句群（Prosodic Phrase Grouping，PG）的假说，证明了语篇韵律是字调、韵律词、韵律短语和语篇韵律规范的总和。她从篇章角度对语调的表现进行研究，认为篇章韵律组构关系是影响语调变化的原因。她强调语音学研究韵律要在语音单位、研究角度和研究重点上有所突破。在韵律语音单位方面，要研究大于简单句的语流韵律单位，而不能只局限于字调、词而止于句型。在研究角度方面，可以将自上而下和自下而上的研究结合起来，不能只着重小单位的微观研究角度，也要进行较大单位的宏观研究。研究重点不能只放在对孤立语音或韵律单位的研究上，必须放大语音讯号中的语境，检视语音单位间的关联性，在复杂的表面变异中，找出大单位的基型。语流韵律的研究说明句调单位（Intonation Unit，IU）是韵律语流的次级韵律单位，各短语是姊妹关系，即使同为叙述短句，成为 PG 的次级单位后，就必须依照 PG 指派的位置修正调整，以产生大语段的韵律语流。这也是语流中短语句调变化多端的原因。在这个跨短语的基型之上，可以再附加焦点、强调、语气等其他语音现象。

汉语语篇韵律的相关研究主要基于两方面开展：一是基于声学实验，借助于音高、时长等声学参数开展的研究；二是基于生理实验的研究，考察呼吸节律和韵律之间的关系。

在声学角度的研究中，叶军（1996）通过声学实验和感知实验分析归纳了汉语停延的声学表现，具体有：语流中的无声段（90ms 以上），即语流间歇；停顿前音节时长有所增加；停顿前音节音域上限会下降。此外，他又根据显著度的不同把停顿区分为一级停顿和二级停顿。

李爱军（2002）对口语对话中的韵律特征进行了研究，她考察分析了韵律短语的时长、音节个数和边界前音节的时长。在音高方面，研究了语句重音位置音节的音高上、下限及其音高范围。此外，她还统计分析了不同韵律边界条件下，音高范围和重音的关系，音高上限与音长在重音和非重音条件下的关系。刘亚斌、李爱军（2002）采用语料库的方法，统计分析了朗读语料和自然口语的声学表现差异，具体表现为：朗读语料基频的变化范围没有自然口语的大；同时，自然口语的基频上限的变化更大，语速也较朗读语料的快，是朗读语料的 4 倍。在音段音变方面，自然口语中的音变现象比朗读语料要丰富，且声母的音变率比韵母高。

曹剑芬（2003b）指出，作为语速快慢的度量，每秒钟所说的音节数不能笼统地用包含停顿在内的话语总时长来计量。尤其是比较不同说话者的语速时，必须计算出他们的音速，才能真正反映听觉上感知到的语速差异。语速加快，语句的总体音高就相对抬高，总体音域相对扩大；语速减慢，语句的总体音高就相对降低，总体音域相对缩小。总体语速的改变并不是均匀地分布在整个语句上，而是一种非线性的分布，这就进一步说明，汉语并不是音节—节奏型语言。曹剑芬（2005）对自然话语里音节延长的不同类型进行了考察，研究结果表明，时长的变化跟篇章韵律的关系十分密切。音节延长大致可分为三种类型：边界前延长、边界后延长以及跟重音凸显相关的延长。它们各自以韵母延长为主、声母延长为主和声、韵母相对平衡延长为特点。不同类型的音节延长具有不同的标志功能。边界前延长不但预示一个短语边界的到来，而且传达语义未完、话语待续的信息；边界后延长不但可以传达韵律边界信息，而且意味着新话题开始等信息，边界后延长量的不同还可指示话语层次结构的高低；而与重读相关的音节延长则不但指示语义重点，传达话语的焦点信息，而且具有揭示话语层次结构的作用。三种不同类型的音节延长相互配合、相互补充，共同体现话语总体的结构信息。

陈明、吕士楠（2003）研究了汉语自然语流中的音高变化，认为汉语中音节的音高会受到多因素的影响，同时随机性很高。对于汉语双音节词来说，它们的音高组合结构不易受到影响，比较稳定，但"它在基频轴上的位置和音高域与其在韵律短语中的前后位置、重音等级有关"，而在短语层级中，音高呈现出明显的下倾趋势。王红斌（2003）通过语音实验与分析，研究了新闻广播语流中字音时长延长的分布情况和字音时长的延长与该字音音节的音强、音高上限的相关程度。他发现新闻广播语流中字音时长延长有两种类型，分别是：①一个语言片段中所有字音的时长都延长；②整个 2 字组或 3 字组中只有一个字音延长。字音时长延长与新闻信息结构之间的关系表现为：①字音延长的作用是提示下文有新信息出现；②在调核之前出现的延长的字音，其起点是新信息起点在音系层上的标志；③延长的字音是不同新信息的标志。

王茂林（2003）在前人研究的基础上，探究了自然话语由文本到韵律的组块过程、音高曲线的表现以及时长和重音。在词汇词怎样组合成韵律单元的问题上，他认为，语音、语义、句法、语用这几个方面都会影响韵律组块，因此，可以在文本基础上预测韵律。从言语功能和语篇结构的角度，可以预测话段的音高表现："在下倾问题上，大多数情况下，音高由前往后是渐降的，但是也有少数情况并非如此。高线上升是焦点居后造成的，低线上升是受音节本调的影响。"同时，作者以韵律词为基础，细致分析了语调曲线及时长，得出了量化的结果，发现词语的载义重度可以影响音高和时长的表现，并证明了语音和语义的"象似关系"。熊子瑜（2003）基于朗读语音语料库，针对韵律词、韵律小短语、韵律大短语和韵律句四个层级的韵律单元，研究了它们在语流中的边界特征。关于时长，他发现对于韵律单元起首的音节来说，其韵母的时长不会受到韵律单元所在层级的影响，而对韵律单元末尾的音节来说，其韵母的时长会明显受到韵律层级的影响。关于停顿，他指出，无声停顿会出现在除韵律词之外的其他韵律层级单元之后，并随着韵律层级的增高而增长，而不会出现在韵律词末尾。基于口语对话语料库，熊子瑜（2005）又研究了自然语句边界的韵律特征及其话语交际功能，具体包括韵律分界功能、话轮提示功能以及言语行为功能三大功能。赵建军、杨晓虹等（2011）的研究中，统计分析了 30 篇自然叙事语篇中韵律词的相对音域、相对音域差以及相对时长等声学参数，研究了句子音域和韵律词音域改变时，音高和时长在语句重音中的作用及其相互关系的变化，得出的结论如下："①韵律词音域的相对宽窄对语句重音起着最主要的作用；②音高和时长在语句重音中的作用受到小句音域宽度和韵律词等级的交互影响。"根据前人的研究，作者认为句子的音域与句中韵律词音域会因为语篇结构的影响而有明显的差异。此外，他简单分析了语篇结构对句子音域和韵律词音域的影响。

王蓓、杨玉芳等（2005）以音节为单位，测量了音高曲线的高音点和低音点、平均音高、时长和音节后无声段长度等声学参数，研究了语篇中句子、段落等大尺度信息单元边界的韵律等级和边界处的声学线索。研究结果表明：①小句、句子（包括单句和复句）和段落是汉语语篇中有韵律词意义的大尺度信息单元；②音高重置，即边界前后音节的音高对比是大尺度韵律边界等级的音高线索，只依靠首音节或末音节处的音高不能有效地区分韵律边界等级；③段落和复句内的语调短语没有表现出明显的、规律性的整体语调下倾，而是基本以平行的模式存在；④信息单元越大，无声段越长并且变化的自由度越大。小句边界处无声段与音高重置程度呈显著正相关关系。

梅晓（2010）及梅晓、熊子瑜（2010）等文中基于大规模语音数据库，通过使用 R 计算工具进行数据建模和预测，分析了普通话韵律结构中声韵母的时长，研究了韵律边界和停顿、声韵母时长变化类型之间的关系。经研究提出，声母时长与声母类型密切相关，韵律边界对语流中声母时长变化的影响几乎可以不计。与此恰恰相反的是，韵母时长和韵母类型之间的相关性并不强，反而是音节的右韵律边界类型会对语流中的韵母时长产生较为显著的影响和控制作用。另外，他们还指出，无声停顿出现的位置通常会受到韵律边界类型的影响。在语调短语边界、话段边界这两个较高层次的韵律边界处常常会有比较明显、可以察觉到的无声停顿，但在韵律词内音节边界、韵律词边界、韵律短语边界这 3 级较低的韵律边界处，一般不存在比较明显的无声停顿。

张锦玉（2010）运用实验的方法，考察了 10 名被试朗读普通话语篇时的停延率和呼吸特征，发现语篇中音节的停延因受到多种因素的制约，起伏线并不规整；但各级韵律层级边界处的停顿和边界前末音节的延连具有一定的规律性，即韵律等级和停延大小呈现出互补的趋势。在生理角度，不同韵律层级下的呼吸参数存在明显差异，呼吸的节律和形式同样受到韵律等级的制约。此外，呼吸斜率和相应位置的停延时长也存在较高的相关性。

李爱军、祖漪清等（2007）为了揭示语篇中不同韵律单元的语速调控策略，考察了汉语普通话篇章语速和局部语速模式在快、中、慢 3 种语速中的变化情况，研究结果表明，语篇的局部语速变化模式与篇章本身的表达内容密切相关，整个篇章语速的变化是建立在篇章结构之上韵律特征的一种复杂的非线性的变化，受到篇章表达内容的制约。

殷治纲（2011）较为全面地研究了汉语普通话朗读语篇的节奏特性，认为节奏概念的两大要素是"轻重"和"时间"。他对影响轻重感知的因素，包括音色、声调、声门震动次数等问题进行了研究。在韵律层级方面，他认为篇章语言可以分为"音节—韵律词—韵律短语—语调短语—语调组（语句）"的层级结构模式，每一层级内的研究对象是其直接下辖单元。此外，他探讨了各韵律层级内的时长、音高规律和各韵律层级的边界规律。在重音级别与韵律层级的交叉方面，他着重研究了各级韵律单元重音级别的确定、各韵律层级内位置与重音的关系、各级韵律单元重音级别的声学表现等。

张庆翔、付茜（2015，2017）研究了汉语普通话朗读语体影响无声段时长的因素和韵律功能。语篇类型、语速、韵律单元和个体差异等因素会影响无声段的分布和时长，具体表现为：散文无声段的分布多于新闻，时长长于新闻；无声段的分布和时长随语速加快而分布减少，且时长变短，但语速的影响会受到韵律等级的制约，韵律等级越高，语速的影响越小；韵律单元长度对无声段的影响与韵律等级有关，韵律单元长度和边界后无声段时长正相关；个体差异影响无声段的主要因素有性别和年龄。在功能上，"无声段是造成边界时长差异的主要原因，是标记停顿最重要的手段，在普通话朗读语体的边界时长中，无声段的作用比音延显著，其作用随着韵律等级的提高而增强。"

Tseng 和 Zhang（2008）研究分析了一男一女两位播音员的 26 段朗读语篇的声学参数，提出段落内韵律短语边界更多地与相邻短语的韵律状态的差异相关而非与短语间停顿时长相关。上层话语信息会更多地限制韵律状态。通过分层韵律短语分组框架的模块声学模型，检查语段中变化的韵律短语边界，研究发现：不管停顿时长多少，边界即时时长与响度、基频曲线均有显著差异，实验结果显示了韵律短语边界状态是如何被上级话语信息而非低层的韵律词结构限定的。综合结果表明，相比边界停顿时长，与相邻短语的韵律状态的差异对韵律短语边界状态的作用更大。Su 和 Tseng（2016）调查了连续语流中两个主要韵律特征的语音规划，即通过调整个别短语语调表达跨词组层面的联系和衔接，以及通过调整个别短语语调表达信息结构。这些高层面的韵律表达在一语语音中是系统且可预测的，但在二语中的表现仍未得到充分调查。基于大规模语料库比较一语和二语的相关声学表现后，该研究发现一语语音的基频规划可通过语篇结构与信息规划预测，而二语语音则呈现了不同的模式。Chen 和 Tseng（2016）探讨了连续语流中信息规划的机制，特别是预先的韵律提示如何指示信息规划，从而为语篇层面的信息规划与安排提供了有力的证据。通过考察四类不同体裁的语篇中投射者（projector）和与其紧密相邻的投射（projection）的基频信息，该研究发现投射轨迹越大，投射者—投射单元的起始与结束位置之间降阶的幅度越大。

赵永刚（2014，2016）对韵律结构的音系—句法结构研究进行了回顾，介绍了目前国内外音系—句法接口研究的情况，他认为汉语韵律结构的研究可以从探索句法结构对韵律特征的影响，及韵律特征对句法结构的影响这两方面进行，他指出了目前研究存在的问题以及汉语韵律结构音系—句法接口研究的目标，包括理论目标（"通过考察语言的韵律结构，探讨音系句法的映射理论是否足以推断出语言的句法结构"或"通过考察句法推导过程，是否可以推断出韵律变化规律"）和实践目标（"探讨音系—句法接口在汉语韵律结构研究中的各种可能，提供在生成语法框架内解决汉语韵律句法学理论发展的新方法"和"概括总结音系—句法接口在韵律结构研究上的重要理论假设及模型，初步设计出音系—句法在汉语韵律结构上的接口模型"），此外，他为未来汉语韵律结构音系—句法结构研究提出了相应的对策。

生理角度的研究主要是通过生理实验研究韵律，考察呼吸节律和韵律的关系。例如，王毓钧、贾媛等（2015）运用声学实验和生理实验的方法，研究了被试在朗读呼吸、复述呼吸、自述呼吸中不同韵律层级的表现，分析了呼吸单位和韵律单位之间的交互关系，研究表明朗读呼吸单位跟韵律层级的关系表现得最为紧密；复述性呼吸单位跟韵律单位的对应关系表现出的规律性减弱，非正常停顿的数量增加；自述呼吸单位由于受到多种因素的影响，跟韵律单位的关系更加疏远，其随意性在三者中是最强的。

王琳、李晓庆等（2007）通过控制语篇中的重读和信息结构，对口语语篇理解中记录的 EEG 信号采用以傅立叶变换为基础的时频分析，考察了语篇理解过程中重读和信息结构的作用及其认知加工过程。研究表明关键词呈现 150 毫秒时，重读和信息结构的对应关系就已经能够被觉察；不同频段与不同的认知过程有关，β-2 频段可能与对应关系的觉察有关，β-1 频段可能与词语的语义加工有关，θ 频段可能与语义整合有关。谭晶晶、李永宏等（2008）研究了用汉语普通话朗读不同文体时呼吸节奏的变化和呼吸重置特性，他们发现呼吸重置的时长和幅度显著正相关，重置幅度比重置时长更能反映不同文体的差别。杨锋（2015）研究了汉语普通话语篇朗读中呼吸重置幅度与韵律层级的关系以及停顿、音高下倾和振幅下倾等韵律声学特征的成因。结果表明：语篇朗读中呼吸重置幅度与韵律边界存在对应关系，停顿产生的生理原因是吸气，音高下倾和振幅下倾是由于呼气段肺部气流压力衰减造成的。

综合上述回顾，以往从声学角度考察汉语语篇韵律特征，主要以音高和时长为参数，考察不同韵律单元的音高重置和时长延长等问题。从生理角度的研究，则主要关注朗读不同语篇其所发生的呼吸变化与音高和韵律变化之间的关系问题。可以发现，该部分的研究主要从语音参数变化为研究目标，较少讨论语法、语义和语用信息对语篇韵律特征的影响。

二 语篇重音研究

近年来，汉语语篇层面的韵律研究在学界获得了越来越多的关注，其根本原因在于韵律对语篇层面的语音合成效果存在重要影响。汉语重音的研究一直是汉语韵律研究的重要组成部分（冉启斌、段文君等，2013）。吴宗济（2002）很早就提出，重音问题将是语音合成要突破的难点。朱维彬、吕士楠（2007）等学者也指出，系统中对于句重音的不当处理会导致合成语音表现力缺乏，难以达到真实语音效果。杨文昌（2007）认为，"对重音的正确理解和合适安放才能正确地把握说话人所要表达的意思，才能使语言的目的明确和清晰，才能使交流更加地顺畅和高效。否则，重音把握不准确，语义理解会出现偏差，从而传达出错误的信息。

汉语重音问题作为语言学研究的热点问题之一，研究者对其的研究主要在以下几个方面：①关于重音分类的研究；②关于重音的韵律特征的研究；③关于重音的分布规律的研究。

关于重音的分类问题，学者们从不同的角度对重音进行了划分。一般认为，汉语普通话中有两类重音：词重音和语句重音。出现在词中的重音是词重音，出现在句子中的重音是语句重音（王玮、蔡莲红等，2001）。语篇层面的重音研究，多是对语句重音进行研究，分析连续语流中重读音节的属性特征（王玮、蔡莲红等，2001）。

目前已有的研究表明，汉语重音的韵律特征主要表现为音高和时长两个方面，此外，音强也会发生变化。音高上具体表现为音域扩大，声调域的上限增高；时长上则体现为时长增长。研究者根据语料的性质，分别对朗读语料和自然口语中重音的韵律特征进行了研究。针对朗读语料的研究，主要以音高和时长为参数，考察语篇中句重音的具体韵律表现。如许洁萍、初敏等（2000）选用新闻广播言语风格的自然语流，初步研究了语句重音对音高和时长的影响。研究表明，音高是语句重音的基本表达手段，音高分布曲线随语句重音级别的增高向高频方向移动。汉语语句重音的音高和时长之间是一种互补关系。仲晓波、郑波等（2002）设计了朗读语料，通过声学实验和感知实验，考察了句子重音和短语重音的相互作用。该研究证实了"汉语普通话有韵律短语层次的重音、词的重读音节的时长延长是韵律短语重音的一个重要声学表现"。此外，仲晓波、杨玉芳（2003）还考察了汉语普通话句子重音在时长方面的声学表现，通过对朗读语句中具体词的时长的分析发现，当语句重音强调词时，这个词的重读音节的时长通常会增加；当语句重音强调词的某一音节时，该音节的时长通常会增加。另外，借助知觉实验，他们发现"句子重音强调词的语句和句子重音强调这个词的重读音节的语句相对于它们的语境是可以互相替换的，这种相互可替换性起因于这两种语句声学表现方面的相似性。"胡伟湘、董宏辉等（2005）利用朗读语篇语料库 ASCCD[①]，研究了朗读话语中重音的声学表现。结果表明，音高和时

[①] 该 ASCCD，即本研究所选语料库（Annotated Speech Corpus of Chinese Discourse, ASCCD)，开展该研究时，语料库只包括音段边界和重音等音段和超音段特征标注。

长是重音感知的重要线索。音节的时长随着重音级别的增高,重音强度的加强,有加长的趋势;音高高线、调域随重音强度的加强有显著的上升和增宽趋势。

此外,张彦(2006)借助朗读语料,考察了句重音的不同位置(句首、句中、句末)与句末语气词音高变化的关系。为了让发音人自然发音,该研究所选用的并非孤立的例句,而是为每一个重音位置的例句设计了专门的语境,供发音人理解。结果显示,句末语气词的音高会受到句重音位置的影响。当重音在句首和句中时,句末语气词为低平调;当重音在句末时,若语气词的前字调是阴平、阳平,则语气词为高降调,若前字调是上声或去声,则语气词为低平调。陈玉东、杨玉芳(2009)研究了不同朗读语体(包括记叙文、说明文、议论文、新闻和专题)中重音的韵律特征。结果表明,不同语体倾向于使用不同的手段凸显重音,其中,说明文、记叙文和议论文更多借助于时长手段,而新闻和专题则更倾向于使用音高手段。陈玉东、吕士楠等(2009)选用新闻朗读语篇,对比分析了重音在孤立句和语篇中的音高、时长特征。研究发现,"当孤立句被置于语段中时,小句重音的变化突出地体现在调核上"。具体表现为,调核高音点降低、调核音节时长缩短。在由几个小句组成的语段中,发音人会通过各小句重音的变化来调节语段的韵律,从而顺畅地进行语义表达。李雅、卢颖超等(2011)借助大规模的普通话连续朗读语料,研究了不同韵律层级与调型组合对重音感知产生的影响。研究结果发现,随着音节所处韵律层级的提高,重音级别越高,其时长和基频都越大,且基频对重音感知影响显著。对于相同的韵律层级,相斥的调型组合增大了时长对重音感知的影响。

针对自然口语的研究与朗读语篇类似,以音高和时长为主要参数考察语篇中重音的具体韵律特征。例如,刘亚斌(2003)借助自然口语对话语料库,统计分析了处于不同位置(语调短语的首、中、尾)的重音,它们在时长、基频和音强等方面的表现。结果显示,重音影响着音高、音长和音强等的表现。随着重音级别的提高,各级重音的音节时长、声韵母时长均呈现出增长的趋势;音高方面,不同级别重音的音高表现并不相同,同一级别重音处于不同位置时,音高表现也不同;音强方面,随着重音级别增加,音强的均值、范围和最大值也会增大。此外,贺玉勋、肖建安（2008a，2008b），石翀、贺玉勋（2010）对语篇重音变异进行了持续研究。他们将语篇重音变异界定为无法用规则预测其位置的重音。在研究方法上，他们使用声学软件对口语语料进行分析，在认知语用学的角度考察语篇重音现象，他们认为"重音是信息价值这一心理概念的显性化，重音变异的实质就是调控听者注意状态"，语篇具有标示人际社会关系的社会功能。社会功能决定了语篇重音。

关于重音的分布问题，有学者从理论上确定了重音的分布规则。徐世荣（1961）认为，语音和语法的关系密切。他把语句重音分为：意群重音（也叫一般重音）、强调重音和感情重音三类，具体研究了句子成分对意群重音分布的影响。在短语自成一个意群（即一口气能说完）的情况下，意群重音的分布主要有：①主谓结构中谓语重读；②主谓宾结构中宾语重读；③主谓补结构中补语重读；④主谓补宾结构中宾语重读；⑤一般定语都重读；⑥一般状语都重读；⑦兼语句中兼语后的谓语重读。当长句分为几个意群，每一意群一口气说出时，意群重音的分布规律可参考上述规律。

Duanmu（1990）提出了语句重音的辅重规则（Non-head stress），即"在句法结构［A B］中，一个是中心成分，另一个是辅重成分。语句重音应该在辅重成分上"。但是，该理论并没有解释辅重成分为什么要重读。针对辅重规则以及其他语句重音理论存在的问题，他（2005）提出了新的语句重音理论，叫"信息—重音原则"（Information-Stress Principle），具体指的是"信息量大的词要比其他词读得重"，其中"信息量"（information load）定义为："一个词出现的概率越高，信息量越低。一个位置上可能出现的词越多，每个词出现的概率就越低，其信息量也就越高。"（端木三，2007）

此外，诸多研究从语音实验角度考察语篇重音分布。王韫佳、初敏等（2003）借助大规模语音语料库，选取了报刊新闻、小说、散文和天气预报中的句子，从语句和短语两个层次考察了普通话语义重音的分布情况。结果表明，语义重音在不同层面的句法结构中的分布规律不同。在语句层面，句子的信息结构决定了重音居后的分布规律。语义重音在句子述语部分的分布多于话题部分的分布；在述语部分内部，语义重音在宾语部分的分布又多于谓语部分的分布。在短语层面，主谓结构中，语义重音有微弱的居后倾向；动宾结构中，语义重音的分布没有倾向性；偏正结构中，有显著的居前倾向。王韫佳、初敏等（2006）发现汉语语句重音的分布和表现形式具有以下特点：①句子中的焦点重音具有明显的后置倾向，即在主—谓句中倾向于落在谓语部分，而在有宾语的句子中倾向于落在宾语部分。②在宾语部分，焦点重音倾向于落在定语上。③焦点重音在谓语部分内部的分布受到谓语之后是否有宾语的影响：在谓语动词带宾语的情况下，如果焦点重音没有落在宾语上，那么它就倾向于落在状语上；如果没有宾语，重音在谓语部分内部的分派没有表现出显著的倾向性。

包明真（2004）选取了散文、文学评论、时事评论、天气预报、证券消息、法律条文等朗读语料，按照朗读方式将其分为抒情式、评论式、陈述式三种朗读风格，研究了不同朗读风格下的重音分布情况。研究结论为：在句子层面，三种朗读风格基本体现了语义重音居后的特点，与王韫佳、初敏等（2003）的结论相一致。在基本短语内部，节奏重音体现了重音居后的特性；语义重音在介宾、动宾、主谓结构中呈现重音居后倾向，但在定中、状中、并列结构中表现各异。在韵律词层面，节奏重音居后，语义重音前倾。王丹、程宗军等（2007）通过句法分析、知觉实验以及声学参数测量，借助口语语料库，考察了句法成分对普通话常规重音分布的影响，构建了常规重音分布规则系统。其中，基本规则为：主谓、述宾、述补、定中、状中结构中，负载常规重音的分别是谓语、宾语、补语、中心语、状语；并列结构的前部负载常规重音。这些规则反映了最普遍的句法与常规重音的关系。此外，该规则系统中还有一些特殊规则（"主要用于挑选出不符合基本规则重音配置的特殊语句"）和优先规则（"主要用于处理复杂句法结构中基本规则的优先使用顺序"）。此规则系统为文语转换系统的进一步完善提供了理论支持。Tseng 和 Su（2012）比较了三类不同体裁的普通话朗读中常见重音模式的分布，以考察信息分配对整体韵律的影响以及因语篇体裁而异的韵律特征。结果表明，因体裁而异的重音模式与特征共同提供除语篇联系以外的韵律表达，不同体裁导致的文体差异会影响同一类重音模式的分布。柳雪飞、李爱军等（2015）考察了疑问代词句的句重音分布，所用语料是从口语对话语体中截取的包含疑问代词的句子，这有助于考察特定语境下疑问代词句的重音分布情况。结果显示，对应不同的语气和功能分布，疑问代词获得句重音的概率不同。疑问句中的疑问代词获得句重音的比例高于陈述语气中疑问代词获得重音的比例。同时，上下文语境也会对疑问代词句的重音位置产生影响。

综合上述分析，汉语语篇层面重音研究已有丰富成果，但是从语篇语法、语义、语用综合角度出发的研究较少，研究结果的整体性也需要进一步提升。下文研究主要回顾以往关于语篇结构和韵律特征接口研究，主要在大规模标注库的基础上，以语篇重音和停顿时长为主要参数，考察语篇韵律的实现特征。该研究对于汉语语篇研究具有重要的理论意义和应用价值，较大程度上增加了对汉语语篇的理解和认识。

三 汉语语篇与韵律特征的接口研究

关于修辞结构与韵律特征的接口研究，Noordman 和 Dassen 等（1999）最早应用修辞结构理论来分析篇章层级对声学表现的影响。他们认为，边界处无声段和小句基频最大值随修辞层级递减而递减。Ouden（2004），Ouden 和 Noordman 等（2009）利用 RST 理论对新闻报道语篇修辞结构和韵律结构的关系进行了研究，发现小句层级高低与句前停顿和高音点有紧密的关系。核心句与卫星句的语速也存在差异；致使性关系与非致使性关系也有不同的声学表现。

陈玉东、吕士楠（2008）以记叙文、新闻社论和议论文共三篇普通话语料为研究对象，采用修辞结构理论，分析研究了它们的韵律特征和修辞结构。研究发现：在这三种不同文体中，语篇结构和语义关系是语段韵律表达的依据。这三个语篇在篇章修辞结构和韵律特征方面均存在一定的差异，具体表现为：在篇章修辞关系上，记叙文的语义关系比较简单，多为并列关系；新闻评论的语义关系较为复杂，多为主次关系；议论文的逻辑关系在三者中是最复杂的，采用的主次嵌套关系最多。在韵律表达上，记叙文多运用音长和音质手段，在用音高下倾和音高凸显突出逻辑重音方面不那么突出；而新闻评论多表达逻辑重音，多运用音高手段，较少运用音质手段，音长变化也较少，低音线下倾明显；议论文也多用音长和音质手段，低音线下倾也有所减弱。

杨晓虹、杨玉芳（2009）运用修辞结构理论对由 20 个说明文语篇构成的语料库进行了修辞结构的层级标注,并据此分析了小句边界处无声段、音高重置、边界前音节延长等声学参数随语义层级结构的变化情况,研究了语篇修辞层级结构边界的韵律表现。研究结果表明:"①对于以小句为最小信息单元的语篇修辞结构来说,其韵律边界是通过边界处无声段长度和边界处音高点重置来体现的。但是边界处无声段和边界处高音点重置在语篇水平上的增长也是有限度的。边界类型的分布对语篇树形修辞结构的韵律表现起到很大的影响作用。②低音点重置和边界前音节延长不是区分语篇水平上语义层级结构的有效线索。"杨晓虹、赵建军等(2011)采用了实验语音学的方法,研究了修辞层级对语篇焦点处声学表现的调节作用。

杨玉芳(2015)从修辞结构角度,对语篇的韵律特征进行了研究,具体考察了修辞结构与韵律词层级边界之间的关系;修辞结构对语句焦点声学表现的调节作用;语篇结构对小句重音的影响以及汉语中五言、七言绝句的韵律表达。

冯德正、张艳等(2016)在前人研究的基础上,创新地将修辞结构理论运用到多模态语篇的研究中,以平面广告和电视广告为例,分析研究了图像、文字等模态在语篇中是怎样相互联系与衔接的,阐明了广告语篇的修辞结构是怎样达到劝说目的的。既为多模态语篇分析提供了新的理论工具,又扩展了修辞结构理论的应用范围。

韵律、重音、停顿对语音合成的自然度有极为重要的影响。由于修辞关系和结构与韵律信息存在一定的关系,在语音合成与识别中,也可以借鉴该接口研究的成果。但是,由于目前的研究语料库较小且比较分散,同时每个研究的标注也具有一定的主观性。在日后的韵律接口以及语音合成的接口研究中,还需要基于大规模的规范和统一标注的文本及声音语料,才能够尽量降低人工主观差异以及语料差异对研究结果造成的影响。

关于向心理论与韵律特征的接口研究,夏志华(2012)介绍了中心理论框架中的主要内容:基本概念、完成话题结构描述的三个步骤以及举例说明,论证了在话题结构和韵律接面研究中运用中心理论的可行性,提出话题结构辨认的方案。

语篇的韵律特征和信息结构之间有紧密的联系,也有学者从事关信息结构与韵律特征的接口研究。王丹、杨玉芳（2004）研究了口语语篇理解过程中，重音和信息结构的作用，认为信息结构可以以重音的形式表现出来。一般情况下，"新信息重读，旧信息不重读；新信息负载焦点重读，旧信息不负载焦点不被重读"；重音模式与信息结构的匹配关系对话语理解起着重要的作用，新信息重读、旧信息不重读有助于理解。

对焦点的研究是信息结构研究的重要组成部分，既包括对焦点的语音学、音系学研究，也有从心理语言学和认知语言学角度进行的研究，主要考察焦点的韵律表达和认知加工。在语音学方面，学者们对语法学界存在的焦点和重音的关系问题得出了较为一致的结论。

陈虎（2003）归纳、引介西方研究成果，讨论了音调重音分布的4个原则（实词重读虚词不重读原则、重音居后原则、内论元优先重读原则、新信息优先重读原则）以及可能影响重音分布的因素，并对重音问题的本质进行解释，为汉语重音问题的进一步研究提供了参考。王韫佳、初敏等（2006）研究了自然语句中焦点重音和语义重音的分布情况。结果显示，语义重音倾向于主谓、述宾结构中的谓语、宾语部分，而在偏正结构中倾向于修饰语部分；焦点重音在语句中倾向于后置，具体表现为，"如果句子有宾语，焦点重音倾向于在宾语的附加语上。如果句子没有宾语，倾向于落在谓语部分"。

贾媛、李爱军等（2009a，2009b）借助汉语中的焦点标记成分"是"和"连"，研究了焦点成分的语音特征。结果显示，焦点成分对焦点位置的音高、时长以及焦点后位置的音高产生影响。在此基础上，他们进一步研究指出，焦点分布和重音分布并不是一一对应的关系，"汉语中有标记的焦点位置通常有重音分布，有重音的位置一般有语调（音高音域）的变化，但重音和语调的变化不是确定焦点位置的依据"。贾媛、李爱军（2010），Jia 和 Li（2010）对普通话重音的层级性特征进行了系统的研究。他们发现，"普通话的重音存在层级性差异，即核心重音和核心前重音的差异"，虽然两者在语音上并没有表现出过多的差异，但它们的确有着不同的音系实质："核心重音是语调结构的必要性和唯一性成分"，属于无标记的重音，焦点环境并不会对它们的出现产生影响，而核心前重音与之相反，出现与否要根据焦点环境的不同来判断。这也进一步验证了焦点和重音之间并非一一对应。赵建军、杨晓虹等（2012）通过自然叙事语篇，也考察了焦点和重音之间的对应关系。研究结果与王韫佳、初敏等（2006），贾媛、李爱军等（2009a，2009b）的研究结论相一致，认为"汉语中重音是表现焦点的重要手段，而不是句法手段的一种补偿。宽焦点中重音的分布规则跟常规重音的分布规则基本上是一致的"。厚露莹、贾媛（2014）整体回顾了国内外有关焦点的韵律表达与认知加工方面的研究，为今后的研究提出了针对性的建议。董一巧、贾媛等（2015）在向心理论的框架下，借鉴前人研究成果，针对汉语语料，修正了向心理论中语句的切分、下指中心的实现和排序、回指中心的实现形式、判断中心过渡关系的条件这四个参数，研究了延续关系、保持关系、非流畅转换关系、流畅转换关系这四种中心过渡关系所对应的时长和重音特征，发现非流畅转换关系的停顿时长最长、延续关系的停顿时长最短。四种过渡关系中，语调短语重音组合最多，韵律短语重音组合最少。

对于焦点与重音的认知加工问题，王丹、杨玉芳（2005）将不同的信息状态与不同的重读位置进行匹配，通过韵律合适度判断和理解任务，研究了修饰语的焦点和重音之间的关系对话语理解的作用。实验结果表明，新的修饰语会被重读，而旧的修饰语不会被重读；当修饰语被重读时，焦点并不会被投射到修饰语的中心语上。杨玉芳、黄贤军等（2006）从知觉、认知和语料库角度对汉语的韵律特征进行了一系列研究，并是国内对语篇层面上韵律知觉问题的首次研究，具体考察了"语篇内小句、单句、复句和段落四种信息单元的韵律特征，这些单元边界等级的知觉差异、边界的音高和无声段的变化规律、语篇内音高下倾的趋势等。"研究结果显示，语调短语、句子（包括单句和复句）和段落，均是语篇中具有韵律意义的大尺度信息单元。贺玉勋、蒋冰清（2008），贺玉勋、肖建安（2008a，2008b）对语篇重音变异的认知理据进行了研究，认为"重音是心理概念信息价值的显性化，重音变异的实质就是调控听者注意状态"揭示了重音变异的心理机制。

通过回顾以往研究，可以看到前人大量研究了韵律单元和韵律特征的声学表现和认知机制，所使用的语料主要为朗读语料和自然口语，这也能更准确地考察韵律特征在真实会话中的表现和功能。另外，研究者结合信息结构理论、向心理论和修辞结构理论等理论进行了语篇韵律特征的接口研究，均取得了丰富的成果。然而，尽管部分领域已开展接口研究，如修辞结构与不同的篇章类型、衔接信息、声学表征以及认知领域的接口等，但目前与韵律相关的接口研究数量所占比重仍较少，各家研究所采用的语料和理论框架差异较大，造成研究结果的系统性欠缺。此外，前人对汉语韵律的研究多集中于韵律单元和韵律特征的声学表现，相关研究多基于大批量数据标注展开，但目前对韵律的标注缺乏完全统一的标准，可能对结果造成一定影响。就考察的单位而言，目前的研究多关注较低层级韵律单位的研究，对句间或超句范围内的韵律现象研究较少；就研究领域而言，更注重研究韵律和句法之间的关系，较少研究语义与语用特征对韵律特征的影响；再者，上述研究中考察的均为最基本的语篇层面信息，若将语篇的结构和语义和语用信息进行更为细致和系统的分类，并在此基础上开展韵律接口研究，研究结果将更具有理论和应用意义，也更有助于我们全面、系统地了解语篇与韵律的关系。鉴于以上分析，研究在下面部分中，以依存语法、回指结构、修辞结构、向心理论、话题和话题链以及信息结构为出发点，在统一的理论框架下，以语篇重音和停顿时长分布为主要参数，系统和全面地考察其对语篇韵律特征的影响作用。

第二节　依存语法与韵律特征接口研究

一　引言

依存关系是句法分析的一个重要方法，是自然语言处理研究中的重要内容，在中文语义研究中发挥着越来越重要的作用。因为中文与英文等其他语言有明显区别，中文没有严格意义上的形态变化，不同词类之间的界限不十分明显，这使中文依存关系研究更为困难。在早期的句法分析研究中，采用的处理方法主要是基于规则的算法。语言学家认为，所有人类语言的构造都是有层次的，层次结构可以用规则的形式表示出来，而这些规则的集合就是语法（李正华，2013；宗成庆，2013）。对于一句话来说，给定了这句话，那么就能够通过语法（或规则）推导出它的句法结构。然而，规则的获取是一个耗时耗力的过程，需要语言学家的支持。而且，这种方法的开发效率比较低，很难找到提升效率的途径，后来出现了基于统计的方法。基于统计的方法效率较高，可移植性较好，受到了越来越多研究者的关注。以往的诸多研究证明了统计的方法更加优越（McDonald and Nivre, 2007）。可以说，以往关于依存语法的研究，在文本角度发展迅速，对于汉语而言诸多学者构建了汉语的依存关系树库，并基于树库开展了大规模研究，研究成果对中文语义研究具有重要意义。但是，依存语法的研究主要在文本上开展，很少涉及与韵律的接口问题，尤其是依存语法对语篇重音的分布影响和制约作用。

此外，汉语语句重音的研究成果具有重要且广泛的应用领域，例如可以用于汉语信息处理，为文语转换系统的完善提供帮助，为语音合成、识别和理解提供理论上的支持，以调整合成语音的韵律特征，提高合成语音的自然度。近年来，语音研究中，语篇接口研究已取得了较多成果。上文研究也指出，以往的接口研究，其理论体系较单一，也不够全面。此外，从依存语法与韵律接口角度开展的研究也较少。综上所述，本部分主要在依存语法的框架下，探讨语篇韵律特征。主要考察不同句法成分对语篇韵律的影响和制约作用。研究结果对语法与韵律的接口研究意义重大，可以加深对汉语韵律研究的理解。

二 语料标注与研究方法

本研究所采用的韵律特征为重音和时长，考察不同类别的依存关系对重音分布的影响，以及时长对重音的预测作用。根据第三章介绍的依存关系标注方式，本研究从 ASCCD（Annotated Speech Corpus of Chinese Discourse）语料库中挑选了 18 篇由 10 名发音人朗读的语料。标注内容由依存关系标注和韵律信息标注两部分组成。其中，依存关系在"we-Check"[①] 工具上标注，韵律信息则在 Praat 上直接标注。重音等级使用 C-ToBI 符号集标注，标注于重音层，被划分为"0、1、2、3"，共 4 个等级，分别对应非重读音节、韵律词中的最重音节、次要韵律短语（韵律短语）中的最重音节、主要韵律短语（语调短语）中的最重音节。由于依存关系的标注带有方向性，因此无法按照回指结构、修辞结构、信息结构、向心结构以及话题链的数据标注方式，将在文本上标注的信息直接放入 Praat 中，因此，数据提取较上述研究而言更复杂。

---

① 详细介绍见第三章标注工具介绍部分 3.10.2.1。

韵律特征提取的第一步是重音的提取，提取出的重音将为后面基于依存句法的重音分布的研究做准备。因为要研究重音和依存句法结构之间的关系，所以重音的提取必须要和依存句法关系中的最小分词单元①相互对应。换言之，应该提取出依存句法关系中哪些分词词语有重音的分布。因为依存句法关系是以句子为单元进行分析的，所以很自然地要求以句子为单位找出每一句话中的重音所在，但 ASCCD 语料库的朗读语音和标注信息是以段落为单元进行的，因而还需要额外的工作将提取的重音投影到依存句法分析的每一句话中。该问题可以利用 Praat 脚本来解决。在本研究中通过 Praat 脚本提取出重音对应的拼音的编号，然后将获得的重音分布从段落中映射到每个句子上。也就是说，在一段话中，为每一个拼音添加一个对应的编号信息，这里并不是真正的标注，而是逻辑上的分配。第一个拼音对应的编号记为"1"，后面的编号依次累加。

韵律特征提取的第二步是将提取出的重音位置（即上一步中提取出的拼音序号）对应到以句子为单位的依存句法关系之中。这个步骤所面临的难点是，重音位置是以段落为单位，然而句子的依存句法关系的处理单位是句子，所以需要完成由段落到句子的转换。实现的结果是要成功地在依存句法关系之中找出哪些词语具有重音。由于在一句话中汉字可能会有重复，所以本研究使用词语的编号来记录获得重音的词语。

韵律特征提取的下一重要步骤便是时长的提取与归一化。时长的提取是为了研究基于依存句法关系下，重音与"超音段特征"（时长）的关系。在时长的提取中，归一化操作是必不可少的。影响音节时长的主要因素包括音段固有时长、声调、重音、在韵律单元中的位置以及语速等，为了让分析的结果更为合理，本研究把声调和音段当作随机变量，以此为前提，通过大量实验语料对其影响进行平衡；同时，对不同位置音节时长和语速分别进行归一化处理。

首先以语调短语为单位对语速进行归一化。通过下面的公式求出每个音节的相对时长：

---

① 分词的最小单位是有意义的最小单元词语，是不能再切分的最小单元。

$$T_R = T/\bar{T}_I$$

式中，T_R 表示音节的相对时长，T 表示该音节的原始时长，$\bar{T}_I$ 表示该音节所在语调短语的音节的平均时长。

接着，需要在语速归一化的基础上，对位置进行归一化。本研究对每个处于韵律词词首、韵律词中间、韵律词边界、韵律短语边界和语调短语边界的音节分别进行归一化。归一化方法同前面语速归一化相同。通过上述两步归一化，得到了每个音节的相对时长。然后，用韵律词中每个音节相对时长的平均值作为该韵律词的相对时长，以排除干扰，保证后续分析中结果的正确性。

同时要注意的是，接下来还要以依存词为单位再进行音节时长的整合，之后对具有不同支配词和被支配词词数的依存单元，以及每一数量单位的依存单元进行时长归一。归一化的时长表示为：

$$X_{ij}^* = \frac{(X_{ij} - \mu_i)}{\sigma_i}$$

式中，μ_i 表示语料库中特定依存关系中统计出的当前词的时长参考值，σ_i 表示特定依存关系中统计出的时长方差。

通过以上操作可成功提取基于依存框架的重音和相对时长，为下一部分的实验分析提供数据支持。

为了进一步验证时长对重音的预测作用，我们将归一化的时长作为韵律参数，使用神经网络对语句重音进行分类。人工神经网络的长处在于分类和识别，神经网络采用加动量因子的反向传输学习算法，神经元的传递函数为"Sigmoidal 函数"[1]，网络结构是由输入层、两个隐含层及输出层组成的 4 层神经网，其中输入层的神经元代表时长参数，要对其进行归一化，使其分布在 [0，1] 或其附近。输出层有两个神经元，分别代表是否获得重音，其中"11"代表获得重音；"00"代表没有获得重音。

---

[1] f（x）=1/（1 exp（-x））神经元的非线性作用函数，其神经网络的学习基于一组样本进行（包括输入和输出），输入和输出有多少个分量就有多少个输入和输出神经元与之对应。

三 结果与分析

(一) 重音在依存句法关系中的分布

本部分主要考察不同句法成分重音分布的规律。上文详细介绍了重音的分类与标注，本部分主要综合考察不同类别成分重音分布的综合结果。根据统计的数据，研究首先得出了重音在 24 种句法依存关系中的分布比例。其中，"ADV"表示状中关系，"ATT"表示定中关系，"VOB"表示动宾关系，"SBV"代表主谓关系，"VV"表示连谓关系，"DE"代表"的"字结构，"COO"代表并列结构，"MT"代表语态结构，"IC"代表独立分句，"CNJ"代表并联结构，"POB"代表介宾结构，"HED"代表核心关系，"QUN"代表数量关系，"CMP"代表动补结构。[①] 具体结果如图 4—1 所示。

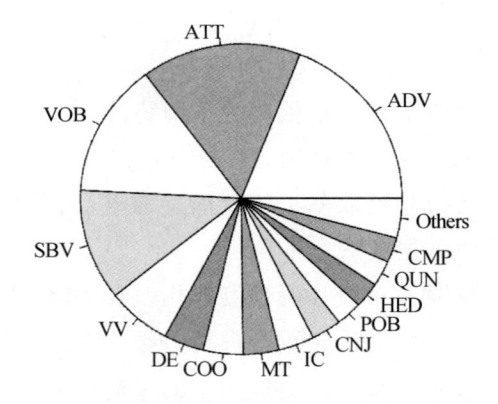

图 4—1 重音在依存句法关系中的分布

从图 4—1 中我们可以看到，在 ADV（状中）、ATT（定中）、VOB（动宾）、SBV（主谓）这四种关系中，重音的分布比例最大。其中，ADV（状中）、ATT（定中）关系获得重音的比例居于前两位，也即句子中的状中关系和定中关系更容易获得重音。这一结果与前人的研究成果基本相同。王韫佳、初敏等（2006）指出："如果句子有宾语，焦点重音

---

① 关于依存关系详细的符号集和含义见 3.3 部分。

倾向于落在宾语的附加语上。如果句子没有宾语，焦点重音倾向于落在谓语部分，但在谓语的附加语和中心词之间没有表现出显著的倾向性"，我们的结果看到，ADV（状中）、ATT（定中）重音比例最大与此有内在的一致性。此外，语言学界诸多学者认为语句重音在主谓结构中倾向于落在谓语部分上，谓语部分较复杂时，倾向于落在状语或补语上。宾语部分有修饰语（定语）时更倾向于落在定语上（高桥洋，1984；郭锦桴，199；曹剑芬，2003a；王丹、程宗军等，2007）。本研究结果支持这一结果。另外，本研究结果还表明：状语部分得到的重音要明显多于补语部分。

（二）依存关系内部重音分布

上部分研究中主要考察了重音在不同句法成分上的总体分布，在本部分中，主要考察依存句法关系内部重音的分布规律，即重音可能出现在支配位置上，也可能出现在被支配位置上。图4—2揭示了支配词获得重音的概率，图中符号含义与图4—1相同。

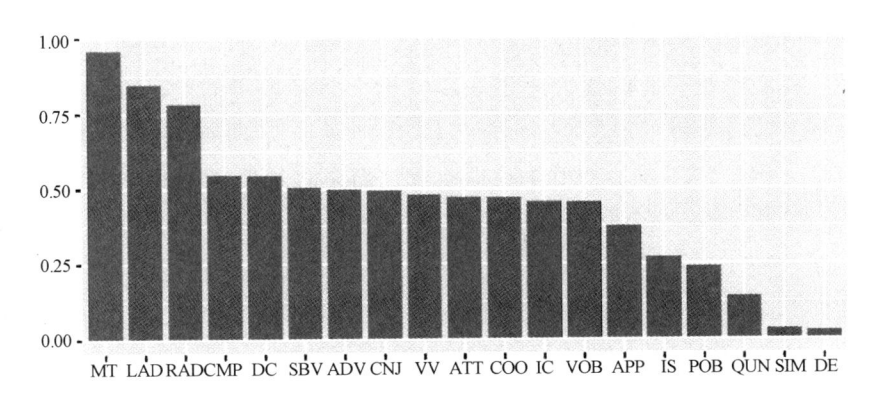

图4—2 在具体依存关系中重音出现在支配词位置的分布比例

从图4—2中我们可以看出，支配词上更容易获得重音的依存关系共包括五种：MT（语态结构）、LAD（前附加关系）、RAD（后附加关系）、CMP（动补）、DC（依存分句）；支配词获得重音的概率接近50%的关系主要包括三种：SBV（主谓）、ADV（状中）、CNJ（并联结构）；略小于50%的包括五种关系：VV（连谓）、ATT（定中）、COO（并列）、IC（独立分句）、VOB（动宾）五种；明显小于50%的关系有APP（同位）、

IS（独立结构）、POB（介宾）、QUN（数量关系）；接近于"0"的包括五种关系：DI（"地"字结构）、SIM（比拟）、DE（"的"字结构）、HED（核心关系）、DEI（"得"字结构）。

其中，MT（语态结构）描述的是中心词和语态助词的关系，LAD 和 RAD 分别是前附加关系（如并列结构中的"和""或"）和后附加关系（如"一百多斤"中的"多"）。结果表明，MT（语态结构）关系中，处于被支配地位的语态助词很少获得重音，甚至几乎不获得重音。在 LAD 和 RAD 关系中，落在被支配词上的重音数比预想得要多，这很可能反映了语言事实就是如此。例如，"频率和强度"，其中，"和"与"强度"为 LAD（前附加）关系，"强度"为支配成分，"和"为被支配成分，"和"虽然是作为连词的虚词，但是它与"的""了"等这些作为助词的虚词并不一样，它的发音并非一带而过，而是带有一定的重量。在 RAD（后附加）关系中，"一百多斤"中的"百"和"多"为这种关系，其中"百"为支配成分，"多"为被支配成分，我们能够感到"多"并不是很虚的成分，而是可能需要着重说明的实义成分。总之，LAD 关系和 RAD 关系中的重音分配规律很可能与一般的预想不太一样，是很值得研究的问题，我们将在以后的研究中进一步分析。CMP 表示的是动补关系，哈工大标注体系将"得"字补语结构的"得"与动词的关系标注为"CMP"，但"得"字本身并不获得重音，而是"得"字后面的补语获得重音。因此，在"得"字补语结构中，补语重读的情况统计在了 DEI（"得"字结构）关系中，而非 CMP 关系中。例如，"跑得快"，依存句法关系是：[1] 跑_[2] 得（CMP）[2] 得_[3] 快（DEI）。如果重音在"快"，那么重音将会出现在 DEI 关系中。所以，在进行动补关系分析时，需将 DEI 关系和 CMP 关系放到一起来看，结果发现，支配词与被支配词获得的重音几乎是等比例的。也就是说，从依存句法的角度看，重音在两者之间没有明显的倾向性。在前人的研究中，诸多学者认为述补结构倾向于补语重（赵建军、杨晓虹等，2012；邓文靖、石锋，2015；冯胜利，2016；王丹、程宗军等，2007），而本研究的结果支持等重的观点。从图 4—2 中我们还可以看到，重音在 ADV（状中）中的分布也表现出前后等重的趋势，与现有研究，如王丹、程宗军等（2007）所得的"重音更倾向于落在状语位置"的结论并不一致；而在 ATT（定中）和

VOB（动宾）这两种关系中，重音更偏向于落在定语和宾语上，这一重音的分布情况与前人的研究具有较高的一致性（Duanmu，1999）。

此外，重音在POB（介宾）中的分布也契合了前人的研究成果，研究发现，在POB（介宾）中，重音不倾向落在介词上，这一结果与王丹、程宗军等（2007）的研究一致，该研究认为，介词结构为状语时，中心语获得重音。此外，在CNJ（并联结构）关系中，连词一般也不获得重音，而是其他成分获得重音。

上文研究中系统地考察了重音在支配和被支配位置的分布特征，研究结果与以往研究结果存在较多一致。在下文中，研究以时长为参数，在具体依存关系中重音出现在支配词位置并且支配词时长长于被支配词的分布比例，结果如图4—3所示，符号含义与图4—1一致。

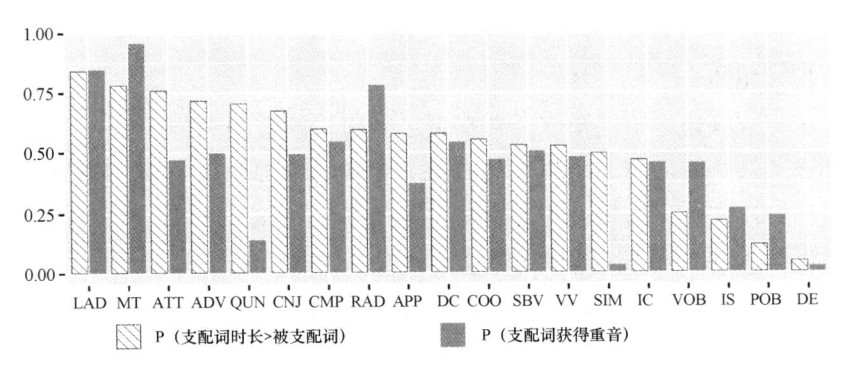

图4—3 在具体依存关系中重音出现在支配词位置并且支配词时长长于被支配词的分布比例

从图4—3中可以看出，在各依存关系中，支配词和被支配词获得重音的概率与时长的变化基本保持一致。在LAD（前附加关系）、MT（语态结构）、QUN（数量关系）、CNJ（并联结构）、CMP（动补结构）、RAD（后附加关系）、DC（依存分句）、COO（并列）、IC（独立分句）、VOB（动宾）、IS（独立结构）、POB（介宾）、DE（"的"字结构）依存关系中，支配词的时长较长，且获得重音的概率较高。这与前人的研究结果一致，之前学者的研究认为，重读音节时长的延长是短语重音的一个重要声学表现。

此外，我们还发现，在 ATT（定中）和 ADV（状中）结构中，支配词获得了更长的时长，但和被支配词相比，获得重音的概率却大致相同。这有悖于前人研究中修饰词更容易获得重音的结论，这一结果可能是由于修饰词居于句首位置，很难获得重音。在 QUN（数量）和 APP（同位）结构中，被支配词更容易获得重音，其时长却短于支配词，但这属于比较局部的现象，可能与朗读语料的局限性有关。

为了进一步验证时长对重音的预测作用，我们将归一化的时长作为韵律参数，使用神经网络按本节第二小节所介绍方法对语句重音进行分类。把人工标记的语句重音数据结果分为两部分，70% 的数据结果用于神经网络的训练，30% 用于测试，测试结果为 58.5%，该结果表明在依存结构中时长参数对重音的预测能起到一定作用，时长是重音的一种表达手段。

四 结论

本研究从依存语法角度，考察句法结构与语篇韵律特征的接口问题。以朗读语篇为研究对象，以重音分布位置和时长为参数，系统地考察了不同的句法成分，其重音分布和时长的变化。实验结果可为前人的相关研究提供佐证，从而阐释汉语语法对语音的作用。

从重音分布来看，重音在 ADV（状中）、ATT（定中）、VOB（动宾）、SBV（主谓）这四种依存句法关系中的分布比例较大，总比例高达 60%，这一结果和前人研究中得出的常规重音表现为"后重"的结论相一致（王韫佳、初敏等，2006）。从依存句法关系中各部分的重音获得情况来看，动补结构中的重音在中心语和补语上的分布没有表现出明显的倾向性，两者是等重的；在状中关系中同样也表现出了等重的倾向；在动宾和主谓关系中，重音稍微偏向于落在宾语和谓语上；状部分获得的重音要明显多于补语部分（这可能与语料有关，语料中状语的数量比补语多）；语气助词、前后附加词、连词、介词等虚词基本不获得重音。在由中心成分和修饰成分构成的依存关系中，我们发现修饰成分比中心成分要重读，这符合 Duanmu（1999）的理论：从所包含的信息量上来说，修饰成分比中心成分包含的信息量要大，因此偏正结构中修饰语常常要比中心语重。此外，研究借助神经网络验证了时长对重音的预测作用，发现时长参数在依存结构中对重音的预测能起到一定作用，是重音的一种表达手段。

上述结果表明，语篇重音在不同依存句法关系中分布不同，具体依存关系中重音分布亦不相同。该结果反映了句法特征对语篇重音分布的影响，证实了从依存句法的角度预测重音分布的可行性，并为进一步研究汉语语法对语音的影响作用提供了重要参考和研究思路，具有较强的理论意义。此外，该研究结果也具有一定的应用价值，一方面可服务于汉语语音合成系统的韵律规则设计，另一方面可为汉语作为第二语言的二语语音教学训练提供学习理论。

综合上述分析可知，在依存语法理论框架下对重音问题的研究，其本质是语篇中句子内部支配与被支配成分的句法特征对韵律特征的影响和制约，该部分是开展跨句韵律特征研究的基础。回指现象则涉及小句之间的实体关系，体现了语篇中句子之间不同成分对跨句的韵律特征的影响，下面，研究将对回指与韵律特征接口问题进行考察。

第三节　篇章回指与韵律特征的接口研究

一　引言

回指现象是语言学领域广为关注的话题。概括来讲，回指是用一个成分来指称之前出现过的成分，它是实现篇章连贯、衔接与简洁的重要途径。在汉语中，据其采用的具体形式，回指一般分为零形回指、代词回指和名词回指三种类型（陈平，1987a）。对于汉语篇章中的回指现象，很多学者从句法、语用、修辞及认知等多种角度进行了研究（参见徐赳赳，2003；许余龙，2003，2004；池昌海、曹沸，2012），加深了对汉语篇章回指的认识。虽然相关文献众多，但从语音角度对汉语篇章回指进行的研究还很少涉及。首先，篇章回指具有重大的句法、语义及语用意义，在这些方面仍有很多内容待探索，因此众多学者的研究兴趣主要集中在以上方面；其次，篇章中的回指关系复杂，并且存在多种潜在影响因素，增加了研究难度；最后，汉语中的回指有三种基本类型，回指形式众多，其应用也自由广泛，难以在语音层面归纳出一致的模式。尤其对于零形回指，普遍认为其缺乏外在形式而无语音表现。鉴于以上原因，汉语篇章回指的语音特征仍为未知。

本研究旨在从语音角度研究汉语朗读语篇中的回指现象。篇章回指的语音特征与篇章韵律密切相关，不论是在语言学领域还是在言语工程领域，从词、句韵律扩展到篇章韵律是汉语韵律研究的趋势。本研究从篇章中普遍且重要的回指现象入手，对汉语篇章韵律的研究具有重要意义。在应用方面，本研究将通过语音实验测量篇章回指形式的语音特征，数据结果不仅从语音角度加深对篇章回指现象的认识，而且还对篇章语音合成有所贡献。

二 语料标注与研究方法

本研究分为零形回指、代词回指与名词回指3部分。零形回指部分以位于分句首的零形式为主要研究对象，所采用的韵律特征为周围音节的重音等级与停顿时长，以探索其底层意义能否在语音上得以体现。代词回指以第三人称单数"他/她 ta"为研究对象，所采用的韵律特征为代词的基频值、时长与重音等级，以研究其在不同句法位置上的语音及韵律表现。名词回指对比位于分句首的回指形式与先行词之间的韵律特征，所采用的韵律特征为名词的重音等级与停顿时长。本研究从 ASCCD（Annotated Speech Corpus of Chinese Discourse, ASSCD）语料库中挑选了10篇由10名发音人朗读的语料，在 Praat 上开展标注，标注内容由韵律和篇章信息两部分组成。韵律信息包括停顿时长与各中心的重音等级，停顿标注于语句间静音段，其时长由脚本自动提取，重音等级使用 C-ToBI 符号集标注，标注于重音层（第4层），被划分为"0、1、2、3"，共4个等级，分别对应非重读音节、韵律词中的最重音节、次要韵律短语（韵律短语）中的最重音节、主要韵律短语（语调短语）中的最重音节；篇章信息则根据各类回指现象在篇章中的实现，标注出各类回指形式，其中零形回指研究标注有距零形回指形式、紧邻零形回指形式、第三人称代词回指形式与名词回指形式（详见表4—1），代词回指研究标注7类位于不同句法位置的代词（详见表4—2），零形回指研究标注回指词的位置（详见表4—1）。下面图4—4为回指在 Praat 的标注截图。

通过 Praat 脚本提取标注信息后保存为". xlsx"格式。在 Excel 中进行初步处理后，使用 SPSS 19.0 对已提取的数据进行统计分析，以判断不同篇章结构下韵律特征是否具有显著性差异。本研究以各类回指形式为

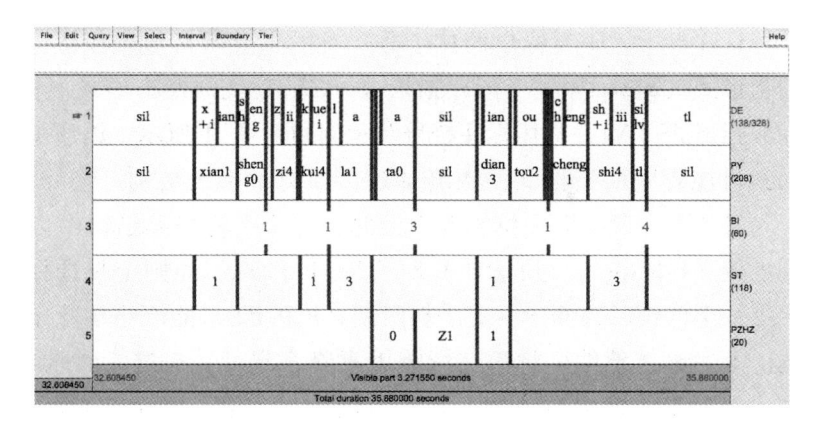

图4—4 标注示例

自变量，基频值、时长与重音等级等韵律特征为因变量分别进行配对样本 t 检验。

三 结果与分析

（一）零形回指

为尽可能排除篇章中其他因素的影响，本部分将实验对象缩小为位于分句首的零形回指。由于零形回指无外在形式，实验参数选取零形式处的停顿时长及与其相邻的前后音节的重音级别，通过与名词回指、代词回指进行对比，探索零形式能否在语音上有所体现。根据零形式与先行词之间的距离，本研究又将零形回指分为有距零形回指与紧邻零形回指两种形式：有距零形回指是指零形式与先行词之间存在其他成分；紧邻零形回指是指零形式紧邻先行词，之间仅由停顿隔开。①

---

① 零形回指的确定具有不同的判断标准（参见朱勘宇，2002；徐赳赳，2003），本研究以位于分句首的零形式为例进行研究，因此本研究中零形式的确定更与小句的划分密切相关，而学界对于小句的划分同样存有不同观点（参见徐赳赳，2003）。根据赵元任（2002），"一个完整句可以看作两个小型句的组合"，完整句的主语与谓语"中间隔着一个停顿，或一个可能的停顿，或以下4个停顿语助词之一：'啊'（'呀'）、'呐'、'么'、'吧'"。沈家煊（2012）对此做了进一步的解释："汉语里主谓齐全的单句如果中间用停顿或停顿助词隔开就变成复杂句，主语是一个分句，谓语是另一个分句。"因此，本研究以停顿这一明显的语音标记作为判断零形回指的重要标准。对于句中主语与谓语由逗号隔开的情况，本研究处理为两个小句，归为紧邻零形回指，即谓语之前存在零形式。

在标注文件中，研究标出的位于分句首的各类回指形式包括：有距零形回指形式（Z1）、紧邻零形回指形式（Z2）、代词回指形式（P）以及名词回指形式（N），具体标注符号及示例如表4—1所示。篇章中存在多种因素可能影响回指形式的语音体现，如篇章层级结构、修辞结构、连词、句子长度、回指形式位置等。因此，本研究将修辞结构中以及包含连词的例子排除在外，并且对于Z1、N、P和Z2，原则上只选择位于整句中第一个停顿后的例子。受语料限制，P和Z2未能严格按此条件进行筛选。上述选择条件可将潜在影响因素降至最低。在这4种情况中，回指形式的出现位置大致匹配，句法角色均为主语，因而具有可比性。实验材料中Z1、Z2、P与N的比例分别为31.7%、25%、20%和23.3%，具体示例见表4—1。

表4—1　　　　　　　汉语朗读语篇中不同回指形式举例

Z1（有距零形回指形式）	先生自愧邋遢，（Z1）点头称是。
Z2（紧邻零形回指形式）	日前忽然看到一篇文章，（Z2）让人茅塞顿开。
P（第三人称代词回指形式）	孙庆福兄妹7个，（P）他是老大。
N（名词回指形式）	1975年5月，（N）孙庆福和宋素梅经人介绍相识了。

根据标注情况，研究提取了以下信息：①P后音节PP的重音级别，代表代词回指形式之后成分的语音显著度。该音节与零形式后的音节处于对等位置，目的是对比回指形式的有无对其后成分的影响。②Z1、Z2后边界音节及P、N边界音节的重音级别，分别代表零形回指形式后、代词回指形式及名词回指形式边界音节的语音显著度。通过对比不同回指形式边界处音节的语音显著度，可以研究回指形式的有无对边界音节可能产生的影响。③Z1、Z2、P、N之前边界音节的重音级别，代表回指形式之前成分的语音显著度，用来研究不同回指形式之前成分的语音差异。④Z1、Z2、P、N之前的停顿时长，用以研究不同回指形式对边界停顿的影响。

本部分主要考察零形式后边界音节的重音级别对比，主要对比5组数据，即Z1与Z2后边界音节、P后音节PP以及P与N边界音节的重音级别。图4—5a纵轴表示每个发音人五组重音级别的均值，横轴表示发音人。图4—5b表示10个发音人这五组重音级别均值的总体分布情况。

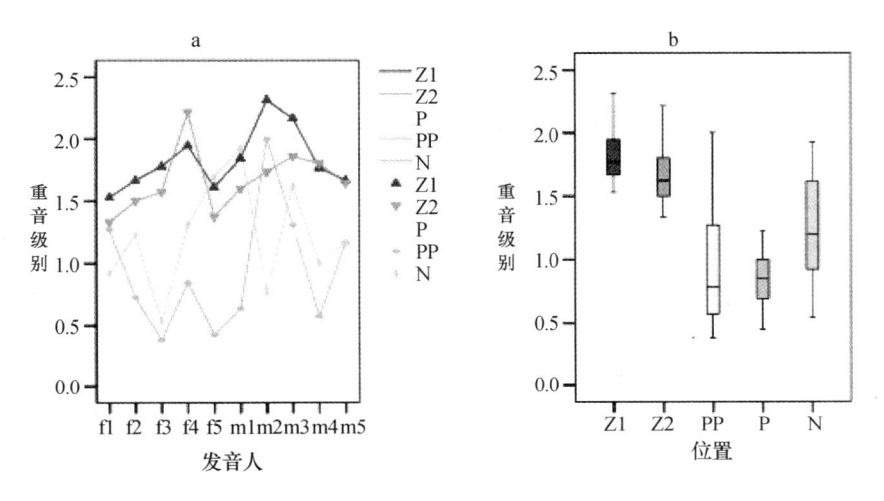

图4—5　Z1、Z2、P、PP、N处音节的重音级别均值及分布

研究结果显示：（1）Z1、Z2后边界音节的重音级别均值显著高于其他3组（$p<0.05$），表示零形式处的边界音节更为重读。零形式Z1、Z2后音节与代词回指形式P后的音节PP在句法处于对等位置，这说明回指形式缺失使零形式后的音节更为重读。同时，Z1、Z2后音节与P、N的边界音节均为分句首的边界音节，而Z1、Z2后音节最为重读，说明同样处于分句首边界位置，零形式后的边界音节比代词和名词回指形式的边界音节更为重读。因此，Z1、Z2后音节与PP的显著差异并非仅由边界效应造成。据此可得出，零形回指中回指形式的缺失可使其后音节的显著度显著提高，即零形式后的边界音节带有附加重音。实验结果显示，零回指形式虽无外在形式，但在语音上仍有所体现，这与之前的普遍观点有所不同。本研究认为，删除具体的回指形式并未将其语音特征全部删除，其底层的音节重量得以保留，并通过附于其后音节投射至表层。零形回指音节重量的投射过程如图4—6所示。首先，删除回指词的底层形式使其与音节重量的联系断开，然后这个漂浮的音节重量附于其后音节，使其在表层更为重读。该重读音节体现了零形式的存在，携带了其底层的意义信息。

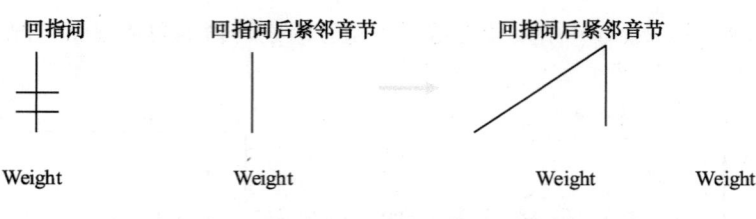

图 4—6 零形回指音节重量的投射过程

（2）Z1 后边界音节的重音级别均值显著高于 Z2 后边界音节（p < 0.05），表明有距零形回指的边界音节比紧邻零形回指的边界音节更为重读。Z1 与 Z2 后音节的差异表现了回指形式与先行词之间的句法距离与语义关系对其语音表现的影响作用。Z2 与先行词相邻，而 Z1 与先行词之间隔有其他成分，相比 Z2 而言更难以定位，因而需要通过提高语音上的显著性来帮助听者进行回指解析，这体现了重音在篇章中的语用作用。

本部分主要考察零形式前边界音节的重音级别对比，通过对比 Z1、Z2、P、N 之前音节的重音级别探索零形式前成分的重读情况。Z1、Z2、P、N 之前音节为回指形式之前分句的句末边界音节。图 4—7 为重音级别均值及分布。

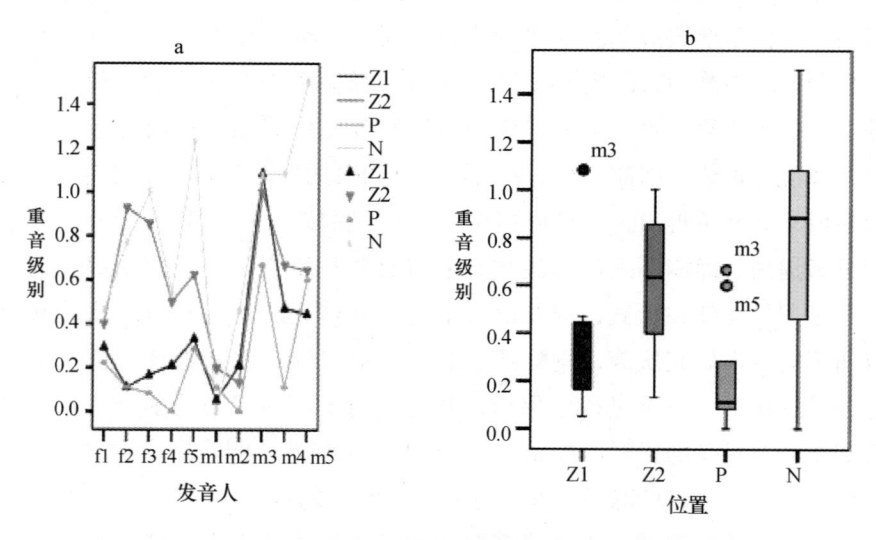

图 4—7　Z1、Z2、P、N 之前音节重音级别均值及分布

配对样本 t 检验结果显示：Z1、P 前音节分别与 Z2、N 前音节具有显著差异（$p<0.05$），而 Z1 前音节与 P 前音节、Z2 前音节与 N 前音节的差异并不显著（$p>0.05$），即 Z2、N 前的边界音节比 Z1、P 前的边界音节更为重读。对于零形回指，Z2 前音节的重音级别显著高于 Z1、P 前音节，本研究认为，是信息结构与词性起了重要作用。Z2 之前的成分为其先行词，在句法上为上一分句的宾语或是整句的主语部分，通常为引入篇章的新信息，根据新信息重读的普遍原则（参见 Halliday，1967），因而倾向重读。同时，由于回指形式的先行词为实词，而其他类型回指形式之前的成分呈随机分布，与所处篇章的具体内容相关，可能为实词，也可能为虚词，并无明显的模式。因此根据"实词重读"原则（参见 Hirschberg，1993），Z2 之前的成分应更为重读。

本部分主要以时长为参数，考察不同类别回指的时长差异。研究计算了每个发音人 Z1、Z2、P、N 之前停顿时长的中位数，由于本研究关注的上述四种回指形式的数量有限，比起平均值，中位数可排除极端数据的影响，更能反映数据的中间水平，因此该统计量更能代表数据的真实分布情况。图 4—8 为 Z1、Z2、P、N 之前停顿时长的中位数以及总体分布情况。

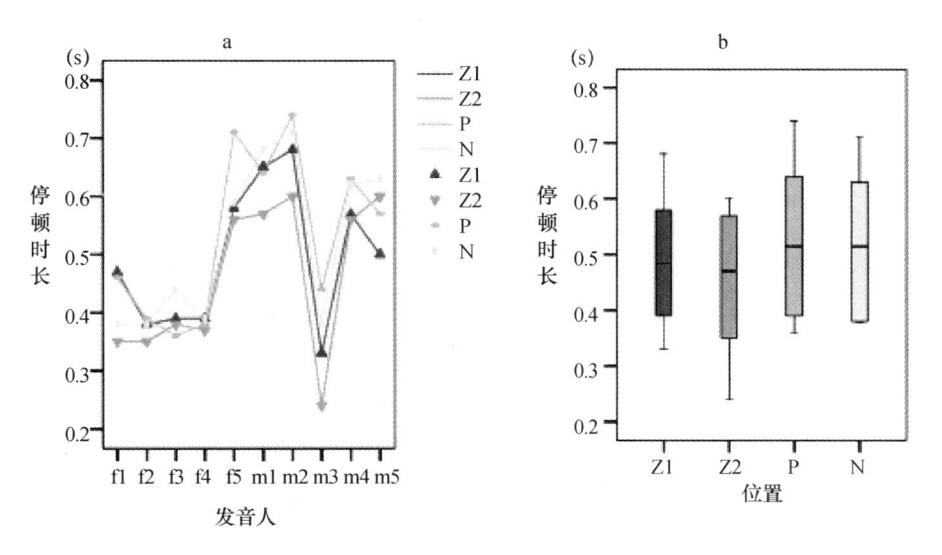

图 4—8　Z1、Z2、P、N 之前停顿时长的中位数及其分布

配对样本 t 检验分析表明 Z1 与 P、N 之间无显著差异（$p > 0.05$），Z2 前的停顿显著短于 P 和 N 前的停顿（$p < 0.05$）。根据实验设计，Z1、Z2、P、N 处于相同的篇章层次与句法位置，从图 4—8 中可以看出，不同发音人之间存在很大差异，这体现了发音人之间的风格差异。但是，对于每个发音人而言，这几种回指形式前的停顿时长分布模式基本一致，这说明处于相同篇章层次的停顿分布具有稳定性。对于 Z2 与 P 和 N 的差异，与其后边界音节的重音级别模式相似，这一模式说明零形式前的停顿时长同样受到零形式与先行词之间句法距离和语义关系的影响。Z2 与先行词之间无其他成分，具有很强的连贯性，较近的句法距离及语义关系使 Z2 之前的停顿较短。这说明"停顿级别的大小，还是跟停顿两边的语音单元之间句法关系的松紧程度具有一定的关系。"（曹剑芬，2003a）

根据以上分析，对于分句首的零形回指形式可得到以下初步结论：①零形式后的边界音节更为重读，零形式底层的音节重量可附于其后音节投射至表层；两种类型的零形回指相比，紧邻零形回指形式后边界音节的重音级别显著低于有距零形回指形式。②对于零形式之前的成分，紧邻零形回指形式前边界音节的重音级别趋向高于有距零形回指形式前的边界音节，体现了新信息重读、实词重读的原则。③对于回指形式处边界位置的停顿时长，紧邻零形回指形式趋向比有距零形回指形式短，并显著低于其他回指形式。这一模式与句法距离和语义关系有关。

（二）代形回指

本部分以第三人称单数代词"ta"为例，以 F_0、时长和重音级别为研究参数，通过对比"ta"在不同句法位置的 F_0 与时长以及"ta"与前后音节的重音级别，研究汉语朗读语篇中代词回指的韵律特征及其影响因素。汉语中有三个第三人称单数代词，即"他""她"和"它"。这三个代词虽然字形不同，但具有相同读音，其声调皆为阴平调，音高曲线平，便于对 F_0 进行对比分析。同时，第三人称单数代词在语料中的出现频率也相对较高，有利于统计分析。本部分主要研究以下三个方面：①"ta"在不同句法位置的语音体现；②"ta"在句中的韵律模式；③相关影响因素。

根据代词"ta"所充当的句法角色（主语、定语、兼语、宾语）及其出现位置（句首、句中、句末），考虑到篇章结构，我们在标注文件中标出以下七种类型：段首主语 P1、句首主语 P2（位于句号后）、分句首主语 P3（位于逗号后）、句首定语 P4（后直接跟名词）、句中定语 P5（后跟"的"）、句中兼语 P6、句末宾语 P7。其中，P1—P4 位于句首或分句首，P5、P6 位于句中，P7 位于句末。语料中 P1—P7 的数量比例分别为 12%（P1）、12%（P2）、36%（P3）、16%（P4）、4%（P5）、16%（P6）和 4%（P7），具体示例见表 4—2。

表 4—2　　　　　　　七种句法位置的"ta"示例

P1	她（P1）试着做过小买卖，
P2	他（P2）认为，
P3	孙庆福兄妹 7 个，他（P3）是老大。
P4	她（P4）丈夫在民航系统工作，
P5	露出了他（P5）的"盒子炮"，
P6	看他（P6）动了真格，
P7	宋素梅不嫌弃他（P7），

根据标注结果提取出以下信息：①在 P1—P7 元音部分的基频曲线中平均取十个基频点，每个点的 F_0 值；②P1—P7 的时长；③P1—P7 的重音级别；④P1—P6 后音节 pP1—pP6 的重音级别；⑤P5、P6 前音节 bP5、bP6 的重音级别。

本部分主要以 F_0 考察不同类别回指的音高走势差异。通过分析语料发现，对于 P3，有两例涉及修辞表达，对于 P4，有一例"ta"为对比焦点，本实验分别将其选出作为 P3b 和 P4b 在下文进行单独分析。为对比 P1—P7 以及 P3b 和 P4b 的 F_0 表现，我们对每种情况中十个发音人的每个 F_0 值取均值，从而将音节时长因素归一。平均后的基频曲线见图 4—9，横轴为十个基频点。

通过观察可得：

（1）不同类型"ta"的 F_0 曲线大致分为三组：①位于句首及分句首的 P1—P4 为上层；②位于句中的 P5、P6 为中层；③位于句末的 P7 为下层。对上层与中层临界处 P2 与 P5 的 F_0 以及中层与下层临界处 P6 与 P7

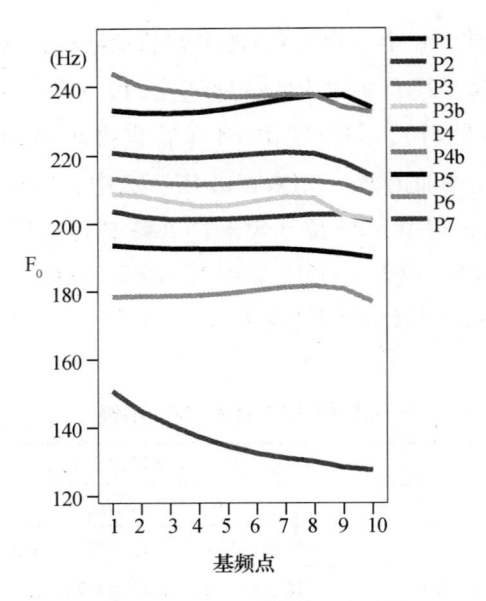

图 4—9　F_0 均值曲线及分布

的 F_0 进行配对样本 t 检验可得，"ta"在句首位置、句中位置和句末位置的 F_0 差异显著（$p<0.001$），呈阶梯状分布。

（2）对于主语"ta"，同样在停顿后边界位置，段首 P1、句首 P2 及分句首 P3 存在显著差别（$p<0.001$），说明"ta"所在句子的篇章层次在其音高上也会有所反映，但其音高表现与篇章层次又不完全一致，下文会加以讨论。

（3）对于句末 P7，F_0 曲线不仅最低，还有明显的下降趋势。

F_0 模式表明"ta"的音高与句法位置密切相关。"ta"的 F_0 在句首位置最高，在句中位置居中，在句末位置最低，即"ta"的 F_0 在句首、句中、句末呈"高—中—低"模式。边界效应以及说话时声门振动次数的衰减效应可解释这一模式。

本部分主要考察时长差异，图 4—10 为不同类型"ta"的音节时长均值，单位为秒（s）。

①对于主语"ta"，P1 明显长于 P2、P3，说明其所在句的篇章层级同样可以影响时长。②定语 P4 时长最短，定语 P5 长于 P4。首先 P4 与 P5 在句中处于不同的位置，再者，其附属或被附属的地位也会影响其时

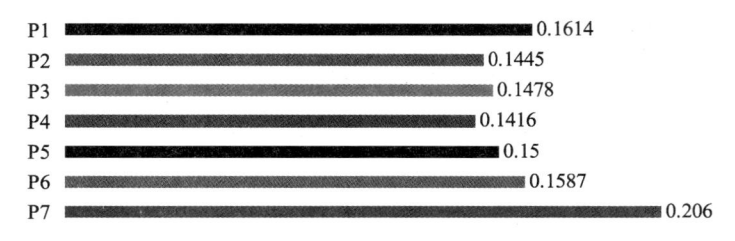

```
P1 ━━━━━━━━━━━━━━━ 0.1614
P2 ━━━━━━━━━━━━━ 0.1445
P3 ━━━━━━━━━━━━━━ 0.1478
P4 ━━━━━━━━━━━━━ 0.1416
P5 ━━━━━━━━━━━━━━ 0.15
P6 ━━━━━━━━━━━━━━━ 0.1587
P7 ━━━━━━━━━━━━━━━━━━━ 0.206
```

图4—10　P1—P7的音节时长均值（s）

长表现。P4附于其后成分组成更大的句法与韵律单元，因此在时长上有所压缩，而对于P5，则是"的"附于P5组成韵律词。③兼语P6的时长相对较长，说明其特殊的句法角色可影响"ta"在篇章中的时长表现。④宾语P7的时长最长，同样反映出句尾音节的边界效应。

本部分主要考察"ta"与韵律的关系。作为单音节语法词，"ta"在篇章中的语音表现与其所处的韵律环境有很大关系。通过重音级别分析，"ta"（P7除外）与其后相邻音节的组合存在四种韵律模式：①轻—重（"w-s"），即"ta"的重音级别低于其后音节；②重—轻（"s-w"），即"ta"的重音级别高于其后音节；③轻—轻（"w-w"），即"ta"与其后音节的重音级别均为0；④重—重（"s-s"），即"ta"与其后音节的重音级别均为1、2或3。这4种模式可进一步分为不对称模式（"w-s"与"s-w"）与对称模式（"w-w"与"s-s"）。对于不同类型的"ta"及其后音节，各种韵律模式的比例见图4—11。

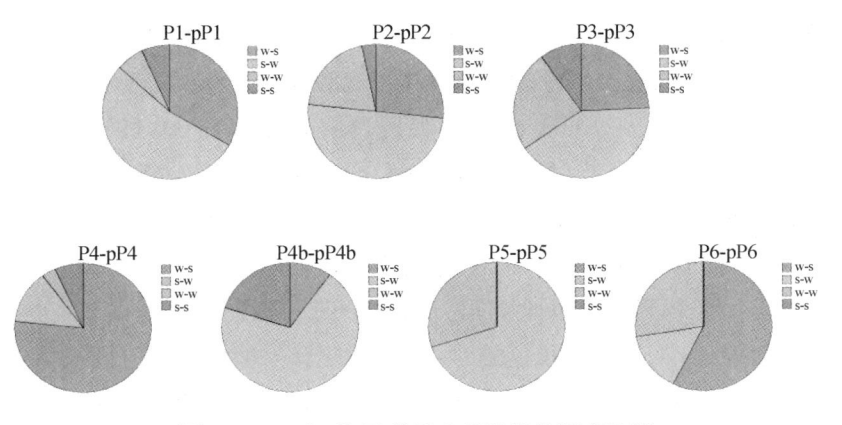

图4—11　"ta"及其后音节的韵律模式比例

根据数据可得：

①对主语 P1、P2 和 P3，"s-w"模式的比例明显高于"w-s"模式，说明"ta"在主语位置倾向于重读。②定语 P4 的首选模式为"w-s"，而定语 P5 的首选模式为"s-w"。P4 为已知信息，其后成分通常为新信息。此时 P4 附于其后成分构成一个韵律词，因此"w-s"为首选模式。而对于 P5，则是"的"附于 P5 而组合成韵律词，"的"为轻声，因此"s-w"模式为"ta"的固定韵律模式。③兼语 P6 首选"w-s"模式。信息结构是可能的一个原因，我们认为，整个句子的韵律整合起重要作用，下文会对此进行详细讨论。以上结果说明不同句法位置的"ta"具有明显的首选韵律模式。

在"ta"及其后音节组合中，70.8% 为不对称韵律模式，这一韵律模式反映了"ta"在句中的韵律整合，符合节律音系学中音节间的"相对重音原则"（参见 Liberman and Prince，1977），可以解释汉语节律的轻重差异。另外，29.2% 为对称模式，即全轻或全重，与"相对重音原则"不符。究其原因，首先，汉语与英语不同，有其自身的韵律特点，"重音的作用远不如西方语言重要"（林焘、王理嘉，1992），因此汉语轻重音的区分与感知不如英语等语言明显；其次，虽然轻与重是相对而言的，但人们在使用语言的过程中会对音节的轻重形成一个总体的感知标准，因此在判断时会出现相邻音节具有相同重音级别的情况。同时，这也体现了语言学理论的概括性与语言事实的多样性。

这里以兼语 P6 为例具体分析"ta"在篇章中的韵律整合过程。P6 及其前后音节 bP6、pP6 的重音级别均值见图 4—12a，横轴为发音人，图 4—12b 为均值分布。根据配对样本 t 检验结果，pP6 的重音级别显著高于 P6（$p = 0.03$），bP6 的重音级别具有明显高于 P6 的趋势（$p = 0.054$），因此，"s-w-s"模式为兼语 P6 与前后音节的首选模式。

兼语 P6 具有双重句法角色，既是之前动词的宾语，同时也是之后动词的主语。根据图 4—12，"ta"作为宾语倾向轻读，而作为主语则是倾向于重读。两个不同的规律对同一音节分配了不同的轻重属性，因此，宾语角色的"w"与主语角色的"s"模式便产生冲突，此时便会发生韵律整合以解决该矛盾。由于 P6 为已知信息，根据"已知信息不重读"的原则，也应采用"w"。而主语"ta"倾向重读与其处于边界位置也有很

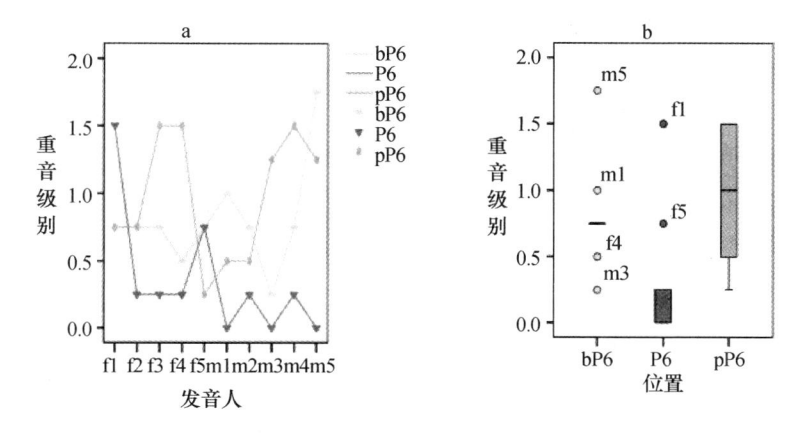

图4—12　bP6、P6、pP6 的重音级别均值及分布

大关系。此时，P6 首选"ta"。同时，为适应这一选择，P6 及其后音节 pP6 首选的"s-w"模式发生逆转，变为"w-s"模式，从而实现韵律上和谐的"s-w-s"模式。这一现象类似"节奏规则"（参见 Kiparsky，1979）。根据"节奏规则或抑扬颠倒原则"，"w-s"模式受其后强音节影响，发生逆转变为"s-w"模式，从而在整体上形成轻重交替的"s-w-s"模式。而这里发生的韵律模式逆转又有所不同，同一音节被两条规则分配了相互冲突的轻重两种属性，必须选用其中一种模式，而另一规则为适应该模式，需做出让步并加以调整以形成轻重音节交替，从而在韵律上实现和谐。兼语"ta"表现出的韵律整合模式反映了篇章韵律的自调节过程。

本部分主要关注影响因素，如上所述，P3b 涉及修辞表达，P4b 涉及对比焦点，以下进行单独分析。

1. 修辞表达因素

表4—3 为 P3b 涉及修辞表达的两例。图4—13 为 P3、P3b 与其后音节 pP3 和 pP3b 的重音级别均值及分布。根据配对样本 t 检验结果，P3b 与 pP3b、P3 与 P3b、pP3 与 pP3b 具有显著差异（$p<0.05$）。

表4—3　　　　　　　涉及修辞表达的"ta"示例

P3b	它（P3b）震撼着每一个人的心。
	它（P3b）绝不是一只荒野中的孤狼。

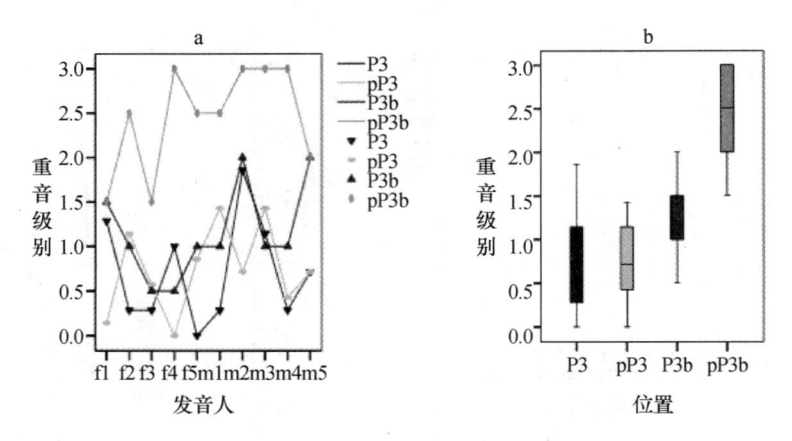

图4—13 P3、pP3、P3b、pP3b的重音级别均值及分布

分析数据可得：

①P3b的重音级别显著高于P3（p<0.01），"ta"后音节pP3b显著高于pP3（p<0.01）。时长分析显示P3b的平均时长（0.1847s）明显高于P3（0.1478s）。说明在修辞表达情况下，"ta"的时长增长，"ta"与其后音节的重音级别增高。②比起正常情况，pP3b重音级别升高的幅度大于P3b，说明修辞表达可使"ta"及其后音节的轻重对比显著升高。③根据图4—11，正常情况下P3与pP3首选"s-w"模式，而在修辞表达中则采用"w-s"模式，重音模式逆转，说明修辞主要由"ta"后面的成分承载。

2. 焦点因素

定语P4b为对比焦点，见表4—4。图4—14a为P4以及其后音节pP4的重音级别均值、P4b以及其后音节pP4b的重音级别，图4—14b为均值分布。根据P4、pP4、P4b和pP4b的配对样本t检验结果，以下几组具有显著差异：P4与pP4、P4b与pP4b、P4与P4b、pP4与pP4b（p<0.05）。

表4—4　　　　　　　　"ta"作为对比焦点示例

| P4b | 3家人合住一套3居室的单元房，她（P4b）家住的这间最大， |

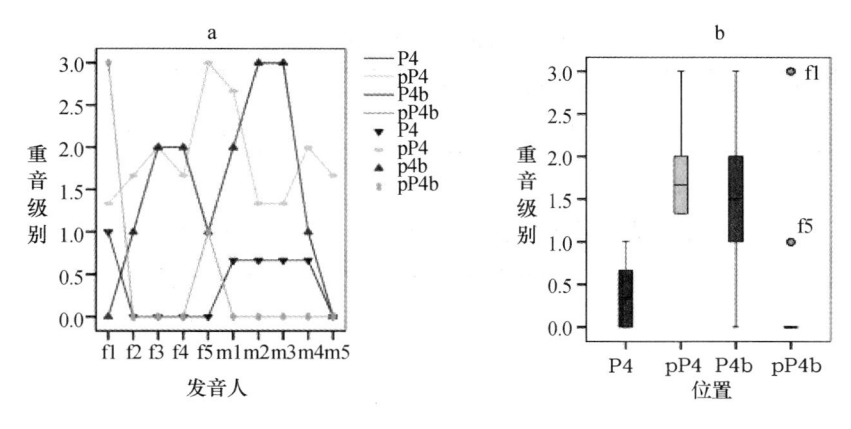

图4—14 P4、pP4、P4b、pP4b 的重音级别均值及分布

根据分析可得：

①焦点"ta"P4b 的重音级别显著高于 P4，焦点"ta"后音节 pP4b 的重音级别显著低于 P4b，时长分析显示，P4b 的时长（0.1659s）明显高于 P4 的平均时长（0.1416s）。这说明当"ta"为对比焦点时，其时长增长且重音级别升高，其后音节的重音级别大幅降低；②正常情况下，P4 与 pP4 为"s-w"模式，而在焦点情况下 P4b 与 pP4b 则为"w-s"模式，说明当"ta"为对比焦点时，获得焦点重音，"ta"及其后音节重新进行韵律整合，轻重模式反转。

本部分以第三人称单数代词回指形式"ta"为例，研究了汉语朗读篇章中代词回指的语音表现及影响因素。根据以上分析，对于第三人称单数代词回指形式"ta"可得如下结论：①"ta"的音高与时长表现与其句法位置密切相关，且"ta"在停顿后边界位置的语音表现受所在句篇章层级的影响；②"ta"在不同句法位置与周围音节具有不同的首选韵律组合模式；③修辞表达与焦点因素为影响"ta"的语音表现及韵律模式的重要因素。

（三）名词回指

本部分通过对比名词回指形式与先行词的重音级别及其前的停顿时长，研究汉语朗读语篇中名词回指的语音特征。同样，为降低篇章中的其他因素的影响，实验中选取整句中第一个逗号后分句首的名词回指形式以及先行词。在标注文件中标出名词回指形式 N 以及先行词 A 两者的比例分别为 53.8% 与 46.2%，具体示例见表4—5。

表 4—5　　　　　　　　名词回指形式 N 与先行词 A 示例

N	1975 年 5 月，(N) 孙庆福和宋素梅经人介绍相识了。
A	广场成了红旗与横幅的海洋，(A) 歌声此起彼伏。

根据标注结果提取以下信息：①N 和 A 边界音节的重音级别，用来代表名词回指形式与先行词的语音显著度；②N 与 A 前的停顿时长。

图 4—15 表示 N 与 A 边界音节重音级别的均值及分布。

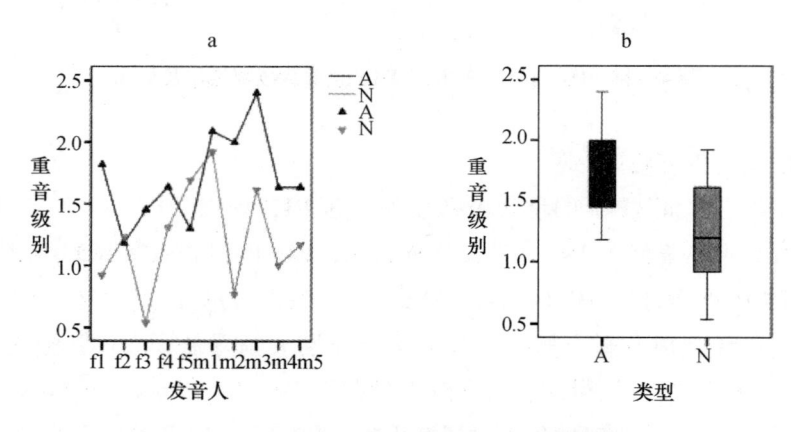

图 4—15　N 与 A 边界音节重音级别均值及分布

配对样本 t 检验结果显示：N 的边界音节的重音级别均值显著低于 A 的边界音节（$p < 0.05$），说明名词回指形式比起先行词要轻读。N 为名词回指形式，为篇章中已经提及的已知信息，而 A 为先行词，是篇章中第一次引入的新信息，这一差异也反映了"新信息重读、已知信息不重读"的原则。

下面图 4—16 表示 N 与 A 前停顿时长的中位数及分布。

配对样本 t 检验结果显示：先行词 A 前的停顿时长显著长于名词回指形式 N 前的停顿时长（$p < 0.01$），本研究认为，这同样是信息结构造成的差异，信息结构不仅影响重音表现，而且还会影响停顿时长。这一结果验证了前人关于篇章停顿的研究结果。在篇章中，新话题之前的停顿更长，同一话题的语调短语间的停顿最短（参见 Grosz and Hirschberg, 1992; Swerts and Geluykens, 1993; Hirschberg and Nakatani, 1996;

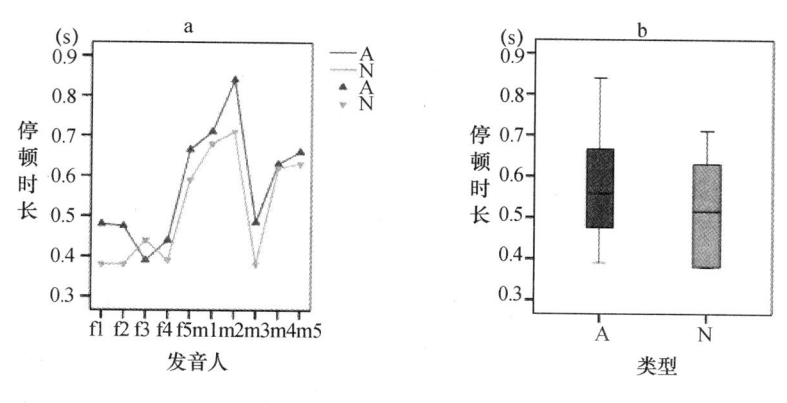

图4—16　N 与 A 前停顿时长的中位数及分布

Swerts，1997）。

根据以上分析，对于分句边界处的名词回指形式可得：①先行词比起名词回指形式要重读；②先行词前的停顿时长显著长于回指形式前的停顿时长。这一模式反映了篇章中的信息结构，体现了重音与停顿在朗读语篇中的语用功能。

四　结论

本部分研究通过语音实验分析了篇章回指的语音表现，从语音角度加深了我们对篇章回指的认识。对于零形回指，研究结果表明零形式后的边界音节更为重读。据此，研究初步提出了零形式底层音节重量投射的观点。虽然零形回指缺乏外在形式，但其底层的音节重量可附于其后音节投射至表层，从而体现出其底层意义。这类似于自主音段音系学中的特征扩散，删除 X 空位却并未删除其所有特征，自主音段特征可保留变为漂浮特征，通过相邻音段得以体现。但音节重量投射又有些不同，因为其底层形式并不确定，可能是代词，也可能是先行词的完整或引申形式。因此，这里的音节重量为总体特征，属于并不确定的单音节或多音节词，既不在音段层面，也不在语调层面。这一现象体现出语音的补偿作用，删除的成分可以通过重读其周围成分得以补偿。紧邻零形回指与有距零形回指对其前停顿时长与其后音节重音造成的语音差异，则反映了句法距离与语义关系对语音的影响作用。

代词回指部分的实验结果表明，代词回指形式在篇章中的语音与韵律表现与句法位置和篇章层级相关。该部分着重考察了"ta"与周围音节的韵律模式，以兼语为例解释了韵律整合现象，并讨论了修辞表达与焦点因素的影响。

名词回指的结果模式表明，分句首的先行词不仅比名词回指形式更为重读，其前的停顿也长于名词回指形式前的停顿。

进一步对比回指先行词与零形式、代词回指形式前边界处的音节重音，发现（见图4—7）先行词边界音节的重音级别显著高于代词回指形式（$p<0.01$）与名词回指形式，而与两种零形式的边界音节无显著差异（$p>0.05$），该结果进一步印证了零形式处的边界音节更为重读，其重读程度与分句首新信息的重读程度相当。对于停顿时长，先行词前的停顿时长显著长于Z1、Z2、P、N之前的停顿时长，而Z1、P与N相互之间无显著差异。A为新信息，其余各种回指形式为已知信息。这些结果表明，出现在篇章分句首的新信息不仅重读，而且之前的停顿也有所加长，从而进一步印证了信息结构对停顿时长的影响作用。

回指形式的重音以及前面停顿的时长表现体现了重音及停顿在朗读篇章中的语用功能。重读零形式处的边界音节可提示零形回指形式的存在，以帮助听者进行回指解析。边界处先行词之前的停顿加长可以帮助听者有效接受篇章中的新信息。以往对汉语中停顿语用功能的探讨均在口语言语交际中进行（李芳兰，2009），而朗读篇章也是一种重要的言语行为，其目的是传达篇章中的信息。虽然朗读篇章中无朗读者与听者的互动，但说话者仍会以听者为中心，关心篇章的易理解性。因此，对于即将引入的新信息，朗读者为听者预留出足够的反应时间，以帮助听者更好地理解朗读内容，从而有效地传达篇章内容。

本研究的发现对篇章语音合成具有应用价值。合成篇章的自然度与篇章的韵律特征高度相关，音高、时长与停顿均为反映韵律的基本声学参数。本研究对三种回指类型进行细化研究，得出了音高、时长、重音级别及轻重模式的量化结果。边界处的重音与停顿不仅反映所在句篇章层级，对于篇章层级相同的分句，边界音节的重音级别以及前面的停顿时长也与句法、语义和信息结构有关。同样处于分句首，各类回指形式具有不同的语音表现，对于零形回指，零形式与先行词之间的距离也会产生语音差异。除了重音，停顿对篇章韵律与节奏的作用同样不容忽视。张逸屏、黄竞亿等（2003）指出，停顿时长是合成语音品质的重要决定条件之一，恰当的停顿时长可优化合成语音的节奏与流畅度。他们根据汉语中不同标点符号所对应停顿的时长分布，在语音合成时根据分布特征为特定符号对应的停顿随机分配时长，取得了较为理想的效果。对于分句间的停顿，本研究显示停顿时长与信息结构相关，当句首为新信息时，前面的停顿会有所延长，与其他情况的停顿分布相比具有显著差异。因此，对于篇章中特定位置逗号处的停顿时长，本研究根据信息结构与回指类型进一步细化出不同的分布，如将以上规律应用于语音合成可进一步优化合成效果。

关于 F_0 与重音感知方面，在研究代词回指时我们发现了 F_0 与重音级别不一致的情况，这一现象值得注意。对于"ta"在段首、句首、分句首位置上的语音表现，图4—17a为音高曲线，图4—17b为重音级别均值分布。配对样本t检验的结果显示：P1的 F_0 显著高于P3，而P1、P2的重音级别无显著差异（$p>0.05$）；P2的 F_0 显著低于P3，而P2的重音级别均值（1.333）明显高于P3（0.714）。在P3和P3b中也同样观察到这一现象。根据图4—9所示，P3的 F_0 高于P3b，但根据图4—13修辞表达中的P3b的重音级别显著高于P3（$p<0.05$）。

该模式说明，虽然 F_0 是汉语中感知重音的重要参数，但其他因素也可能在重音感知中起重要作用，如时长和后面成分的语音显著度等。林焘、王理嘉（1992）曾指出"轻重音可以认为是音强、音色、音高和音长的综合表现"，在以上各因素中，他将音长的作用置于首位。更多研究发现，重音与音高更为相关（参见沈炯、Heok，1994；王茂林，2003；王韫佳、初敏等，2003）。许洁萍、初敏等（2000）认为，汉语语句重音的音高和音长之间存在互补关系。在上例中，P3b的平均时长（0.1847s）明显高于P3（0.1478s），但P2与P3之间的并不一致，P2的平均时长（0.1445s）并不长于P3（0.1478s）。另外，由于语料限制以及发音人的个人特征，统计结果可能会受到影响。实验中的"w-s"与"s-w"模式并未分别统计分析，因此发音人的个人选择差异也会通过均值运算影响统计结果。因此，关于 F_0 与重音感知的不一致现象有待进一步研究。

下面对潜在的影响因素进行进一步总结。

本研究中实验所得的结果模式总体一致，但也存在一些可能会造成

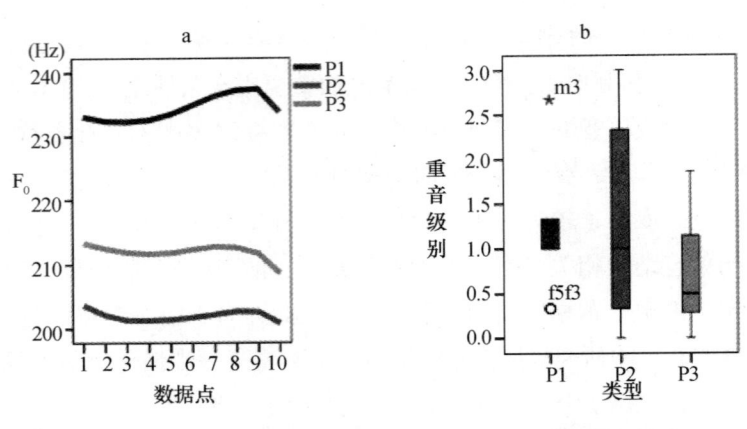

图4—17　P4、pP4、P4b、pP4b 的 F_0 均值及重音级别均值分布

误差的潜在因素。首先，如前所述，由于不同类型的回指在篇章中的出现频率不同，受语料限制，在零形回指的对比研究中未能遵循完全一致的选择标准，在代词回指的研究中，每种类型的数量差异较大。其次，由于本研究关注的是汉语篇章，实验材料为未加控制的文本，一些因素不能彻底排除，比如在代词回指部分，分析轻重音时并未进一步分析"ta"与前后音节是否属于一个音步。最后是重音级别为人工标注，这便存在标注的准确性与一致性问题，另外还存在多种因素可影响重音的感知，如元音音质、音调等（殷治纲，2011）。

除了以上因素，个人特征也是影响回指形式语音及韵律表现的因素。如图4—5对于发音人f4与m4，Z2的重音级别均值高于Z1；图4—7，对于m2与m3，Z1前音节的重音级别均值高于Z2前音节；图4—8中对于m5，Z2前的停顿时长中位数高于Z1；图4—12，对于兼语"ta"及前后音节，发音人f1和f5并未表现出"s-w-s"模式；图4—13，涉及修辞表达时，对于f4、m3，P3b的重音级别均值并未高于P3；图4—14，当"ta"为对比焦点时，发音人f1并未发生轻重模式反转。图4—15，对于f1和f5，N的边界音节的重音级别均值高于A；图4—16，对于f3，A前的停顿时长短于N前的停顿时长。除了与整体模式不符的个例，整体模式一致的发音人在表现上也存在不同程度上的差异。这些个人差异一方面可能由于个人习惯不同，另一方面录音环境与篇章语料也会影响发音人的发音同自然状态下有所不同。

尽管存在多种潜在影响因素，10位发音人的风格也各有不同，但发音人的数据结果模式非常一致，为本研究的解释提供了坚实基础。

研究从语音角度对汉语朗读语篇中的回指现象进行了系统的考察，对三种不同类型回指形式的音高、时长及韵律模式得出了较为一致的结果。基于结果，研究提出了零形式底层音节重量投射的观点，讨论了篇章韵律整合，并探讨了重音与停顿在朗读语篇中的语用功能。本研究可从语音视角丰富汉语回指的研究，加深我们对汉语篇章回指的认识与理解，并对汉语篇章韵律的研究有促进作用。研究属于语音层面与句法和语义层面的接口研究，充分展现了实验语音学研究方法对语法研究的促进意义。希望本研究可进一步促进语篇接口研究，并在语音合成方面有所应用。由于语料限制及多种潜在的影响因素，本研究所得结果可以通过设计语料、采用更精密的测量方法进一步分析验证，并在今后的研究中进一步扩展至自然话语。

综合上述分析，语篇的回指通过指称关系的变化构建了语篇之间的联系，但是其所涉及的句与句之间的语义衔接关系并不明确。因此，在下面研究中，将主要以修辞结构为出发点，进一步考察小句之间的衔接关系，即不同类型的语义组合关系，其对语篇韵律的影响和制约作用。

第四节　修辞结构与韵律特征的接口研究

一　引言

修辞结构理论（Rhetorical Structure Theory，RST）是颇具影响力的语篇分析理论之一，以其较为完善的理论体系和较高的标注信度在语篇韵律研究中发挥了重要作用。该理论是20世纪80年代由Mann和Thompson（1988）提出的，他们试图从功能的角度解读语篇的整体性和连贯性，通过对大量自然语篇所进行的详尽的分析，描写并归纳了小句间的修辞关系，发展了以功能语言学为理论支撑的修辞结构理论。

修辞结构理论包括三个重要的核心内容：第一，修辞结构理论的核心概念是修辞关系（rhetorical relation），修辞关系存在于两个语义互相不重叠但是又有明确语义联系的语段（span）之间；第二，依据交际意图的重要性，修辞关系分为多核心（multinuclear）关系和单核心（mononuclear）关系，语篇基本单元（Elementary Discourse Unit，EDU）分为核心句（nucleus）和卫星句（satellite）；第三，语篇的结构具有层级性（hierarchy）。

  关于修辞关系的分类，Mann 和 Thompson（1988）还提出了另一种分类方案，即在单核心关系和多核心关系的基础上，从表达侧重语义陈述或是语用效果的角度，把单核心关系分为两类，即信息性（Subject Matter）和表述性（Presentational）关系，其中信息性关系侧重描述客观事件的联系，表述性关系则侧重激发读者观点的产生或改变。Mann（2005）在 RST 的网站（http：//www.sfu.ca/rst/）上对关系集进行了补充更新。本研究基于所标注的汉语语篇特点，将关系集中的修辞关系扩充至 48 种，将其归类如下（单核心关系中，"﹣s"表示核心句在前卫星句在后，"﹣n"表示卫星句在前核心句在后；表中的顺序按在类型中所占的比重由大到小排序），详细信息见表4—6：

表4—6   所标注的48种修辞关系及其分类

多核心关系	信息性关系	表述性关系
罗列，序列 因果，对比 影响，问答 同一单元 评价，递进 或者，解读 时间—同时 反序列 陈述—回应 话题—评论	详述，环境 引述，评价﹣s 条件，方法 结果，解读﹣s 举例，方式 原因，可能性 时间—之后 目的，评论 偏好，比较 理由 时间—之前 影响﹣n，假设 问答，解读﹣n	背景 让步 重述 总结﹣s 对照 总结﹣n 结论 证据 使能 修辞问

近年来，修辞关系理论与语篇韵律的接口研究逐渐受到关注，但从这一角度出发的汉语语篇韵律研究还有待拓展和深入。下文按照修辞结构的理论参数对前人研究进行了总结，主要涉及四个方面：修辞结构的层级性，核心性，修辞关系及多因素与语篇韵律的关系。

第一，关于修辞结构层级性与语篇韵律的研究，随着语篇层级的升高，小句间的停顿时长越来越长，这一规律也在英语等语篇韵律的研究中得到证实。在这方面，汉语研究存有争议的是：小句间停顿时长的增加和减少是否有限度。前人研究中，为了便于统计，修辞结构层级通常被重新归类为"3"到"4"个层级（从层级"1"到层级"3"或层级"4"，数字越大越靠近语篇结构中的底层）。杨晓虹、杨玉芳（2009）以时长为参数，得出不同层级之间，时长分布存在显著差异，但是层级"1"和层级"2"之间不存在显著差异，这说明"边界处无声段的延长也是有一定幅度的"，"层级'2'之后虽然平均数有所增长，但是不再出现显著的差异"。然而，Zhang 和 Jia 等（2016）的研究结果是只有层级"2"和层级"3"之间的停顿时长不存在显著差异。也就是说，小句间的停顿时长（随着层级降低）的缩短也是有一定幅度的。关于这一点，目前没有进一步的研究和解释，有待进一步考察。

第二，在修辞结构核心性与语篇韵律的研究上，Yang 和 Yang（2012）分析了核心性对于小句音高的影响；Zhang 和 Jia 等（2014）系统地分析了停顿前后的核心性和核心组合对停顿时长的影响，但由于数据量较少，造成数据分析中某些范畴的缺失，其分析结果有待进行大规模数据检验。

第三，汉语语篇修辞关系与其相应的停顿时长的研究相对较少。陈玉东、吕士楠（2008）对三种语篇类型（记叙文、新闻评论和议论文）中修辞关系的频次进行了统计；Zhang 和 Jia 等（2014）对多核心，表述性和信息性三种关系类型在不同语篇类型和层级中的分布做了考察；但他们没有进一步分析三类修辞关系对于停顿时长的影响。Zhang 和 Jia 等（2014）在对核心性与停顿时长的关系进行解释时，提到评价（evaluation）、解读（interpretation）这两种修辞关系的停顿时长较长，但对其他修辞关系的时长分布却较少涉及。

第四，关于核心性、层级性和修辞关系类型这三类修辞结构参数，以往研究较少涉及其对停顿时长的共同作用以及三者之间的交互作用。只有在修辞层级性与核心性的交互作用方面，Zhang 和 Jia 等（2014）得出多核心关系中，句间的停顿时长并没有随层级的提高而加长。Zhang 和 Jia 等（2016）考察了三类语篇的三个层级中不同的核心组合对于停顿时长的影响，发现只有在说明文和记叙文中的多核心关系中，停顿时长才会受层级性的影响。也就是说，当考察不同修辞结构参数对于停顿时长的共同作用时，之前所得到的关于层级性或核心性的规律并没有完全体现出来，只在个别的统计类别中得到了体现。由于这些研究的数据量较少，细化到不同的统计类别中，数据量更少或有缺失，需要研究进一步检验。

　　从上述对修辞结构理论与语篇韵律的接口研究的梳理中，我们可以看到目前对于该领域的研究还不够丰富，且前人的研究中存在若干需要深入研究的方面：其一，已有研究使用的语篇数量和声学数据都比较少，需要在更大数据量基础上再次检验修辞结构的层级性、核心性与停顿时长的关系；其二，之前研究涉及较少，但重要的研究内容包括：①修辞关系对于停顿时长的影响；②修辞结构的层级性、核心性和修辞关系之间的交互作用及其对于停顿时长的共同作用。本研究从这两个角度入手，基于大规模数据，对修辞结构信息与语篇停顿时长的影响做出更为全面、系统和深入的分析，这对于加深我们对语篇韵律接口研究的理解，对推动基于语义的中文信息处理具有重要作用。

二　语料标注与研究方法

　　本研究所采用的韵律特征为停顿时长，将系统地考察不同修辞信息类型对停顿时长的影响和制约作用。根据第三章介绍的修辞结构标注方式，本研究从 ASCCD 语料库中挑选了 18 篇由 10 名发音人朗读的语料，标注内容由韵律和篇章信息两部分组成。韵律信息为停顿时长，在 Praat 上开展标注，停顿信息标注于语句间静音段，其时长由脚本自动提取；修辞结构的标注主要依据表 4—6 提到的 48 种修辞关系，首先在 RSTTool 上标注修辞结构（如图 4—18 所示），之后将修辞结构、小句的核心性（属于核心句还是卫星句）以及语段所在层级在 Praat 上标入对应位置。

图 4—19 为修辞结构在 Praat 里标注结果的截图。

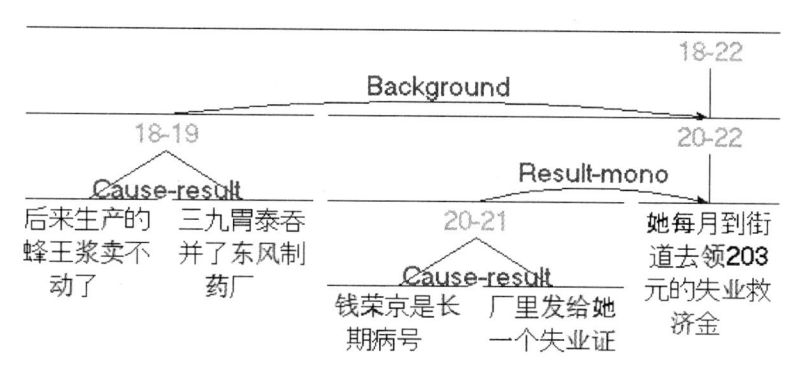

图 4—18　修辞结构标注示例

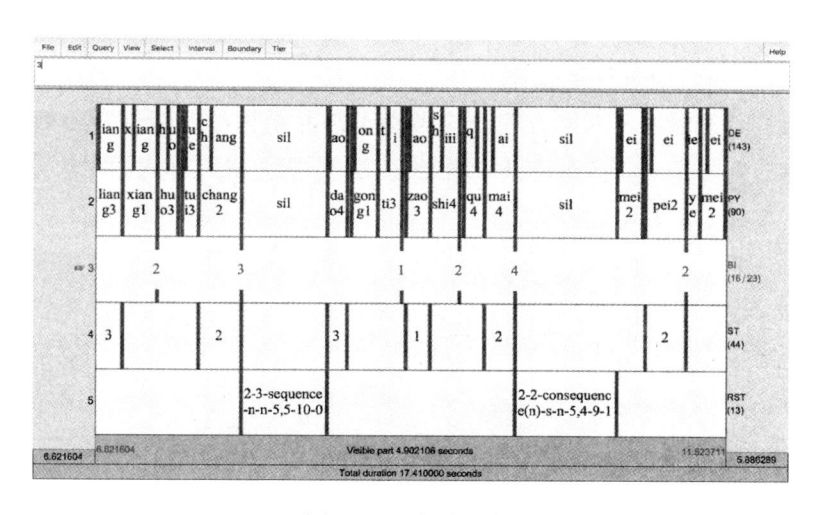

图 4—19　标注示例

通过 Praat 脚本提取标注信息后保存为".xlsx"格式，在 Excel 中进行初步处理后计算层级性。层级性是相关的两个语段（span）所在的层级之和，例如，图 4—18 中"background"（背景）这一关系的层级为 5（2+3），"result-mono"（结果）的层级为 5（3+2）。所标注的语篇层级分布在 2—20，为了便于统计，采取与之前研究者相同的方法，将其重新划分为 3 大层级（从层级 1 到层级 3，越来越靠近语篇结构的底层），这也便于同前人的结果进行更有效的比较。为了消除 10 位发音人间的个体差异，研究通过 Z-Score 对停顿时长进行归一化处理。公式如下：

$$z = (x - \mu) \div \sigma$$

基于 18 篇语料的标注，我们得到共计 7310 个有效样本。使用 SPSS 19.0 对已提取的数据进行统计分析，以判断不同篇章结构下韵律特征是否具有显著性差异。本研究以停顿前后的核心性为自变量、停顿时长为因变量开展独立样本 t 检验，以修辞结构的层级性与核心组合分别为自变量、停顿时长为因变量开展单因素方差分析，以修辞结构的层级性、核心性及其交互作用为自变量、停顿时长为因变量开展双因素方差分析，从而系统地考察变量间的相关关系。

三　结果与分析

（一）层级性与停顿时长

研究首先通过单因素方差分析考察了修辞结构的层级性对停顿时长的影响。如图 4—20 所示，其中横坐标表示层级，纵坐标表示时长分布：

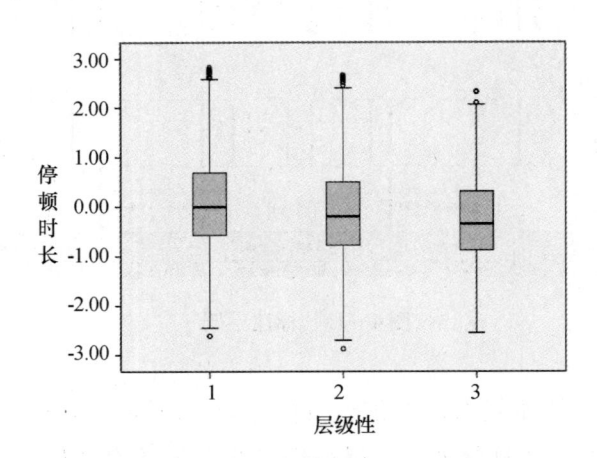

图 4—20　三个修辞层级的停顿时长

结果显示，修辞结构的层级性对停顿时长有显著影响（df = 2，F = 54.687，p < 0.005），越靠近语篇修辞结构的底层，小句间的停顿时长越短；反之亦然。这与之前的研究结论相一致。与前人研究结

果不同的是，三个修辞层级的停顿时长，两两之间均具有显著差异（p<0.005）。在杨晓虹、杨玉芳（2009）的结果中，层级"1"和层级"2"的停顿时长无显著差异；Zhang 和 Jia 等（2016）的结果中，层级"2"和层级"3"的停顿时长无显著差异。本研究基于更大的数据量，证实了前人的统计结果，此外，与杨晓虹、杨玉芳（2009）"边界处无声段的延长也是有一定幅度的"这一结论不同，这说明层级性对与停顿时长的作用比较强。

（二）核心性与停顿时长

1. 核心句和卫星句

首先，本研究运用独立样本 t 检验考察停顿前后的核心性对停顿时长的影响，如图4—21 和图4—22 所示。横坐标表示核心性类型，纵坐标表示停顿时长分布：

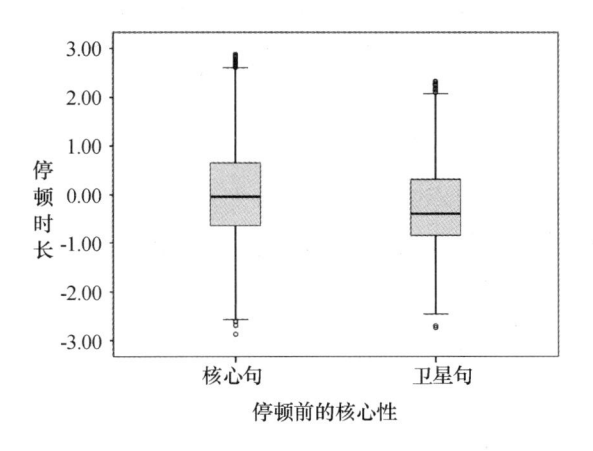

图4—21 停顿前核心性对停顿时长的影响

如图4—21 所示，停顿前语段的核心性对停顿时长具有显著影响（t=11.774，df=3922.949，p<0.005），如果停顿前为核心句，停顿时长比前面为卫星句时，时长更长；图4—22 显示停顿后语段的核心性对停顿时长具有显著影响（t=-14.351，df=3458.455，p<0.005），但与停顿前的核心性不同的是，停顿后为卫星句，停顿时长比核心句更长。

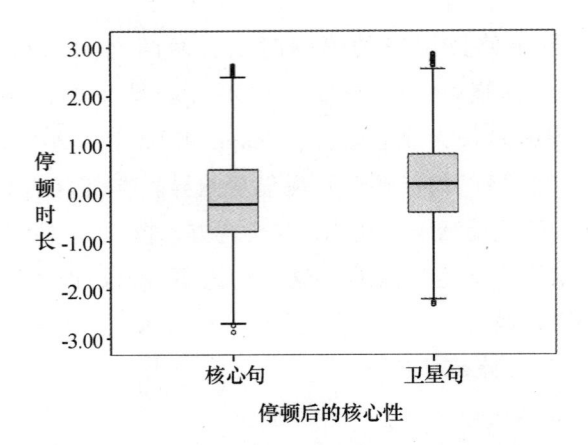

图4—22　停顿后核心性对停顿时长的影响

2. 核心组合

按照核心句（Nucleus，N）与卫星句（Satellite，S）的不同组合情况，修辞关系可分为多核心（NN）、单核心两类，其中单核心可分为核心句在前（NS）、卫星句在前（SN）两类。从核心组合的角度来看，核心句对其后的停顿时长有延长作用，即核心组合 NN 和 NS 的停顿时长大于 SN；卫星句对其前的停顿时长有延长作用，即核心组合 NS 的停顿时长大于组合 NN 和 SN 的停顿时长。因此，研究进一步考察核心组合对停顿时长的影响。结果如图 4—23 所示，横坐标表示核心组合的类型，纵坐标表示停顿时长的分布：

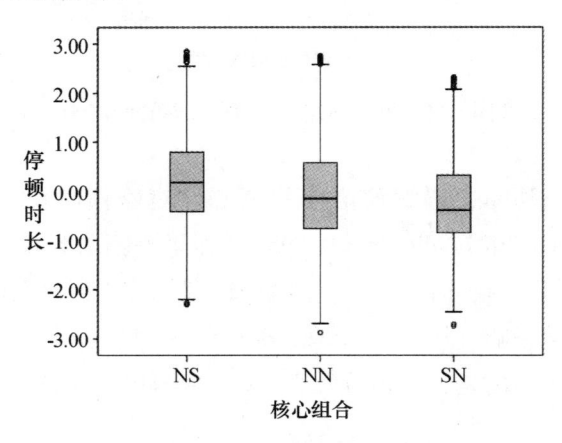

图4—23　三个核心组合的停顿时长

三个核心组合的停顿时长排序可以从结果中推论得出，停顿前的核心句对停顿时长有延长作用，停顿后的卫星句对停顿时长有延长作用，所以，组合 NS 的停顿时长是最长的，组合 SN 的停顿时长是最短的，组合 NN 的停顿时长居中，这部分的统计结果也验证了这一结果，且 3 个核心组合的停顿时长具有显著差异（df = 2，F = 120.380，p < 0.005），3 个核心组合的停顿时长两两之间也具有显著差异（p < 0.005），这与层级性的作用类似。因此，在下面研究中，我们将进一步考察层级性和核心组合，这两个因素对停顿时长的影响。

3. 核心性和层级性

本研究通过两因素方差分析综合考察、比较了层级性和核心性对停顿时长的作用。图 4—24 为三个核心组合在三个层级中的停顿时长分布，横坐标表示层级性，纵坐标为估计边缘平均数，即每增加一个观测值后计算得到的均值，可反映不同层级性以及核心组合下的停顿时长数值。

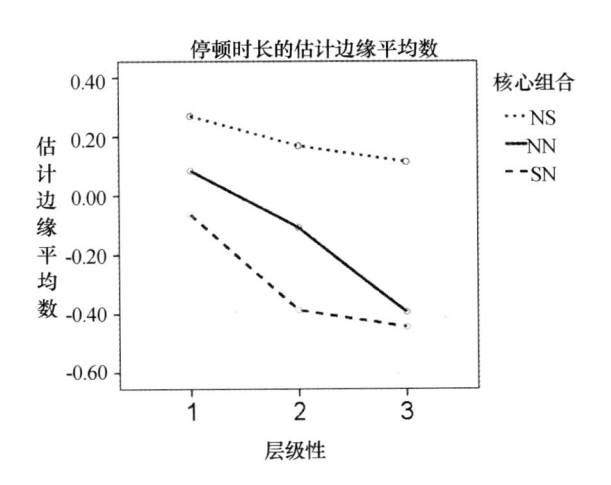

图 4—24　三个核心组合在三个层级中的停顿时长

结果显示，层级性、核心性均对停顿时长具有主效应（df = 2，F = 57.495，p < 0.005；df = 2，F = 89.242，p < 0.005），且两因素之间有交互作用（df = 4，F = 6.491，p < 0.005）。也就是说，在每一个核心组合中，随着层级的提高，停顿时长有显著的增长；在每一个层级中，核心组合也对停顿时长有显著影响。这一结果修正和补充了前人的研究。

(三) 关系类型与停顿时长

修辞关系的分类并不是唯一的,从表达效果的角度,单核心关系可进一步分为表述性(Presentational)和信息性(Subject Matter)两类(见表4—6中的归类)。因此关系类型分为三类:多核心关系、表述性和信息性。

首先,我们对上述三种关系类型的停顿时长进行了分析,如图4—25所示,横坐标代表核心关系类型,其中"P"表示表述类核心关系,"M"表示多核心关系,"S-M"表示信息性核心关系。

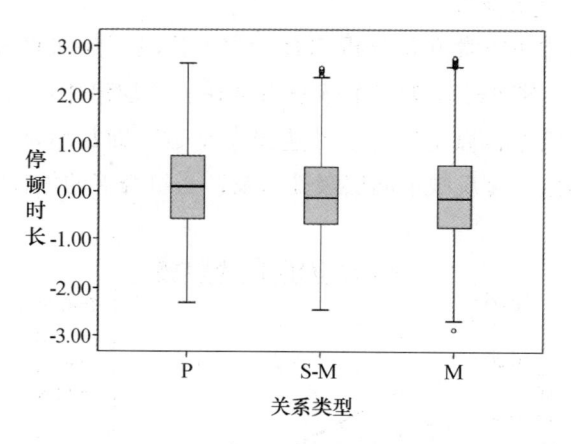

图4—25 三种关系类型的停顿时长

根据图4—25研究结果可知,三种关系类型的停顿时长具有显著差异,且表述性关系的停顿时长显著大于另两种关系类型的停顿时长($df = 2$,$F = 10.815$,$p < 0.005$),多核心关系的停顿时长最短。另外,表述性和多核心关系的停顿时长、表述性和信息性关系的停顿时长也具有显著差异($p < 0.005$)。

对于这一结果,我们试图从以下三个方面寻求解释:①从表达效果来看,在语篇中,信息性和多核心关系常用来描述客观的事物和关系;而表述性关系常用于引起读者思考或转变某个想法,例如,"证据"通过给出某个事例来让读者相信某个观点。为了引起读者某些想法的改变或者注意的描述,这类关系往往会产生较长的停顿时长。②基于层级性、核心组合与停顿时长的关系,我们考察了三种关系类型在层级和核心组合中的分布情况。结果显示，在多核心关系中，49.1%（近半数）的修辞关系分布在层级"2"中；但在信息性关系中，47.3%的修辞关系分布在层级"1"中，这一比例远高于在层级"2"（43.9%）和层级"3"（8.8%）中的分布，即层级"1"的比重最高，层级"3"所占比重远低于其他层级，所以，相对来说，这一分布特点对信息性关系整体的停顿时长有延长的作用。③通过统计48种修辞关系的停顿时长及其在三种关系类型中的分布，我们得到了比较全面而有说服力的解释。修辞关系的停顿时长排序（鉴于篇幅列出前15位）列表如表4—7所示（"-s"表示组合NS，"-n"表示组合SN）：

表4—7　　　　修辞关系的停顿时长排序及其所属关系类型

排序	修辞关系	类型	在类型中的比重
1	结论	P	4.1%
2	解读	M	1.5%
3	证据	P	4.1%
4	总结-s	P	12.2%
5	问答	M	3.6%
6	总结-n	P	10.8%
7	反序列	M	0.3%
8	或者	M	1.5%
9	举例	S-M	2.2%
10	解读-s	S-M	2.5%
11	背景	P	23.0%
12	影响-n	S-M	0.3
13	结果	S-M	2.8
14	详述	S-M	37.9
15	解读-n	S-M	0.3

结果显示，停顿时长位居第1、3、4、6、11的修辞关系分别为：结论、证据、总结-s、总结-n、背景，共占据表述性关系的54.2%；关于信息性关系，停顿时长在第9、10、12—15的，共占据信息性关系的45.7%；尽管多核心关系排在第2、5、7、8，但这四种关系只占多核心

关系的 6.9%。另外，在余下的 33 种关系的停顿时长排序中，绝大部分为多核心关系和信息性关系，其中，"罗列"在多核心关系类型中占43.2%，但停顿时长排序为第 27。因此，48 种关系的停顿时长排序和它们在三种关系类型中所占的比重，提供了三种关系类型的停顿时长差异的主要解释。

除此之外，我们在统计修辞关系的停顿时长时，还得到了其他有意义的发现：①细化的修辞关系的停顿时长依然受层级性的影响。我们发现"罗列""详述"和"序列"三种关系的停顿时长与其他关系不同的一点是，其停顿时长的离散率较高，其原因是这三种关系在语篇中出现的频次较高，且在语篇结构的上、中、下三个层级中均有广泛的分布。②细化的修辞关系的停顿时长排列也会受到核心性的影响。从核心性的角度看，某些关系具备两种或三种的核心组合，例如，"总结"有两种核心组合情况，其停顿时长遵循上文所得的核心组合与停顿时长的规律。

四 结论

本研究从修辞结构理论与汉语语篇的接口研究出发，对汉语朗读语篇中修辞结构参数与停顿时长的关系进行了系统的考察。与以往研究相比，本研究基于更大的数据量，一方面可得到信度更高的结果，对前人的部分结论进行检验和修正；另一方面可满足多种因素的各个分类范畴的统计分析，在修辞关系与停顿时长影响方面具有创新性。本研究所得的结果总结如下：

首先，在修辞结构的层级性、核心性对于停顿时长的影响方面，本研究对已有研究结果进行了再次检验。其中，在修辞结构的层级性、停顿前后的核心性和核心组合与停顿时长的关系上，我们得到了与之前一致的结论。与之前研究结果不同的是：①修辞层级的停顿时长两两之间也均具有显著差异，本研究基于更大的数据量对前人结果做出了修正，表明修辞结构的层级性对于停顿时长的影响很大，随着层级的提高或降低，停顿时长会显著地增加或减少；②修辞结构的层级性和核心性这两项参数都对语篇的停顿时长具有主效应，且两因素之间具有交互效应。也就是说，在每个核心组合中，停顿时长会随层级的提高而显著地增长，且在任意一个层级中，停顿时长的排序也均为 NS 组合 > NN 组合 > SN 组合。另外，之前研究较少涉及的问题包括：基于表达效果分类的修辞关系对于停顿时长的影响，修辞关系的停顿时长排序，修辞结构三项参数之间的交互作用及其对于停顿时长的共同作用。本研究对这三个方面进行了考察，具体结果如下：①基于表达效果分类的修辞关系对停顿时长也具有显著影响。表述性关系的停顿时长显著长于信息性关系和多核心关系的停顿时长，多核心关系的停顿时长最短。通过进一步分析所有关系的停顿时长及其在三种关系类型中的比重，对三种类型的停顿时长排序进行了有效的解释。②通过大规模的数据统计，我们得出了 48 种修辞关系的停顿时长排序，前 15 位依次是：结论，解读，证据，总结 - s，问答，总结 - n，反序列，或者，举例，解读 - s，背景和影响 - n。③罗列、详述和序列三种关系的停顿时长的离散率较高，其原因是这三种关系出现的频次较高，且在语篇结构的上、中、下三个层级中均有广泛的分布。④在对标注中出现的 48 种修辞关系的停顿时长进行考察时，我们也发现细化的修辞关系的停顿时长也受层级性、核心性的影响。

研究基于修辞结构理论，对修辞结构信息的三个主要参数和语篇的停顿时长进行了较为全面的考察，对前人的结论进行了一些修正，也补充了前人研究中尚未涉及的部分。修辞结构理论框架下的语篇基本单元的划分是基于语义和功能划分，在此基础上关注语篇基本单元之间的连贯关系和在功能意图上的相对重要性。所以，基于此理论进行语篇韵律的考察时，也应该寻找与之相契合的韵律线索。

关于这一点值得讨论的是，Zhang 和 Jia 等（2014，2016）曾对重音等级的分布及其与停顿时长的关系进行了考察，但最新的结果并不理想。本研究也继续考察了重音与修辞结构参数的关系。语料的韵律标注中，重音等级共分三级："1"（韵律词重音）、"2"（韵律短语重音）、"3"（语调短语重音），重音的标注位置为每个韵律单位中最重的音节。我们对"3"重音与核心性的关系进行了尝试性的统计，但并未得到规律性的结果。对于这一尝试和结果，本研究有两点思考：第一，标注中划分的韵律词、韵律短语的边界是句内的信息边界，而修辞结构理论下的边界是基于语义生成的更大信息单元的边界；第二，重音标注中，重音等级虽然能反映语义信息的重要程度，但重音标注的是句内的相对情况，即一句话中的"3"重音是相对于句内其他字而言的，而修辞关系理论侧重的是句与句之间的关系和相对情况。所以，目前的重音等级标注并不适合与修辞结构理论相结合，更适合用于考察句内的、更小的信息单元的韵律表现，与信息结构等理论相结合。所以，未来基于修辞结构理论的语篇韵律研究应更注重探索以小句为整体的韵律特征。

另外，修辞结构理论研究两个以上小句之间的语义关系，汉语传统的复句研究与此类似，我们将考察复句的不同分类，如并列、因果、转折、条件等大类的停顿时长等韵律表现有何差别。修辞结构理论也需要与其他语篇分析理论相结合。例如，回指、依存句法、信息结构和向心理论等，以期加深我们对语篇中不同信息单元的韵律表现的理解。

综合上述分析，修辞结构可以较全面地反映句与句之间的语义关系，但其在语篇小句的连贯紧密程度上的表示却不够清晰。因此，下面研究采用向心理论，主要以中心和语篇的连贯度为研究对象，考察其对语篇韵律特征的影响。

第五节　向心结构与韵律特征的接口研究

一　引言

韵律特征是语言和情绪表达的重要形式之一，理解口语、表达语篇特征时都需要借助韵律，因此韵律特征受到语言学、心理学、认知神经科学和语音工程等诸多领域的重视。国际上对韵律特征的研究起步于20世纪70年代，语音工程的发展进一步扩大了相关研究的规模（杨玉芳、黄贤军等，2006）。近年来，语音合成、语音识别领域的快速发展将其涉及的最大语言单位从语句扩展至篇章（李晓红，2010），使篇章结构的韵律特征日益受到关注。除了在语音工程领域的应用，篇章韵律特征研究因其理论意义成为诸多语音学家关注的对象。Noordman 和 Dassen 等（1999）采用故事理论和修辞结构理论研究篇章结构的韵律标记，发现篇章层次性与韵律特征的关系；即篇章层次越高，停顿时间越长，音高也越高。熊子瑜（2005）基于对电话录音材料的分析，证实了语句边界韵律特征的话轮提示功能，并发现不同句法语义类型的语句对语音韵律的依赖程度不同。上述研究为篇章结构韵律的交互关系提供了理论与实证支持，对汉语语篇和语音的接口研究的发展具有指导和启发意义。

鉴于其理论意义与应用价值，近年来，国内研究者结合多种篇章理论开展汉语朗读语篇的韵律接口研究，各自侧重点不同。考察的韵律特征包括重音分布、音高、时长等，考察范围从词至小句依次扩大。然而，修辞关系本质上可被视作衔接类型，但与衔接（cohesion）同为语篇分析领域基本概念的连贯（coherence）（Halliday and Hasan, 1976）在篇章韵律接口研究中仍未受到相应的重视。此外，上文提及的接口研究均立足于特定语言单位考察篇章结构对其韵律特征的影响（如词、小句等），但由于理论限制，尚无在同一理论框架下结合不同层次语言单位开展的研究。因此，目前需要在新理论视角下探讨连贯性对语篇韵律的影响，并综合考虑不同层次的语言单位。

基于上述背景，本部分研究将基于大规模数据标注考察向心理论与韵律的接口问题，以各中心的停顿时长与重音等级为主要参数，研究实现类型、实现方式、句法位置、新旧状态等中心特征对上述参数的影响。本研究拟回答以下两个问题：①不同过渡关系和中心特征类型，对语句间停顿时长是否存在显著影响？②不同特征的中心对重音分布是否存在显著影响？通过回答上述问题，本研究在理论层面可弥补前人研究的不足，将连贯性纳入篇章韵律接口研究的范畴，并尝试在同一理论框架下结合不同层次语言单位开展研究，以丰富汉语语篇韵律的接口研究；本研究基于大规模数据标注展开，也可为篇章特征对韵律影响的理论研究提供实证。在应用层面，本研究能提供语篇结构参数与韵律参数的对应数据，可应用于言语工程以提高语音合成的流畅度以及语音识别的准确度。

二 语料标注与研究方法

本研究所采用的韵律特征为重音等级和停顿时长，系统地考察向心结构对语篇韵律的影响和制约作用。根据第三章介绍的向心结构标注方式，本研究从 ASCCD 语料库中挑选了 14 篇由 10 名发音人朗读的语料，在 Praat 上开展标注，标注内容由韵律和篇章信息两部分组成。韵律信息包括停顿时长与各中心的重音等级，停顿标注于语句间静音段，其时长由脚本自动提取，重音等级使用 C-ToBI 符号集标注，标注于重音层（第 4 层），被划分为"0、1、2、3"四个等级，分别对应非重读音节、韵律词中的最重音节、韵律短语中的最重音节、语调短语中的最重音节；篇章信息包括过渡关系和中心信息，四类过渡关系标注于语句间静音段，"1""2""3""4"分别代表延续、保持、流畅转化、非流畅转换，中心信息标注于每一中心，包括位置、新旧状态、实现方式、实现类型等，其细致分类与各符号的含义详见表4—8，标注示例详见图4—26。

表4—8　　　　　　　　　　篇章信息标注符号

	新旧状态	实现方式	位置	实现类型
p（优选中心）	－（非初次出现）	－（直接实现）	1（段首）	n（名词）
b（回指中心）	0（初次出现）	i（间接实现）	2（句首）	p（代词）
pb（既是优选中心又是回指中心）	—	—	3（分句首）	—
	—	—	4（句中）	—
	—	—	5（句末）	—

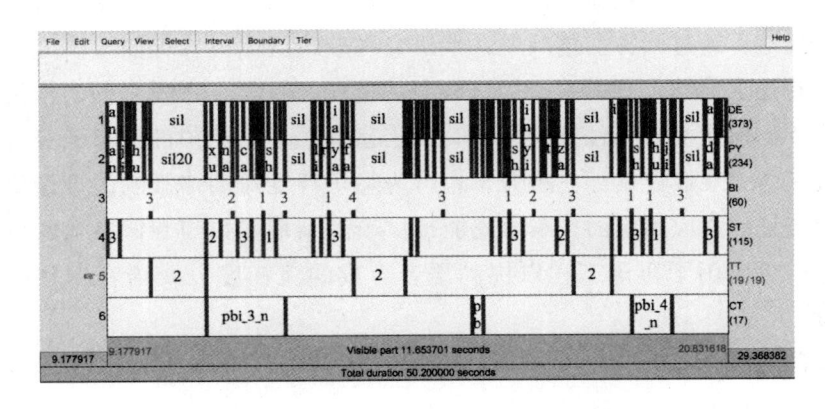

图4—26　标注示例

通过Praat脚本提取标注信息后保存为".xlsx"格式。在Excel中进行初步处理后，使用SPSS 19.0对已提取的数据进行统计分析，以判断不同篇章结构下韵律特征是否具有显著性差异。由于停顿时长和重音分布分属不同数据类型，故采用不同的统计方法，对停顿时长分别以过渡类型和实现方式、新旧状态等中心特征为因素做单因素方差分析和独立样本t检验，对重音分布则进行卡方检验。

三 结果与分析

本部分研究将结合数据分布情况及统计结果,比较延续、保持、流畅转换与非流畅转换四类过渡关系,以及实现类型、实现方式、句法位置、新旧状态等中心特征对停顿时长以及重音分布的影响,以探讨向心理论对篇章韵律特征的解释力。

（一）停顿时长

首先,研究统计了各类过渡关系在总数中所占的百分比,详见图4—27,单位为"%"。其目的在于直观呈现每类过渡关系的分布情况,反映不同过渡关系在本研究考察的语篇中所占比重。

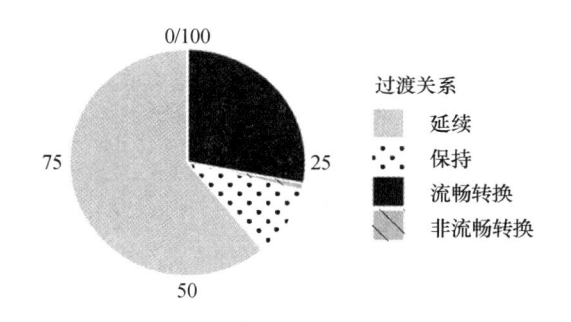

图4—27 过渡关系分布情况

在上述四类过渡关系中,延续中心过渡关系比重最大,流畅转换次之,保持和非流畅转换中心过渡关系数量较少,分别占10%与1%。

研究在计算四类过渡关系下语句间停顿时长的平均值后,以过渡关系为横轴、归一后的停顿时长为纵轴作箱线图,以直观比较四类过渡关系下语句间停顿的长短,详见图4—28。

如图所示,四类过渡关系中,平均停顿时长由低至高依次是:延续、非流畅转换、流畅转换、保持。为了考察该时长差异是否具有显著性,以过渡类型为因素对停顿时长作单因素方差分析,得出以下结论:延续中心过渡关系的停顿时长显著低于保持过渡关系($p = 0.000$),并低于流畅转换中心过渡关系($p = 0.000$);然而,非流畅转换中心过渡关系的停顿时长仅高于延续过渡关系,且与其他三类过渡关系的时长无显著性差

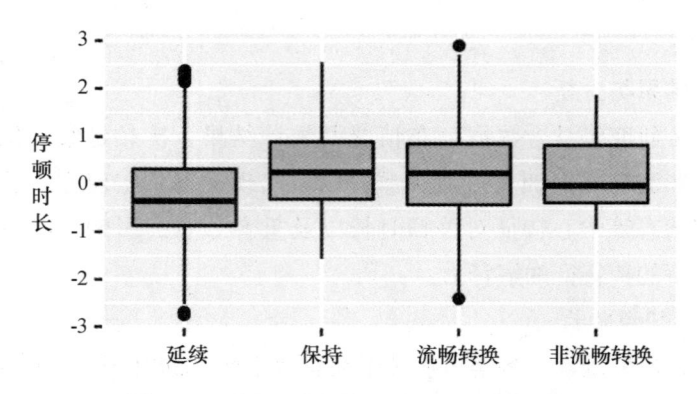

图 4—28 不同过渡关系下语句间停顿时长

异。该结果中延续、保持与流畅的时长排序与统计结果和董一巧、贾媛等（2015）一致，但非流畅转换则略有差异。

关于中心特征对停顿时长的影响，本研究侧重考察实现方式和新旧状态两类特征。目前，向心理论的应用研究涉及间接实现的较少，因此本研究将初步探讨两种不同实现方式对停顿时长的影响，以检验间接实现作为实现方式在应用研究中的价值。同时，研究也将中心的新旧状态考虑在内，将流畅转换关系中转换后的回指中心是否出于前一语段作为潜在影响因素进行分析。图 4—29 为研究所选语料中，直接实现、间接实现的回指中心所占百分比，以直观比较两类实现方式所占比重大小。

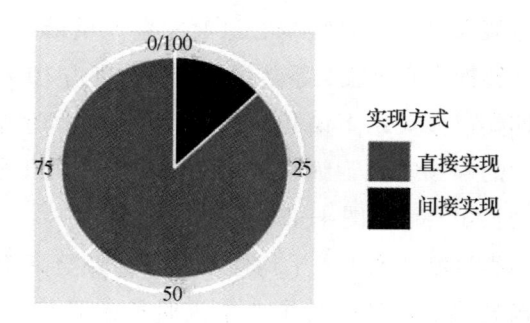

图 4—29 实现方式分布情况

统计中心实现方式的分布情况后，可发现大多数中心以直接实现方式呈现。以实现方式为自变量、停顿时长为因变量进行独立样本 t 检验，结果表明实现方式对停顿时长无显著影响（p=0.641，p>0.05）。接下来对流畅转换过渡关系的样本，以转换后的回指中心是否出于上一语段为自变量、停顿时长为因变量进行独立样本 t 检验，结果表明回指中心是否出现于上一语段对停顿时长有显著影响（p=0.028，p<0.05）。

（二）重音分布

重音标注多基于听感判断，其中"1"级、"2"级重音区别较小，感知上差异不明显，而"3"级重音与"1"级、"2"级相比听感上更为明显，标注一致性更高，所以本研究主要考察"0"级和"3"级重音（无重音和有明显重音）的分布情况，以揭示重音分布的大致趋势。由于重音具体落实在中心上，本部分暂不考虑过渡关系，主要讨论中心特征对重音分布的影响。本部分研究以各中心的重音等级为参数，具体考察实现方式、新旧状态、中心类型与句法位置对其的影响。

探讨中心实现方式与新旧状态对停顿时长的影响后，本研究进一步研究其对"0"级、"3"级重音分布的影响，以实现方式和新旧状态为横轴、不同级别重音所占百分比为纵轴作直方图，详见图4—30。

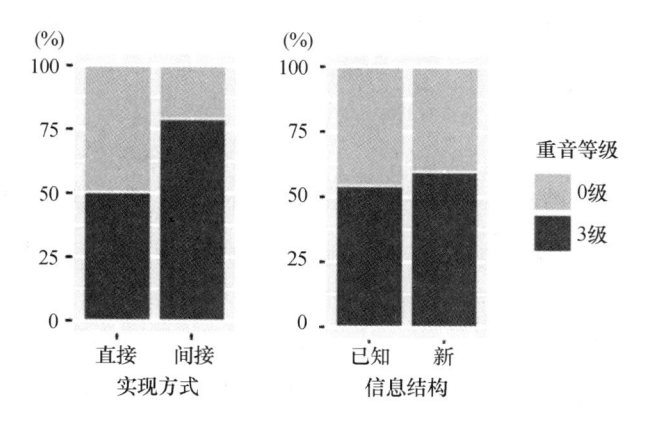

图4—30　不同实现方式（左）、新旧状态（右）"0"级、"3"级重音分布情况

对各中心进行卡方检验，结果如下：直接实现中心获得"3"级重音的比例为50.4%，间接实现中心获得"3"级重音的比例为79.1%，两种中心获得"3"级重音的比例处于显著性不同水平（p=0.000）；初次出现中心获得"3"级重音的比例为59.7%，非初次出现中心获得"3"

级重音的比例为 54.3%，两种中心获得"3"级重音的比例处于显著性不同水平（p=0.000）。

在本研究所标注的 1510 个 Cp（preferred center，优选中心，下文简写为 Cp）中，23% 实现为代词，77% 实现为名词；1287 个 Cb（back-looking center，回指中心，下文简写为 Cb）中，26% 实现为代词，74% 实现为名词，分布情况与 Cp 基本一致。以中心类型为横轴、不同级别重音所占百分比为纵轴作直方图，详见图 4—31。

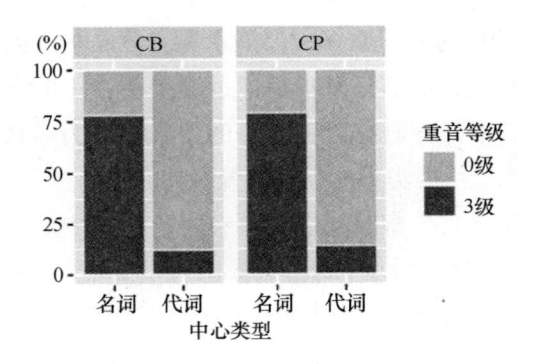

图 4—31　不同类型回指中心（左）、优选中心（右）的"0"级、"3"级重音分布情况

为检测中心类型对"0"级、"3"级重音分布的影响，分别对 Cp、Cb 样本进行卡方检验，结果如下：代词 Cp 实现为"3"级重音的比例为 14.1%，名词 Cp 实现为"3"级重音的比例为 79.1%，两种 Cp 类型实现为"3"级重音的比例处于显著性不同水平（p=0.000）；代词 Cb 实现为"3"级重音的比例为 12.0%，名词 Cb 实现为"3"级重音的比例为 78.2%，两种 Cb 类型实现为"3"级重音的比例处于显著性不同水平（p=0.000）。结果表明，以名词形式出现的中心更易获得"3"级重音。

1510 个 Cp 中，41% 位于分句首，31% 位于句中，17% 位于句首，11% 位于段首；1287 个 Cb 中，43% 位于分句首，35% 位于句中，15% 位于句首，7% 位于段首，位置分布情况与 Cp 基本一致。以中心位置为横轴、不同级别重音所占百分比为纵轴作直方图，详见图 4—32。

为检测中心句法位置对"0"级、"3"级重音分布的影响，研究分别

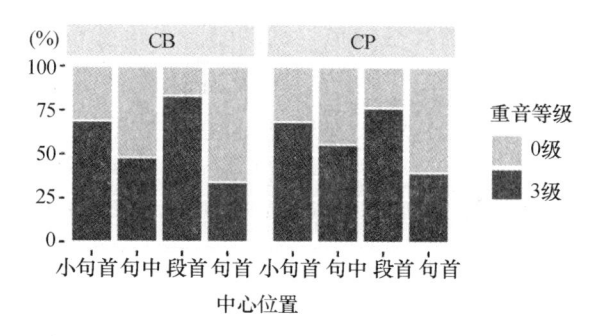

图4—32 不同位置回指中心（左）、优选中心（右）的0级、3级重音分布情况

对获得"0"级、"3"级重音的 Cp、Cb 样本进行卡方检验，结果如下：段首 Cp 实现为"3"级重音的比例为 76.6%，句首 Cp 实现为"3"级重音的比例为 39.8%，分句首 Cp 实现为"3"级重音的比例为 68.5%，句中 Cp 实现为"3"级重音的比例为 55.6%，四种 Cp 位置实现为"3"级重音的比例处于显著性不同水平（p=0.000）；段首 Cb 实现为"3"级重音的比例为 83.3%，句首 Cb 实现为"3"级重音的比例为 34.2%，分句首 Cb 实现为"3"级重音的比例为 68.9%，句中 Cb 实现为"3"级重音的比例为 48.0%，四种 Cb 位置实现为"3"级重音的比例处于显著性不同水平（p=0.000）。结果表明，位于段首的中心更易获得"3"级重音。

四 结论

上文展示了数据分布情况及统计结果，直观地展示了不同过渡关系及中心特征下的停顿时长以及重音分布状况，本节将结合向心理论以及其他篇章理论，对上述结果进行解释及进一步探讨。

（一）停顿时长

实验结果表明，延续过渡关系的停顿时长显著低于保持与流畅转换中心过渡关系。向心理论规则2提及了四种过渡方式以衡量语篇的连贯程度，即过渡类型的连贯性排序从高到低依次为延续、保持、流畅转换、非流畅转换，越往后被判断为不合法的可能性也越大。本研究中，非流畅转换所占比重最小，与其连贯性最低、不常出现在自然语篇中的性质相符，因此本研究暂不讨论该过渡类型，着重讨论其余三类过渡类型。

若语句间连贯性越强停顿时长越短,则停顿时长由低至高依次应是:延续、保持、流畅转换。然而,本研究中保持关系的平均时长略高于流畅转化关系,该差异虽不显著,但仍值得注意。对于该现象可有两种解释:其一,虽样本总量足够大,但保持关系的数量相较其余两类仍较少,需要补充更多样本以调整过渡类型分布的均衡性;其二,由于过渡关系的判定基于两个因素,即前后两语句的回指中心是否相同、当前语句回指中心是否与优选中心相同,这两个因素有可能分别作用于停顿时长(以下简称因素1、因素2)。延续与流畅转换关系的因素1不同,与保持关系因素2不同,而保持与流畅转换关系因素1、因素2均不相同,若两个因素的作用相互抵消,则可能导致这两种过渡关系下时长差异不显著的情况。可以进一步将过渡关系拆分成前后两语句回指中心是否相同、当前语句回指中心是否与优选中心相同这两个变量,分别检验其对停顿时长的影响,以验证该解释。由于篇幅限制,本研究在此不再展开。

流畅转换后回指中心的新旧状态在前人研究中并未成为关注焦点,本研究尝试考察其对停顿时长的作用,并发现了显著性影响:若转换后的回指中心曾出现于语篇中但并未出现于与当前语句直接相邻的上一语句,语句间停顿时长显著高于回指中心出现于上一语句的情况。对该现象的解释详见下一节对新旧状态与重音分布关系的解释。

(二)重音分布

重音是语篇的主要韵律表征,是说话人为使听话人理解说话意图采用的强调手段。目前,基于篇章理论对重音分布的解释多从信息结构、语篇层级等角度出发,本实验结果可作为对前人相关研究成果的验证和补充。

回指接口研究(详见第四章第三节)在研究汉语语篇回指语音特性时从信息结构角度出发解释名词回指的重音表现,本研究的部分现象可从同一角度出发进行解释,以补充前人研究成果。关于中心的新旧状态,未出现的中心与已出现的相比更易获得重音,该现象和停顿时长所呈现的趋势一致,作为相对较新的信息,未出现的中心更易被说话人强调,因此,重音和延长的停顿时长在此情况下共同构成强调手段;关于中心的实现方式,间接实现与直接实现的差异主要在于,间接实现中心在形式或指称内容上与其回指的对象并非完全一致。虽非全新信息，但间接实现可对应于信息结构指称层的关联信息，刘晨宁、贾媛等（2016）已证实关联信息和新信息的重音分配情况并无差异，因此可解释间接实现的中心更易获得重音的情况。

关于中心的类型，名词比代词更易获得"3"级重音，对该现象可有两种解释：其一，与名词相比，代词本身即承担指代功能，该形式预示着指称内容曾出现于前文，处于旧信息状态，因此发音人更倾向于不重读代词；其二，代词音节数量一般少于名词，而音节数较多的语言单位获得重音的比例较大，该结果可能由未经控制的音节数量造成。此外，回指接口研究（详见第四章第三节）从语音角度对汉语朗读语篇中代词与名词回指分别进行了考察，但未对这两种形式进行比较，因此名词比代词更易获得重音的现象可作为对回指韵律接口研究的补充。

关于中心的句法位置对重音分布的影响，可从另一角度进行解释。回指接口研究（详见第四章第三节）发现处于段首、句首及分句首的代词时长存在显著差别，且段首代词时长最长；本研究对重音的研究结果显示，位于段首的中心比其余位置的中心更易获得"3"级重音，与之呈现的趋势基本一致。研究表明，无论是时长还是重音，从句首、小句首至句中均呈现递减趋势，虽然表面上体现了句法位置对重音的作用，但从另一角度反映了篇章层级性的影响力。

综上所述，研究结果反映了向心理论作为语篇连贯性理论对韵律特征，尤其是语句间停顿时长的解释力。而中心的特征对停顿时长、重音分布的影响也揭示了语篇复杂的韵律表征并不是仅用单一篇章理论就能阐明的，需综合考虑不同篇章理论的适用范围以及语言单位，从而对其韵律特征给出合理的解读。

本研究在向心理论框架下，采用实验语音学手段，系统地考察了其与语篇韵律的接口问题，具体研究了汉语朗读语篇的中心特征和过渡关系对停顿时长、重音分布等韵律特征的影响。结果表明，语句间过渡类型与回指中心的新旧状态均对停顿时长造成显著影响，而中心的实现方式、类型、位置等均对重音分布造成显著影响。

该结果反映了向心理论在语篇韵律研究中的重要意义。首先，过渡关系对停顿时长的作用体现了连贯性的显著影响，但前人开展的语篇韵律接口研究尚未涉足该领域；作为语篇连贯性理论，向心理论可从与其他篇章理论不同的角度揭示表层语音表现的内在原因。其次，虽然解释中心特征对重音分布影响时会涉及信息结构等其他篇章理论，但在信息结构框架下开展的研究多局限于词汇短语层面，而基于修辞结构理论探讨修辞关系、层级性等因素对韵律的影响时以小句为整体，难免忽略更小语言单位的信息；向心理论围绕中心展开，中心本身即为词汇短语单位，具有诸多可供探索的特征，而中心间的关系可定义小句间的过渡关系，即上一级语言单位的信息，从而进一步拓展研究空间。①

在下面研究中，将以话题和话题链的变化为主要研究对象，考察语篇韵律特征的变化。尽管在以往研究中，话题和话题链常与向心理论和信息结构相结合。但在自然语言处理领域，话题的构成与变化是语篇语义计算的重要特征。因此，下面研究将话题和话题链作为独立研究部分，考察其对语篇韵律的影响。

第六节　话题、话题链与韵律特征的接口研究

一　引言

话题是一个可将语义管辖范围扩展到多个子句的语篇概念（曹逢甫，1995，2005），且是一个跨越不同层面的概念（方梅，2005），而话题链是由一个或多个述题小句共享一个位于话题链首位的话题而形成的话语（曹逢甫，1995，2005）。在语篇分析中，话题与话题链作为其基本单位得到了诸多关注，然而与其相关的讨论多集中于概念的界定及其语言标记的研究等，从话题与话题链角度开展的篇章——韵律接口研究目前为数不多。尽管王蓓、Féry（2010）对话题和焦点在分裂句中的韵律编码展开了研究，吐尔逊·卡得、吾守尔·斯拉木（2015）和夏志华（2013）也分别对维吾尔语和英语学习者口语中话题的韵律表现进行了考察，但

---

① 需要说明的是，由于本研究主要关注的对象为语料库中的朗读语篇，未进行实验控制，过渡关系比例均衡性存在一定问题，且不同中心类型音节数量的差异也可能对结果造成影响。因此，该研究结果有待通过设计控制变量的语料进行进一步验证。

上述研究或基于录制的实验句开展，未将话题置于完整的篇章语境中，或基于即兴演讲语料开展，语料及发音人数量较小。此外，相关研究均未将话题置于话题链中考察。

基于上述背景，本研究将从话题角度开展大规模语料标注，开展篇章与韵律的接口研究。考虑到话题链研究考察的对象是在语篇中充当话题的语义实体，以及从话题链角度考察实体在篇章中所处地位的独特视角，本研究同时将话题链纳入考察范围。本研究将首先对话题与话题链信息展开标注，其次分析具备不同特征的话题以及在话题链中占据不同位置的话题在重音分布上的差异，以考察不同篇章结构对应的韵律特征。话题作为语义实体，其主要特征与前文涉及的回指词（详见第三节）与中心（详见第五节）相似，为了方便与相关研究结果进行对比，本研究同样选择词类、实现方式、句法位置作为主要考察的话题特征。

二 语料标注与研究方法

本研究所采用的韵律特征为重音等级，以系统地讨论话题特征对重音分布的影响。根据第三章介绍的话题与话题链标注方式，本研究从AS-CCD语料库中挑选了4篇由10名发音人朗读的语料，在Praat上开展标注，标注内容由韵律和篇章信息两部分组成。韵律信息为各话题的重音等级，使用C-ToBI符号集标注，标注于重音层（第4层），被划分为"0、1、2、3"四个等级，分别对应非重读音节、韵律词中的最重音节、次要韵律短语（韵律短语）中的最重音节、主要韵律短语（语调短语）中的最重音节；话题信息包括词类、实现方式、句法位置、所在话题链在篇章中所处位置，其中词类分为名词与代词，实现方式分为直接实现与间接实现，句法位置分为段首、句首、小句首、小句中、小句末，在篇章中所处位置包括篇章首、篇章中、篇章末。[①] 图4—33为话题在Praat里的标注截图。

---

① 话题标注信息的详细介绍见表3—13。

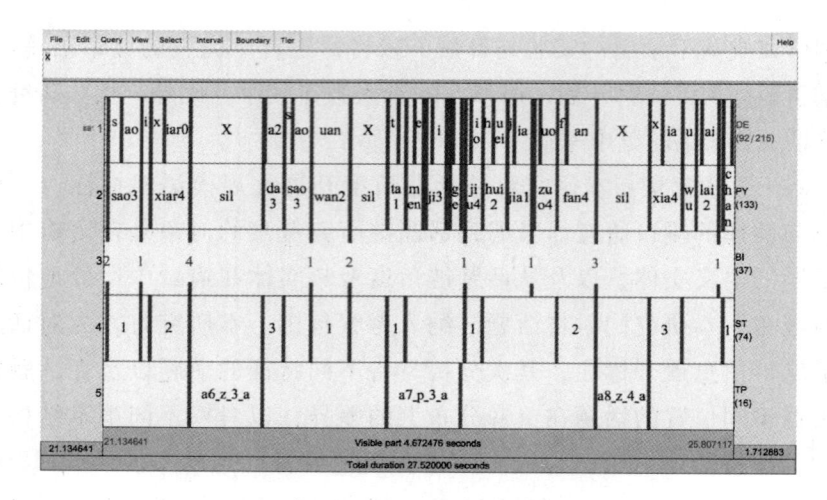

图 4—33 标注示例

通过 Praat 脚本提取标注信息后保存为".xlsx"格式。在 Excel 中进行初步处理后，使用 SPSS 19.0 对已提取的数据进行统计分析。为了判断不同类型的话题的重音分布是否具有显著性差异，本研究对已提取的数据进行卡方检验。在所标注的 503 个话题中，314 个具有语音形式，下文的分析主要针对具有语音形式的话题开展。

三 结果与分析

本部分研究主要以各话题的重音级别为参数，考察了话题词类、实现方式、句法位置、所在话题链在篇章中所处位置对重音分布的影响，以揭示话题特征对韵律的制约作用。针对每一类话题特征，下文将首先以该类特征下的各类属性为横轴、不同级别重音所占百分比为纵轴作直方图，以直观呈现该类特征下话题的重音分布；再开展卡方检验，以考察直方图反映的分布差异是否具有统计显著性。

关于话题词类对重音分布的影响，本研究考察的话题主要以名词和代词形式出现，下面以话题词类为横轴、不同级别重音所占百分比为纵轴作直方图，详见图 4—34。

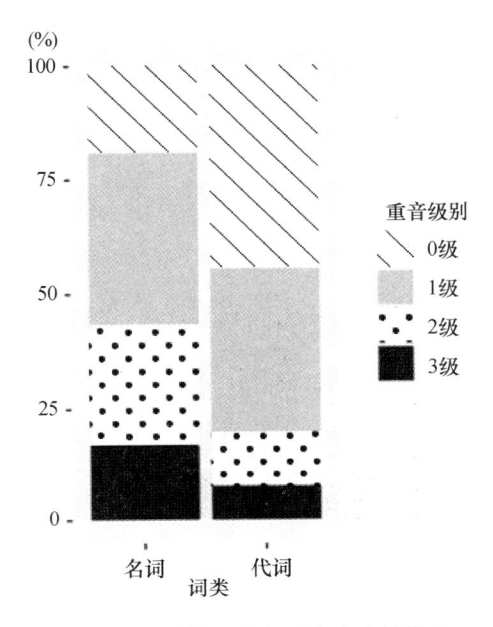

图4—34 话题词类与重音分布的关系

其中,名词话题实现为"3"级重音的比例为17.4%,实现为"2"级重音的比例为25.7%,实现为"1"级重音的比例为37.9%,实现为"0"级重音的比例为19%;代词话题实现为"3"级重音的比例为8.2%,实现为"2"级重音的比例为11.5%,实现为"1"级重音的比例为36%,实现为"0"级重音的比例为44.3%。进行卡方检验以检测中心类型对"0"级、"1"级、"2"级、"3"级重音分布的影响,发现两种话题类型不同级别重音的比例处于显著性不同水平($p=0.000$, $p<0.05$),以名词形式出现的话题更易获得重音。

关于话题实现方式对重音分布的影响,本研究考察的话题实现方式包括直接实现与间接实现,下面以话题实现方式为横轴,不同级别重音所占百分比为纵轴作直方图,详见图4—35。

其中,直接实现话题获得"3"级重音的比例为10.7%,获得"2"级重音的比例为26%,获得"1"级重音的比例为35.7%,获得"0"级重音的比例为27.6%;间接实现话题获得"3"级重音的比例为38.5%,获得"2"级重音的比例为20.5%,获得"1"级重音的比例为35.9%,获得"0"级重音的比例为5.1%。卡方检验结果显示,两类话题获得不

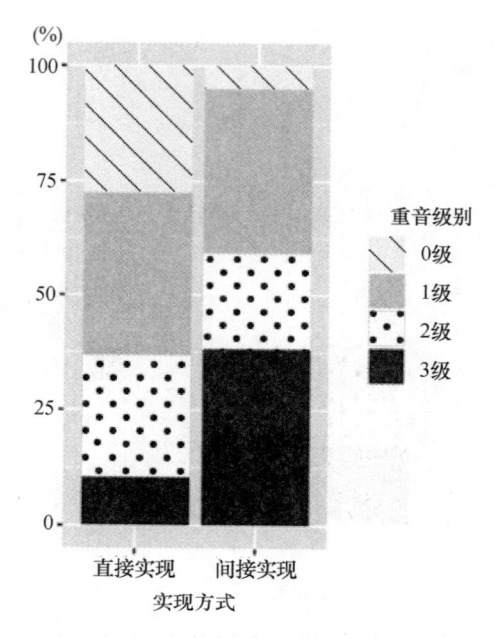

图4—35 话题实现方式与重音分布的关系

同级别重音的比例处于显著不同水平（p = 0.000，p < 0.05），间接实现的话题明显更易获得重音。

接下来，本研究考察话题句法位置对重音分布的影响，主要讨论位于段首、句首、小句首、句中、句末五个位置的话题。以话题位置为横轴，不同级别重音所占百分比为纵轴作直方图，详见图4—36。

为检测话题位置对不同级别重音分布的影响，研究进行卡方检验，结果如下：位于五种位置的话题实现为不同级别重音的比例处于显著性不同水平（p = 0.000，p < 0.05）。由于位于段首、句末的话题数量极少，暂不考虑；位于句首、小句首、小句中的话题获得高级别重音（"3"级与"2"级）的比例依次递减。

最后，研究试图讨论话题链在篇章中所处位置对话题重音分布的影响。由于每一篇章的话题链数量不等，为便于比较，根据在篇章中出现的位置，我们将每一篇章的多条话题链，归为篇章首、篇章中、篇章末3类，考察位于不同篇章位置话题链中的话题获得重音的情况。以话题链位置为横轴，不同级别重音所占百分比为纵轴作直方图，详见图4—37。

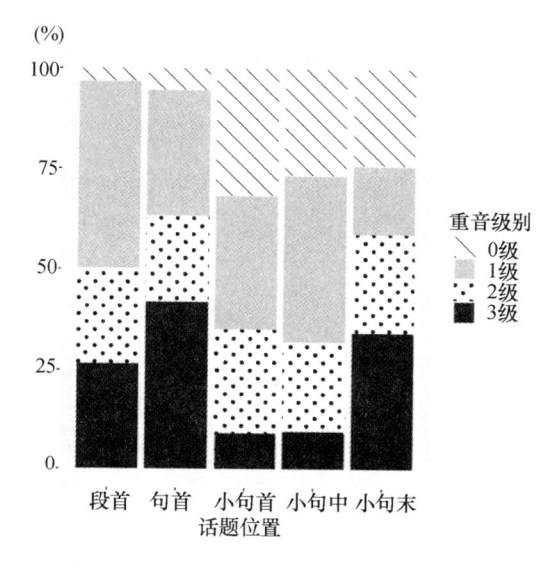

图 4—36 话题位置与重音分布的关系

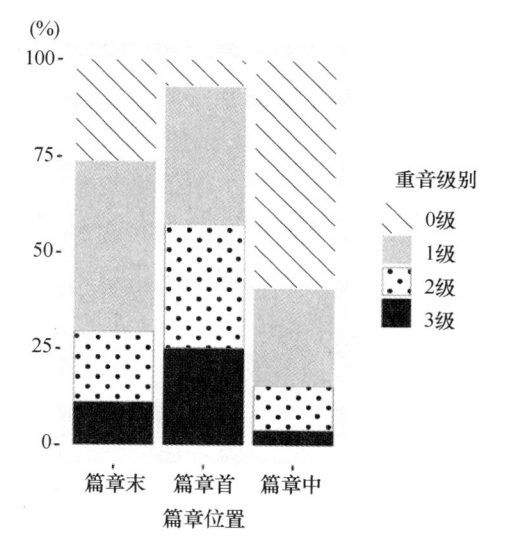

图 4—37 话题链在篇章中所处位置与重音分布的关系

其中，位于篇章首话题链的话题获得"3"级重音的比例为 25.2%，获得"2"级重音的比例为 32%，获得"1"级重音的比例为 35.9%，获得"0"级重音的比例为 6.9%；位于篇章末话题链的话题获得"3"级重音的比例为 11.3%，获得"2"级重音的比例为 18.3%，获得"1"级重音的比例为 44.3%，获得"0"级重音的比例为 26.1%。进行卡方检验以检测其对重音分布的影响，发现位于不同篇章位置话题链中的话题实现为不同级别重音的比例处于显著性不同水平（p = 0.000，p < 0.05），篇章首的话题获得"3"级重音的比例明显高于位于另两个篇章位置的话题。

四 结论

上文展示了数据分布情况及统计结果，直观地展示了不同话题特征下的重音分布状况。从上文呈现的结果中不难发现以下四点主要趋势：名词话题比代词话题更易获得重音；间接实现的话题比直接实现的话题更易获得重音；位于篇章首的话题更易获得重音；位于句首、小句首、小句中的话题获得高级别重音（"3"级与"2"级）的比例依次递减。其中，话题类型、实现方式与话题链位置对重音的影响可从信息结构角度出发解释，而句法位置的影响可从篇章层级性角度解释。

与向心理论接口研究（详见第五节）的中心特征相似，本研究中名词话题比代词更易获得重音。究其原因，代词形式多为回指标记，预示着指称内容曾出现于前文，因此多处于旧信息状态，发音人也更倾向于不重读代词。而间接实现的话题与上一话题多为整体—部分关系，或指称相同但语言形式有所差异，与直接实现的话题相比，间接实现的话题多为新信息或可及信息。信息结构接口研究（详见第七节）的结果表明，新信息获得更高比例的重音及高等级重音，旧信息则获得了更低比例的重音及高等级重音；此外，刘晨宁、贾媛等（2016）已发现可及信息与新信息的重音分布情况相似，均易获得新重音，话题实现方式的影响或可从中得到解释。篇章首的话题更易获得重音的现象也可从信息结构中寻找答案，因为出现于篇章首的话题一般是新引入的话题，更易被发音人强调。

篇章层级性的影响力在回指与韵律的接口研究（详见第三节）中已得到体现，代词在停顿后边界位置的语音表现受所在句篇章层级的影响。同时，修辞结构与韵律的接口研究（详见第四节）也直接反映了层级性对于停顿时长的影响，随着层级的提高或降低，停顿时长会显著地增加或减少。前文反映的均为修辞结构对时长的影响,而本研究结果表明句首、小句首、小句中的话题获得高级别重音的比例依次递减,与向心理论接口研究(详见第五节)共同从重音分布的角度印证篇章层级性对韵律的制约作用,可对前人的研究结果进行补充。

修辞结构、向心理论和话题链与语篇韵律的接口研究,其本质上反映的都是语篇语义特征对韵律的影响和制约作用。通过上文的研究回顾可知,语篇的语境和信息特征,对语篇的韵律也有重要的影响。本研究在下文以信息结构为理论框架,考察不同信息类型对语篇韵律的影响和制约作用。

第七节　信息结构与韵律特征的接口研究

一　引言

"信息"(information)一词来源于信息论(information theory),由布拉格学派(Prague School)引入语言研究中。Halliday(1994)认为,"在严格的语言学意义上,信息是已知或可以预测的内容与新的或无法预测的内容之间的张力。这与数学中的信息概念不一样,数学中的信息是对不可预测性的测量。语言学意义上的信息是通过新内容和旧内容的相互作用而产生的。因此,信息单位是一种结构,由新信息和旧信息两种功能构成。"(转引自刘云红,2005)徐赳赳(2010)认为,信息结构由旧信息和新信息组成,是一种篇章的推进结构,篇章中某个小句的新信息在后文的小句中再次出现就充当了旧信息。

信息结构下的研究视角主要有3个:焦点(Focus)、话题(Topic)、信息的已知性(Giveness)。本研究主要关注的是信息的已知性,也即信息状态(information status)。对于信息结构状态的研究,诸多学者从信息结构的表示体系构建这一角度开展。Dipper 和 Götze 等(2007)提出了信息结构标注体系(Linguistic Information Structure Annotation Guidelines, LISA),在该体系中信息状态被理解为获得先行指称的难度,主要分为旧信息、可及信息、新信息三大类,其下继续划分子类。Baumann(2005)认为,信息状态实际上与人的认知心理相关,应该是一个连续体,Riester 和 Baumann(2014)所提出的信息结构标注体系 RefLex 在大类的划分上与 Dipper 和 Götze 等（2007）类似，而在子类的划分上则有所区别。我们看到，信息状态划分的一大趋势是由二分法走向三分甚至"多分"，简单的新旧划分逐渐被抛弃，而在大类的框架内进行子类划分兼顾了整体和细节，逐渐为学者们所推崇。同时，我们也应看到，在进行信息状态分类的基础上，构建信息结构标注体系也是学者们研究的一大方向。而汉语学界一方面没有形成一个比较统一的信息状态分类体系，另一方面也没有形成基于此的汉语信息结构标注体系。反观其他语篇研究理论，基本上都形成了较为完备的汉语标注系统，如乐明（2008）提出的汉语修辞关系标注体系，哈工大提出的汉语依存关系标注体系（李正华、车万翔等，2008）。因此，本研究首先对汉语语篇的信息结构标注体系进行探讨，希望能够在借鉴西方的基础上，构建适应于汉语的信息结构标注体系。

此外，国外在信息状态与韵律的接口研究上也取得了很多的成果。Swerts 和 Krahmer 等（2002）对荷兰语、意大利语的信息状态和韵律特征之间的关系进行了探究。他们发现，荷兰语中不同状态的信息被分配到的重音存在差异，而意大利语中，重音与信息状态的关系则不明确。Baumann（2005）使用了德语新闻文本朗读语料库，探究了不同信息状态对应的韵律标记，他指出 H*、H+L*、无重音分别标记了新信息、可及信息、旧信息。Avesani 和 Vayra（2005）对意大利语的对话进行了考察，结果发现大部分的旧信息也获得了重读。Tanja 和 Baumann（2010）发现，在德语中，从旧信息到可及信息再到新信息，音高重音的数量逐渐减少，重音峰越来越高，越来越靠后。

近年来，对汉语语篇层面的韵律特征研究呈蓬勃之势，很多学者基于不同的研究视角和理论基础进行了相关的接口研究，获得了较为丰富的成果。而从信息结构角度进行的接口研究在汉语学界起步较晚，仍存在很多值得探究的内容。刘晨宁、贾媛等（2016）考察了信息状态对汉语朗读语篇重音分布的影响。研究发现，新信息和可及信息获得重音的比例较高，且新信息更多地被分配到高等级重音；而旧信息获得重音的比例较低，被分配到的高等级重音数量较少。相关研究加深了我们对信息结构和韵律之间关系的理解，但仍存在以下几点有待改进的方面：①语料数量不足，体裁较为单一。如 Baumann（2005）的研究中仅有一位发音人，刘晨宁、贾媛等（2016）的研究语料仅有 2 篇。②研究对象相对单一，关注的重点多为重音，对停顿等其他韵律特征表现缺乏关注。③信息状态划分较为粗略，缺乏对细化的子类的考察。④不同语种得到的结果存在差异，汉语中信息结构对韵律特征的影响仍然存在很多空白。⑤缺乏更为丰富的理论进行深层次的解释。针对相关研究中存在的不足，本研究进行了一系列改进。在所用语料上，我们一方面扩大了语料规模，另一方面拓展了语料体裁，提高了结果的可靠性。在考察对象上，我们增加了对停顿的考察。在信息状态分类上，我们使用了细化的分类体系，考察信息状态中子类对韵律的影响，对已有认知进行了补充。在进行相关解释时，我们使用了更为丰富的理论，拓宽了研究视野。在此基础上，结合相关统计方法，本研究对汉语朗读语篇的韵律特征进行了考察，能够从语言作为信息传播工具的本质出发，加深我们对汉语篇章韵律特征的理解；考虑到韵律在语音合成及语音识别中的重要作用，本研究的结论或可对言语工程具有一定的应用价值。

二 数据标注与研究方法

本研究所采用的韵律特征为停顿等级和重音等级，系统地考察信息结构对语篇韵律的影响和制约作用。根据第三章介绍的信息结构标注方式，本研究从 ASCCD 语料库中挑选了 10 篇由 10 名发音人朗读的语料，在 Praat 上开展标注，标注内容由韵律和篇章信息两部分组成。韵律信息包括停顿等级与重音等级，使用 C-ToBI 符号集标注，其中停顿标注在间断指数层（第 3 层），分别为词边界"1"，短语边界"2"，句边界"3"，角色转换边界"4"，重音标注在重音层（第 4 层），划分的依据完全依靠听觉感知，被划分为"0、1、2、3"，共 4 个等级，分别对应的是非重读音节、韵律词中的最重音节、韵律短语中的最重音节、语调短语中的最重音节；篇章信息标注以 Riester 和 Baumann（2014）提出的 RefLex 系统为基础，在词汇层标注实词的信息状态，在指称层标注指称内容的信息状态。标注内容其细致分类以及各符号的含义详见表 4—9，标注示例详见图 4—38。

表 4—9　　　　　　　　　标注情况示例①

内容	层级	对象	分类
信息结构	5：LL	词汇层	given：词汇旧信息
			accessible：词汇可及信息
			new：词汇新信息
	6：RL	指称层	given：指称旧信息
			bridging：指称可及信息
			new：指称新信息
			unused：指称定指新信息

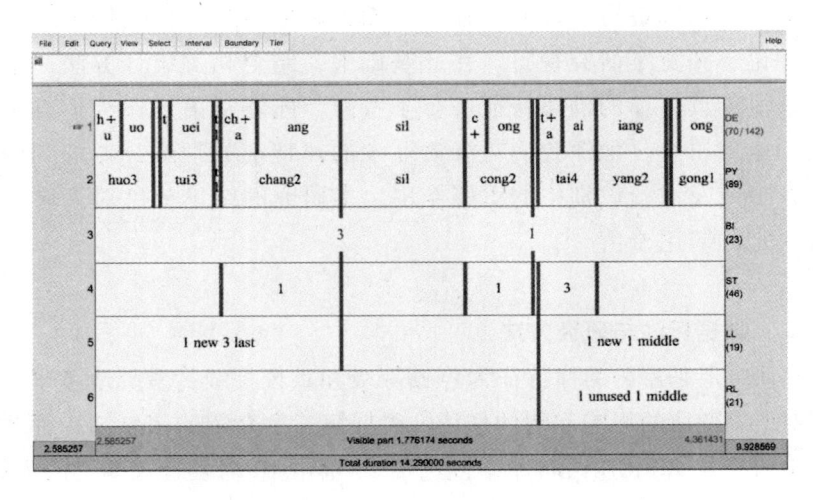

图 4—38　标注示例

---

① 上表中词汇层和指称层更细致分类在第三章中有详述，在本部分中只对具体含义进行解释，以便于研究结果的分析和讨论。在词汇层中包括如下细致分类和含义：（1）l-given-same：已出现词语；（2）l-given-syn：已出现词语的近义词；（3）l-given-super：已出现词语的上义词；（4）l-given-whole：已出现词语的整体词；（5）l-accessible-sub：已出现词语的下义词；（6）l-accessible-part：已出现词语的部分词；（7）l-accessible-stem：与已出现词语具有相同词干；（8）l-accessible-other：与已出现词语具有密切的相关关系；（9）l-new：新出现词语。

在指称层中，包括的细致分类和含义包括：（1）r-given：与已存在指称具有同指关系；（2）r-given-displaced：与同指成分距离超过五个句子；（3）r-bridging：与已存在指称非同指，但具有联系；（4）r-unused：定指新信息；（5）r-new：非定指新信息；（6）+generic：附加信息，表示类属。

通过 Praat 脚本提取不同信息状态对应的间断指数和重音后保存为".xlsx"格式，共提取出 8890 条标注单元，总体数据量较大，有利于进一步统计分析的开展。在 Excel 中进行初步处理后，使用 SPSS 19.0 对已提取的数据进行统计分析，以考察重音和停顿的分布状态。由于停顿和重音均属于范畴型变量，本研究对不同信息状态的停顿与重音分布进行卡方检验。

三　结果与分析

（一）信息结构与重音分布

在对信息结构与重音的关系进行考察时，考察对象只包含了"0"级和"3"级重音，原因有以下两点：①对重音的听感判断具有较大的直觉性和个体差异，"0"级和"3"级重音的标注一致性最高；②由"0"级重音的分布情况即可推知非重读、重读情况，而由"3"级重音的分布情况即可推知重读内部高等级重音的分布情况。因此，这两级重音具有较强的代表性，通过对它们的考察即可了解总体情况。不同信息状态下的重音分布总体情况如图 4—39 和图 4—40 所示。（其中，图 4—39 为词汇层，图 4—40 为指称层；横坐标表示信息状态，纵坐标表示"0"级、"3"级重音在特定信息状态中的分布比例）

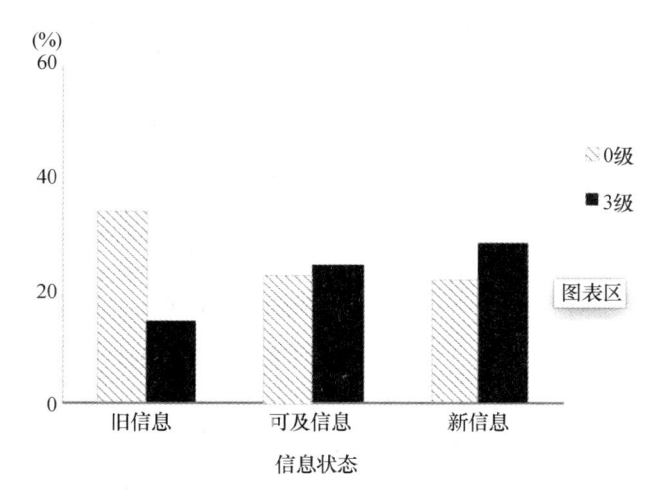

图 4—39　词汇层"0"级、"3"级重音分布总体情况

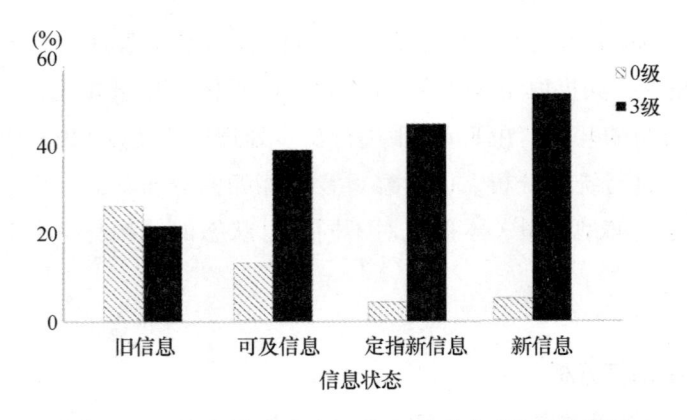

图4—40　指称层"0"级、"3"级重音分布总体情况

从图4—39和图4—40中我们可以看到，词汇层和指称层的重音分布模式基本一致。在"0"级重音的分布比例上，从旧信息到可及信息再到新信息整体呈现下降趋势，而在"3"级重音的分布比例上则整体呈现上升趋势，其中两两之间的差距皆逐渐减小。也就是说，语篇中实体的信息状态与重音分布的关系无论在外在形式上，还是在内在关系上都表现出了较强的一致性。从获得重音的比例上来看，旧信息最低，可及信息居中，新信息最高；从获得高等级重音比例上来看，依旧是旧信息最低，可及信息居中，新信息最高；也即随着不同信息状态的认知激活度逐渐减弱，获得重音的比例、获得高等级重音的比例都在逐渐提高，信息状态对重音分布存在影响。词汇层卡方检验结果为：χ^2（12，n = 4337）= 483.897，$p < 0.01$；指称层卡方检验结果为：χ^2（6，n = 4552）= 154，$p < 0.01$。由此可知，我们可以确定不同信息状态对重音分布存在显著性影响，这一结果与刘晨宁、贾媛等（2016）得出的结论基本一致。

传统的信息结构观认为，新信息要重读，旧信息不重读，本研究能够帮助我们更加理性地看待这一观点。本研究的结果在一定程度上支持了这一看法，无论在词汇层还是在指称层，无论在获得重音的比例还是在获得高等级重音的比例上，新信息都要远高于旧信息，不同信息状态对重音分布存在显著性影响，这一结论契合了前人的研究结果。Halliday（1967）指出，要用"调性显著性"来标记句子中的新信息，周韧认为，这里的"调性显著性"即为重音（2007）。在对这种关系进行解释时，端木三（2007）提出了"信息—重音原则"（Information-Stress Principle），该原则认为，信息对重音的分布具有指派作用，信息量决定了语句中的重音，"信息多的词要重读，信息少的词不用重读"。端木三（2007）认为，该原则具有相当普遍的意义，可以解释一系列重音现象。周韧（2007）则进一步指出"信息量大的语言成分，在韵律上就要更突出，这是人类语言的一个共性"。他们的着眼点虽然是在语法及句法层面，但仍然给了我们很大的启示，我们不妨把这一原则扩大至语篇层面来解释本研究的结果。司有和（1998）认为，在语篇层面，信息量的大小与受信者对该信息的了解程度成反比，已知内容越多，信息量就越小；新内容越多，信息量就越大。从信息结构角度出发，新信息是语篇中新引入的内容，承载的信息量最大；可及信息则是可以推知的内容，信息量居中；而旧信息是语篇中已知的内容，承载的信息量最小。根据"信息—重音原则"，三者获得重音的比例，获得高等级重音的比例也就相应地存在差异。

"信息—重音原则"同样也能够在一定程度上解释我们在词汇层旧信息和可及信息内部的发现。旧信息和可及信息内部的一些分类是逆向成对出现的，如已出现词语的上义词（given-super）和已出现词语的下义词（accessible-sub），两者呈现出的重音分布模式也刚好相反：在旧信息内部，已出现词语的上义词获得重音、高等级重音的比例最低；在可及信息内部，已出现词语的下义词获得重音、高等级重音的比例最高。这一现象依然可以用"信息—重音原则"来解释。当我们接触到某一词语概念时，在认知上首先更倾向于将其进行归类，这就迅速地激活了词语的上义概念，因而当这一上义概念真正出现在语篇中时，其所承载的信息量较小，被分配到的重音、高等级重音的比例就最低。而对于前文已出现词语的下义词，其选择范围往往较大，因此会承载较大的信息量，需要在语篇中使用重音进行区分和突出。

"信息—重音原则"同样能够解释我们在指称层旧信息内部的发现。与同指成分距离超过 5 个句子的旧信息（given-displaced）获得重音、高等级重音的比例都要高于一般的旧信息（given）。卡方检验结果为：χ^2（3，n = 2376）= 12.828，p < 0.01，即距离同指成分的距离对重音分布有显著性影响。我们认为，这主要应归结为距离带来的信息量变化。与

同指成分距离超过 5 个句子的旧信息在语篇中与其同指成分的距离较远，而人的工作记忆是有限的，超过一定距离就会造成遗忘，在整体语篇中，这种类型的旧信息承载了较大的信息量，因而其获得的重音、高等级重音的比例较一般的旧信息有了很大的提高。

我们不妨再深入一些，信息量和重音之间为什么会存在这种关联呢？端木三（2007）对此提出了两种解释，其中一种来自袁毓林（2003a）。该研究认为"信息—重音原则"是一种有意识的行为，说话人把信息量大的词说得重些，是为了表达清楚，让听话人理解起来方便。从这个观点出发，我们对语篇层级的重音能够获得更深层次的认识。Widdowson（1979）将书面语篇也看作是"交际参与者相互作用的交际过程。这一相互作用不仅存在于语言信息的生产过程，也存在于信息的接收和理解过程。书面语篇虽然不存在口头语篇公开的、面对面的相互作用，但它表现为一种间接的、更加隐蔽的过程"（转引自李艳芳，2007）。同样，对汉语书面语篇的朗读也是一种信息互动的过程。朗读者向外进行信息的传递，一方面传递出语篇的表面内容，另一方面传递出作者的情感、意图和朗读者对语篇的理解。而受众在进行信息接收的同时也不断根据这些信息的内容做出各种反应，或者产生情感共鸣，或者引发某种思考。这种传递信息的互动过程非常隐蔽、间接，让人难以察觉。从这一角度来说，朗读者要通过朗读向受众传递信息，新信息承载着较大的信息量，更能吸引受众，也更需要表达清楚，方便理解，自然会获得更高比例的重音和高等级重音；而旧信息承载着较小的信息量，是受众已经了解的内容，因此获得更低比例的重音和高等级重音；可及信息处在已知和未知之间，信息量居中，因此其获得重音和高等级重音的比例相应地处于中等水平。可以说，朗读语篇构建的过程即是朗读者根据自身认知中信息的激活程度、信息量的大小，推及受众，不断对重音模式进行调整的过程，目的是使受众更好地理解语篇。从这个意义上来看，韵律中的重音与语用存在互动的关系。

而且，本研究的结果在一定程度上与传统的"新信息重读，旧信息不重读"的看法并不一致，传统的观点过于绝对，本研究的结果显示新信息也有可能不被重读，旧信息也有可能被重读。那么，为什么信息状态的新旧与否不是决定重读与否的绝对依据呢？本研究认为，这应该回归到信息结构研究的另一视角——焦点与背景。新旧信息之分是从信息的状态出发，而焦点与背景之分则是从信息的强调与否出发，两者从不同的视角出发，但却在某些时候存在交集。某些新信息之所以没有获得重音是因为它们在语篇整体信息结构中充当了背景的角色，而某些旧信息之所以获得重音则是因为它们充当了焦点的角色。

（二）信息结构与停顿分布

研究进一步对语篇中信息结构与停顿之间的关系进行了探究。上文已经提到，研究使用"1—4"级的间断指数对停顿情况进行衡量。位于句首、句尾的标注单位单侧的间断指数比较固定，多为"3"或"4"，只能进行单向考察，代表性较弱。因此，本部分在进行考察时，将对象限定为句中位置的标注单位，考察其前后的间断指数分布情况。

无论是在词汇层还是在指称层，旧信息前获得的停顿以"0"级居多，而可及信息和新信息前获得的停顿以"1"级居多，也即旧信息前更倾向于不作停顿，而可及信息和新信息更倾向于作"1"级停顿。词汇层卡方检验的结果为：χ^2（6, n = 2213） = 80.641，$p < 0.05$；指称层卡方检验结果为：χ^2（9, n = 1865） = 153.601，$p < 0.05$。也即在句中位置的标注单元前，不同信息状态对停顿的分布存在显著影响。在语言实际使用过程中会存在一种现象，即停顿长一些，话语节奏就会慢下来，听得也就自然更清楚些。结合上文对重音分布的解释，研究认为信息结构对停顿分布的影响仍然要归结为韵律与语用之间的互动。朗读者倾向于对旧信息做"直接带过"的处理，而给予即将引出的可及信息、新信息以"1"级停顿，作为受话人理解话语的铺垫，这仍然是为了帮助受话人更好地理解语言而采取的一种语用策略。

在标注单元后的间断指数分布上，词汇层和指称层虽存在一定的差异，但仍然在一定程度上印证了我们的发现，具体表现为：词汇层 3 种信息状态后的停顿皆以"0"级居多，但个别新信息后存在级别最高的"4"级停顿；指称层中旧信息获得的停顿以"0"级居多，而可及信息和定指新信息获得的停顿以"1"级居多，非定指新信息获得的停顿以"2"级最多。我们看到，无论是词汇层还是指称层，无论是在标注单元前面还是后面，新信息都倾向于做更长的停顿，而旧信息都倾向于做更短的停顿，这同样也显示了韵律中的停顿与语用之间存在的互动关系。

四 结论

本研究从信息结构的视角对汉语朗读语篇进行了韵律接口研究，研究发现信息状态对重音分布和停顿分布有显著影响：新信息获得了更高比例的重音及高等级重音，而旧信息则获得了更低比例的重音及高等级重音；新信息倾向于获得更长时间的停顿，而旧信息倾向于获得更短的停顿。重音分布的情况可以通过"信息—重音"理论进行解释，但归根结底，信息结构对重音、停顿的影响都可以归结为朗读者为帮助受话人理解语篇而采取的一系列语用策略。可以说，本研究使用了接口研究的方法探究了韵律与语用之间的交互关系，契合了袁毓林（2003b）所倡导的"走向多层面互动的汉语研究"，希望能够促进相关研究的发展。此外，接口研究从信息结构角度加深了我们对汉语篇章层面韵律特征的了解，希望能够对言语工程中语音合成及语言识别等领域有所裨益。

第八节 本章总结

本章基于大规模语料标注开展了语篇—韵律接口研究，重点考察了依存语法、回指、修辞结构、向心结构、话题与话题链、信息结构等语篇信息对重音分布和停顿时长的影响，从不同层面反映了语篇信息对韵律的作用。

语篇信息对重音的影响体现在语法、语义、语用等多个层面。就句法层面的影响而言，语篇重音在不同依存句法关系中分布不同，具体依存关系中重音分布亦不相同，反映了依存句法对语篇重音分布的影响；零形式回指后的边界音节更易获得重音，先行词比名词回指更易获得重音。语义层面的接口研究则综合反映了词性、实现方式、位置等因素对重音分布的影响：以名词形式呈现的中心、话题比代词更易获得重音，间接实现的中心、话题比直接实现的更易获得重音，位于段首的中心、位于小句首的话题比其余位置的中心和话题更易获得重音。就语用层面的影响而言，新信息比旧信息更易获得重音，体现了信息结构对重音分布的重要制约作用。

语篇信息对停顿的影响则主要体现在语义与语用层面。语义层面，衔接关系与连贯关系对停顿时长有重要影响：修辞结构反映了衔接关系，不同修辞关系对应的停顿时长不同，其中表述性关系的停顿时长显著长于信息性关系和多核心关系的停顿时长；向心结构考察的过渡关系则反映了连贯程度，其中延续过渡关系的停顿时长显著低于保持与流畅转换中心过渡关系。此外，修辞结构的层级性和核心性也对语篇的停顿时长具有主效应。语用层面的影响则反映在新旧信息前后的停顿等级上，与旧信息相比，新信息倾向于获得更高等级的停顿。

  本章介绍的研究在补充前人成果的基础上，在依存语法、回指结构、修辞结构、向心结构和话题链的统一框架下，考察了语法、语义和语用特征对韵律特征的影响和制约作用，研究结果进一步加深了对汉语篇章层面韵律特征的认识，研究结果具有重要的理论和应用意义。综合上述研究结果，我们可以发现语篇的韵律实现特征，通过单一篇章理论并不能阐述清楚，应在考虑不同篇章理论优势的基础上开展综合研究，以全面呈现语篇对韵律特征的影响和制约作用。此外，通过不同单一理论体系开展的研究，也可能获得相似的研究结果，如在句法层面的依存句法研究中，修饰成分比中心成分要重读，其解释是修饰成分比中心成分包含的信息量要大，因此偏正结构中修饰语常常要比中心语重；回指研究中，紧邻零形回指形式前边界音节的重音级别趋向高于有距零形回指形式前的边界音节，体现了新信息重读的原则，先行词前的停顿时长显著长于回指形式前的停顿时长，这一模式反映了篇章中的信息结构。语义层面的向心结构和话题链研究中，名词、间接实现的实体更易获得重音的现象也可从信息结构中寻求解释。因此，信息量对于语篇层面的韵律特征解释具有重要意义，可以用于解释不同理论体系获得的研究结果。尽管本研究开展了系统的分层研究，对语篇韵律研究而言具有一定的启发性，然而，更多的研究，如不同层面特征之间的交互对语篇韵律特征的综合影响，以及在口语中的互动问题，在未来研究中更值得关注。

第五章

总　　结

第一节　研究总结

本研究首先回顾了以往关于语篇的相关研究内容，可以发现，尽管汉语语篇的研究开展得较晚，但在相关领域均取得了丰硕的成果。研究回顾了以往从语法角度、语义角度、语用角度、互动角度、多模态角度以及语音角度对语篇问题的研究，以及语篇研究在教学、自然语言处理和跨语言对比等领域中的应用。此外，研究还梳理并总结了依存语法研究、篇章回指研究、修辞结构研究、向心理论研究、话题与话题链的研究、信息结构研究、标注体系构建研究以及汉语语篇韵律研究在国内外相关研究领域的概况。通过对前人成果的回顾，发现汉语语篇的研究在诸多领域取得突破和进步的同时，已有的研究无论从整体性还是系统性上看，都需要进一步开展扩展性研究：在语篇理论研究层面，已有的研究缺乏大规模统计数据的验证和支持，在应用层面，研究方法单一，研究结果的理论与应用的结合性不强，原因在于缺乏对相关理论的形式化表示，即缺乏将理论转化为可供计算的符号系统和特征表示系统。针对目前存在的问题，为了系统和全面地认识语篇韵律特征受语法、语义和语用特征的影响，本研究指出构建汉语语篇分层表示体系的必要性和重要性，并计划通过该表示体系进行大规模语料的标注，构建面向汉语语篇接口研究的标注库，在标注库的基础上开展语法、语义和语用与韵律特征的接口研究，以此来解析汉语从底层的结构特征到表层的韵律特征的实现，厘清不同特征对语篇韵律特征的影响和作用。这既有助于加深在理论层面对汉语篇章结构和韵律的认识，其研究结果也可用于汉语语篇理解、对话意图分析、信息安全等领域，具有很强的应用性与社会效益。

第二章对本研究相关的定义和理论进行了介绍，着重介绍了和语篇分析相关的理论，通过对理论框架结构的进一步梳理，提供了本研究的背景知识，也为分层表示体系的构建以及在其基础上开展的接口研究提供了理论方面的支撑。

第三章从理论和实际操作两方面，对本研究要构建的汉语分层表示体系进行了详尽的阐述。正如董振东、董强等（2011）指出，对于标注体系的研究，需要将目光转向汉语的语篇研究，即"让中文归于中文"，提出适合汉语语篇的标注体系和研究方法。基于上述原因，为满足汉语语篇接口研究、自然语言处理和语音翻译对篇章语法、语义、语用与韵律计算的重大需求，本研究构建了一个语法、语义、语用与韵律特征的分层表示体系，该体系包括四部分主要内容：①语法层，包括形态层、回指层和句法层；②语义层，包括修辞关系、向心关系和话题链三个部分；③语用层，主要包括信息结构；④韵律层，包括音段与声调层、韵律边界层、重音层三个部分。从语法层、语义层、语用层和韵律层这四层的标注规范出发，本研究系统地介绍了标注库构建方法。本研究以汉语普通话朗读语篇语料库（ASCCD 语料库）作为语料基础（该语料库由中国社会科学院语言研究所语音研究室制作），以 RSTTool、MMAX2、Praat 为标注工具，系统地介绍了其在语篇标注和语音标注上的功能和使用方法，并提出依存关系、回指结构、修辞结构、向心理论、话题与话题链、信息结构以及音段与韵律这七个方面的标注规范和标注范例。可以说，这一体系的构建，有助于我们更加系统地考察语法、语义、语用特征对韵律特征的影响和制约作用，通过大规模的接口研究，可以发掘出四者之间显著的和可靠的影响关系。此外，分层表示体系的特征描写涵盖了语法、语义、语用和韵律四个层面，可以更好地适应不同语言类型描写的需求，且结果相较于以前的标注系统也更为全面。这一研究在学术和实际应用方面都有较高的学术价值。研究所构建的分层表示体系，是跨语言学和跨学科领域综合研究的结果，它顺应了目前学界不同学科交叉结合的研究趋势，对于汉语语篇语言学研究和中文信息处理具有重要意义。

基于分层理论和标注库的构建，本研究在第四章开展了基于语篇标注的接口研究，该部分是本研究的核心内容，主要包括六个部分：①依存语法与韵律特征的接口研究；②篇章回指与韵律特征的接口研究；③修辞结构与韵律特征的接口研究；④向心结构与韵律特征的接口研究；⑤话题链与韵律特征的接口研究；⑥信息结构与韵律特征的接口研究。这些研究从不同角度和不同层面说明基于语篇标注库的接口研究有积极的探索意义：

（1）依存语法与韵律特征的接口研究。从依存句法角度研究句法结构对韵律特征分布的影响，从重音分布来看，语句重音在 ADV（状中）、ATT（定中）、VOB（动宾）、SBV（主谓）这四种依存句法关系中的分布比例较大。分析了依存句法关系中各部分的重音获得情况，发现语句重音在不同依存句法关系中分布不同，且具体依存关系中重音分布亦不相同。该结果反映了句法对重音分布的影响，从语音角度证实了开展依存句法预测重音分布的可行性，这为进一步研究汉语语法对语音的影响和作用提供了思路。

（2）篇章回指与韵律特征的接口研究。从语音角度对汉语朗读语篇中的回指现象进行了系统的考察，对三种不同类型语篇回指形式的音高、时长及韵律模式展开了研究，得出了较为一致的结果。基于研究结果提出了零形式底层音节重量投射的观点，并探讨了重音与停顿在朗读语篇中的语用功能。这一研究有助于加深对汉语篇章回指的认识与理解，在一定程度上促进了汉语篇章韵律的研究。此次研究充分体现了实验语音学研究方法对语法研究的促进意义，并且相关结果在语音合成方面也有一定的应用价值。

（3）信息结构与韵律特征的接口研究。从信息结构的视角对汉语朗读语篇进行韵律接口研究。针对汉语的特点，研究提出了适合汉语语篇特点的信息结构标注体系，在进行数据标注和提取的基础之上，对汉语朗读语篇的韵律特征进行了探究，研究发现信息状态对重音分布及停顿分布有显著影响。可以说，本研究使用接口研究的方法探究韵律与语用之间的交互影响，契合了袁毓林（2003b）所倡导的"走向多层面互动的汉语研究"，能够给相关研究一定的启发。此外，本研究的接口研究从信息结构角度加深了我们对汉语篇章层面韵律特征的了解，在言语工程中语音合成及语言识别等领域均有一定的应用价值。

（4）修辞结构与韵律特征的接口研究。基于修辞结构理论对汉语朗读语篇中修辞结构参数与停顿时长的关系进行了系统的考察。发现在修辞结构的层级性、停顿前后的核心性和核心组合与停顿时长的关系上，修辞层级的停顿时长两两之间均具有显著差异；修辞结构的层级性和核心性这两项参数都对语篇的停顿时长具有主效应，且两因素之间具有交互效应；基于表达效果分类的修辞关系对停顿时长也具有显著影响；通过大规模的数据统计，得出48种修辞关系的停顿时长排序，并且发现细化的修辞关系的停顿时长也受层级性、核心性的影响。这些发现在一定程度上填补了修辞关系与停顿时长考察方面的空白。

（5）向心结构与韵律特征的接口研究。采用实验语音学手段，研究汉语朗读语篇的中心与话题链特征和过渡关系对停顿时长、重音分布等韵律特征的影响。发现语句间过渡类型与回指中心的新旧状态均对停顿时长造成显著影响，而话题与中心的实现方式、类型、位置等均对重音分布造成显著影响。上述研究结果反映了向心理论作为语篇连贯性理论对韵律特征，尤其是语句间停顿时长的解释力。而中心的特征对停顿时长、重音分布的影响也揭示了语篇复杂的韵律表征并不是仅用单一篇章理论就能阐明的，需综合考虑不同篇章理论的适用范围以及语言单位，从而对其韵律特征给出合理的解读。

（6）话题、话题链与韵律特征的接口研究。从话题角度开展大规模语料标注，分析具备不同特征的话题以及在话题链中占据不同位置的话题在重音分布上的差异，以考察不同篇章结构对应的韵律特征，发现名词话题比代词话题更易获得重音，间接实现的话题比直接实现的话题更易获得重音，位于篇章首的话题更易获得重音，位于句首、小句首、小句中的话题获得高级别重音的比例依次递减。其中，话题类型、实现方式与话题链位置对重音的影响可从信息结构角度出发解释，而句法位置的影响可从篇章层级性角度解释。

这些研究有的对前人的结论进行了检验和修正，如从依存句法角度研究句法结构对韵律特征分布的影响，实验结果可为前人的相关研究提供证据，从而阐释汉语语法对语音的作用；有的补充了前人的研究，如过渡关系对停顿时长的作用体现了连贯性的显著影响，而前人开展的语篇韵律接口研究尚未涉足该领域；有的深化了相关研究，如信息结构的接口研究，是韵律接口研究中的创新研究了，为相关研究的进一步开展打下了坚实的基础；有的发现在应用方面具有价值，如依存语法接口研究结果一方面可服务于汉语语音合成系统的韵律规则设计，另一方面可为汉语二语语音训练，尤其是口语韵律教学提供参考。当然，本研究由于语料限制及多种潜在的影响因素，所得结果还需要通过设计严格控制的语料、采用更精密的测量方法进一步分析验证，并在今后的研究中进一步扩展至自然话语。

第二节 研究展望

综合上述分析，通过构建汉语朗读语篇分层表示体系，通过标注语篇语法、语义、语用与韵律特征，基于大规模数据统计，以语言学和语音学相关理论为基础，解析语法、语义和语用不同层面特征对韵律的影响，对语篇层面韵律接口问题进行了较系统和深入的研究和阐述。然而，从研究方向上看，偏重于语法、语义与语用特征对韵律的影响和制约作用，缺乏韵律特征对语法、语义和语用特征的影响研究。此外，研究采用分层的方式，考察了语法、语义和语用特征对语篇韵律特征的影响和制约作用，而较少涉及这些特征的综合影响。因此，基于该标注库的大规模研究亟须开展。在未来的研究中，应加强各语篇分析理论彼此之间的联系，各个特征之间需要进一步结合来做更深层次的研究，比如在互动语言学理论框架下，开展不同理论之间以及不同特征之间的交互影响以及互动关系研究。

一 语法、语义、语用对韵律特征的综合影响

本研究考察了依存语法、回指结构、修辞结构、向心理论、话题和话题链以及信息结构对语篇韵律的影响和制约作用，研究主要是在分层的条件下开展的，即一种结构理论对语篇韵律特征的影响和作用。对于语篇韵律特征的表层实现而言，是语法、语义与语用特征综合作用的结果。因此，在未来的研究中，需要将语法、语义以及语用特征对语篇韵律的贡献度大小进行综合考察，以厘清其对韵律特征的不同作用，为语

篇韵律互动研究提供必要的理论和数据支持。

二 语法、语义、语用与韵律特征的互动研究

语法层涵盖的语法特征包括词性和人称，句法特征有各种类型的依存关系，韵律层主要包括韵律词、韵律短语和语调短语边界以及重音分布位置。在未来的研究中，语法层中的任意成分都可以作为变量，例如词性，支配关系或被支配关系等，考察其对重音和韵律边界的影响。反之，韵律特征也可以作为变量，考察其对语法特征的影响。通过这一方式，揭示语法特征与韵律特征之间的影响关系，基于统计结果，用形式化方式表示语法与韵律之间的影响关系。语义层和语用层中涵盖了句间语义与层级性关系，话题链信息以及词汇范畴和指称范畴类的新信息和旧信息类别。语义层中的任意特征均可以作为变量，如不同的连贯关系，如转折、使让关系等，考察其对韵律特征，如重音分布和韵律边界的影响。反之，韵律特征也可以作为变量，考察其对语义特征的影响。通过这一方式，揭示语义特征与韵律特征之间的影响关系，基于统计结果，用形式化的方式表示语义与韵律特征相互之间的影响关系。具体实施方案如图5—1所示。

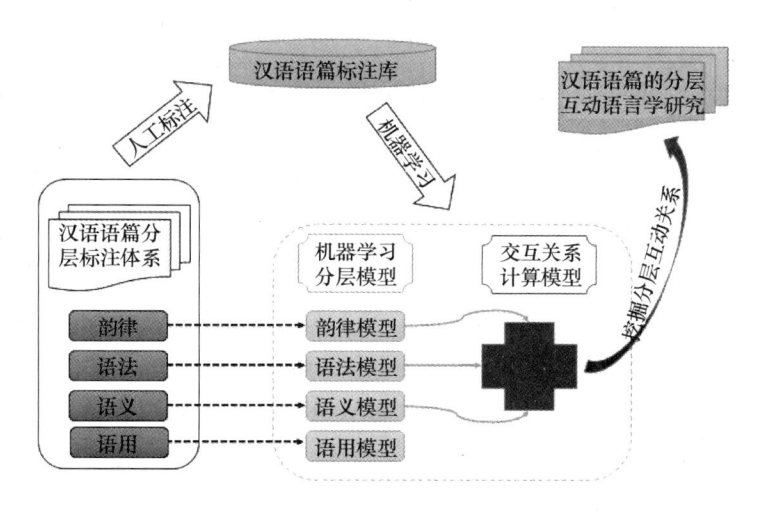

图5—1 语法、语义、语用与韵律互动关系研究方案

三 语法、语义、语用与韵律之间互动关系的计算模型

基于上述 5.2.1 和 5.2.2 的研究结果，在未来的研究中，将进一步构建语法、语义、语用与韵律特征之间互动关系的计算模型，该模型分为两个部分：①层次结构的计算模型，即回指结构层、依存结构、修辞结构、向心结构和信息结构层级之间的互动计算模型；②语法、语义、语用和韵律的交互关系计算模型，即回指结构层、依存结构、修辞结构、向心结构和信息结构不同特征之间的互动关系计算模型。

（1）层次结构的计算模型。从数据结构角度来看，语法层、语义层、语用层与韵律层内部都表现为逐层递进的层次结构，即较低层的元素组合构成较高层的元素，因此研究需要建模标注数据中的层次结构信息。在机器学习领域，结构学习算法是一类用于解决结构预测问题的方法，已广泛应用于生物信息学、自然语言处理、语音识别和计算视觉等领域。这里首先引入向量表示（distributed representation）的概念（Hinton，1986），其基本思想是：通过训练将语言中的每个词项映射成一个固定长度的连续向量，将所有这些向量放在一起形成一个词向量空间（每一向量则可视为该空间中的一个点）；可根据词项与词项向量表示之间的距离来判断它们（在语法及语义上）的相似性。例如，"麦克"和"话筒"的距离会远远小于"麦克"和"天气"的距离。生成词向量的常用途径是利用神经网络算法（Bengio and Ducharme et al.，2003）和深度学习技术（Mikolov and Chen et al.，2013）。这些神经网络语言模型建模的是一个固定长度的词项连续序列的概率分布，通过最大化由上下文词项生成核心词的条件似然概率，训练得到词项的向量表示。但以上神经网络没有考虑到语篇的语法结构和语义结构等结构信息。

在后续的研究中，我们拟采用递归神经网络（Recursive Neural Network，RNN）解决上述问题。RNN 可以有效建模自然语言中的细粒度的结构信息，同时获得自然语言的结构单元的向量表示。例如，Socher 和 Bauer 等（2013）利用 RNN 从大量的语法标注数据中训练获得单词、词组以及语句的连续向量表示，并用于语法结构的快速预测以及语义计算等任务。本研究拟采用 RNN 为基本的建模单元，分别表示语法、语义和韵律层三个模块的结构信息。

在语法层部分，RNN 的输入节点为语句的基本音节，中间节点表示由基本音节单元构成的语法成分或单元（如词项），顶节点表示以句号为单位的语句。其层次结构根据前述形态层和句法层标注规范构建。在语义和语用层中，以修辞结构、话题链和信息结构为例。对于修辞结构，RNN 的输入节点为小句，中间节点表示小句间的衔接关系。对于话题链，RNN 的中间节点对应小句之间的话题关系（示例见图5—2，选自钱锺书《围城》）。对于信息结构，RNN 的输入节点为语句标注的新旧信息，中间节点表示新旧信息的关联关系。值得指出的是，这里的信息结构与韵律层的重音分布存在显著相关性。韵律层分为两个部分：韵律边界和重音分布结构。其中，韵律边界对应的 RNN 的输入节点为语音的基本音节，中间节点表示韵律词、韵律短语和语调短语，顶节点为以句号为单位的语句。同理，重音分布对应的 RNN 的输入节点为语音的重音位置，中间节点表示依重音切分的韵律词/韵律短语/语调短语，顶节点为以句号为单位的语句。图5—3是一个韵律切分结构的 RNN 示例。

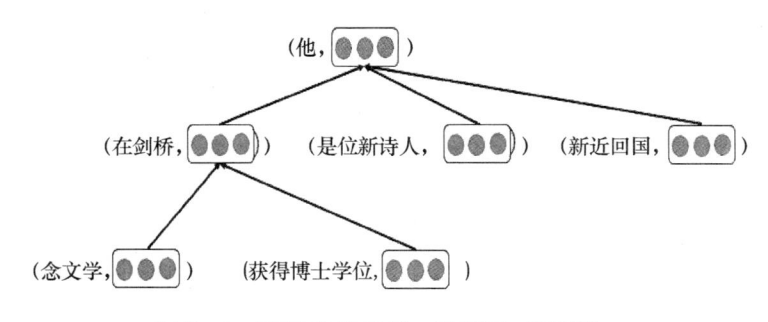

图5—2　RNN 结构示例：语义层—话题链

（2）语法、语义和韵律的交互关系的计算模型。前述语法、语义和韵律模块可以分别表示为若干个 RNN。为了研究不同模块（语法、语义和韵律）之间的互动关系，我们需要建立其相对应 RNN 之间的节点关联，如图5—4所示。

图5—2中，语法、语义和韵律通过各层之间的网络连接建立互动关系，并通过一个统一的优化目标函数进行协同训练。例如，语法层中的结构节点都可以作为变量（如词性，依存关系等），通过网络连接影响重

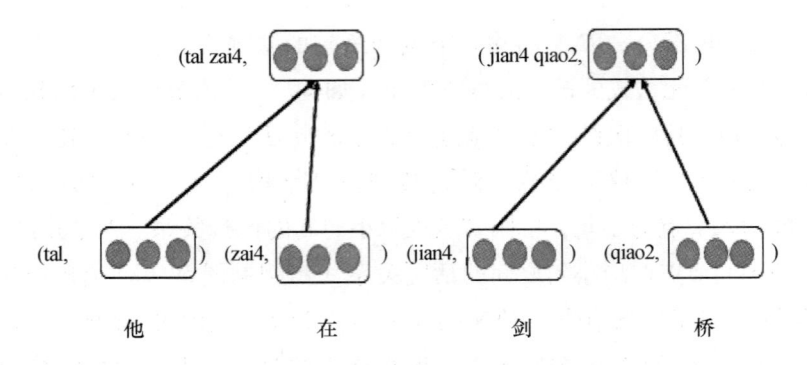

246　/　汉语语篇分层表示体系构建与韵律接口研究

图5—3　RNN结构示例：韵律层—韵律切分结构

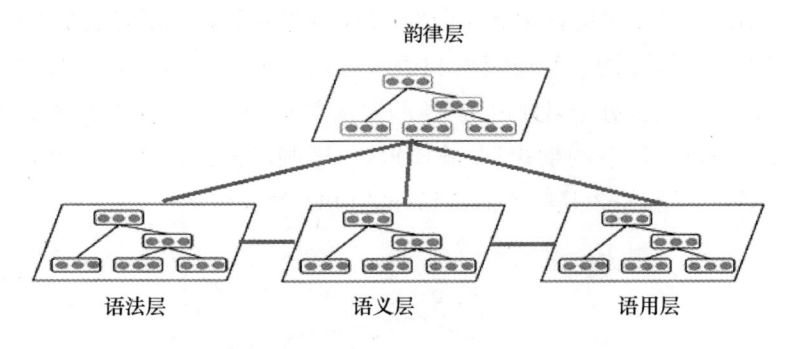

图5—4　互动关系计算模型示意

音和韵律切分；同理，韵律层的节点也可以作为变量，影响语法结构。具体而言，整个神经网络的参数包括：各模块RNN内部的各节点的向量表示，以及节点间的关联权重。给定标注数据集，我们可以通过back-propagation算法（Socher and Bauer et al., 2013）训练神经网络的参数，使标注与预测之间的误差最小化：

$$\theta_{opt} = \mathrm{argmin} Loss(\hat{y}, y)$$

式中，θ_{opt}表示神经网络参数，$Loss(\hat{y}, y)$表示标注y与模型预测$\hat{y}$之间的误差函数。针对本研究具体任务，神经网络的最优化损失函数需要随着研究的深入不断调整，以契合现有的语言学理论成果。

经过训练，我们可以获得拟合标注数据的最优参数，包括各个模块RNN内部节点的向量表示和节点间的关联权重。为了获得不同模块之间的互动关系，我们可以从神经网络中直接获得不同模块间的节点关联权重。关联权重的大小可以反映 RNN 的中间节点之间的交互关系强弱。然而，由于神经网络中关联权重只具有相对意义，我们需要从复杂的神经网络中辨识出可信赖的交互关系，以服务于汉语语篇的语言学研究。以 Fisher-Rao 信息距离作为判据，拟提出基于信息几何理论的假设检验方法，以度量神经网络的边参数的可信程度，并发展一系列有效的参数选择方法（Zhao and Hou et al., 2014, 2018）。研究拟在现有研究基础上进一步发展新颖的可信交互关系的辨识方法。

综上所述，我们将依据语法、语义、语用与韵律的分层表示体系，构造神经网络学习模型，用于建模各个分层的结构特征信息。同时，我们将语法、语义、语用和韵律模型之间进行互连，从而将 4 层之间的互动关系表示为各分层模型的节点间的关联权重。利用标注数据，训练获得最优参数，计算可信关联权重，用于反映语法、语义、语用和韵律之间的交互关系。另外，给定一个新的语篇，神经网络可以快速给出对语法、语义、语用和韵律标注的预测。

本章首先总结了本研究的主要发现及其理论和应用意义，在此基础上，研究指出基于所构建的标注库进一步开展互动研究的方法和意义。可以说，基于语篇的韵律相关研究是具有广泛应用前景的研究，对于语言的理解和认知具有重要作用。

附　　录

1. 分粥制度

　　世间的问题，原来极复杂的可以用极简单的事例加以说明。搞社会科学研究，一条重要的学术规律即是先设定简明的几个前提，然后逐步引入多个变量，由浅入深地进行分析。罗尔斯的鸿篇巨制《正义论》，也是从所谓"无知之幕"出发的。我们不妨从一个简单情形出发，探讨一下权力制约的制度问题。

　　有七个人组成的小团体，其中每个人都是平凡而且平等，没有凶险祸害之心，但不免自私自利。他们想用非暴力的方式，通过制定制度来解决每天的吃饭问题——要分食一锅粥，但并没有称量用具或有刻度的容器。

　　大家试验了不同的方法，发挥了聪明才智，多次博弈形成了日益完善的制度。大体说来主要有以下几种。

　　方法一：指定一个人负责分粥事宜，很快大家就发现，这个人为自己分的粥最多。于是又换了一个人，结果总是主持分粥的人碗里的粥最多最好。阿克顿勋爵作的结论是：权力会导致腐败；绝对的权力会导致绝对腐败。

　　方法二：大家轮流主持分粥，每人一天。这样等于承认了个人有为自己多分粥的权力，同时给予了每个人为自己多分粥的机会，虽然看起来平等了，但是每个人在一周中只有一天吃得饱而且有剩余，其余6天都饥饿难挨。大家认为这种办法造成了资源浪费。

　　方法三：选举一个分粥委员会和一个监督委员会，形成监督和制约。公平基本上做到了，可是由于监督委员会常提出各种议案，分粥委员会又据理力争，等分粥完毕时，粥早就凉了。

现代经济学是这样表述的：制度至关紧要；制度是人选择的，是交易的结果。好的制度浑然天成，清晰而精妙，既简洁又高效，令人为之感叹。

2. 从前那会儿

从前那会儿，钱荣京在东风制药厂当电话员，后来因病从电话室调到后勤，工作很清闲，养个花儿，浇个水。后勤这几个病号，上午来上班，头儿说：把哪块哪块地扫一下，打扫完，她们几个就回家做饭，下午来厂子点个卯就行了。

她得的病叫支气管哮喘，公费医疗，花了公家 2 万多元钱。后来生产的蜂王浆卖不动了，三九胃泰吞并了东风制药厂。钱荣京是长期病号，厂里发给她一个失业证，她每月到街道去领 203 元的失业救济金。

她试着做小买卖，卖火腿肠，从太阳宫批发市场进两箱火腿肠，到工体早市去卖，没赔也没赚，接着再进一箱就卖不动了，都自己留着吃了。

钱荣京的家看上去很穷，三家人合住一套三居室的单元房，她家住的这间最大，有 18 平方米，一张双人木床，一张单人木床，一张方饭桌，电视机放在木箱上。她丈夫在民航系统工作，每月有 1000 元的收入，钱荣京哮喘找不到合适的工作，他就说：你这个身体就别出去干了，咱俩就吃我这点儿得了。让丈夫养着，钱荣京不愿意。

3. 压岁钱

记得小时候最盼过年，这个"年"，当然指的是春节。之所以盼，是因为有新衣服穿，有鞭炮放，更为重要的是有"压岁钱"。

幼时家境贫寒，一年到头，手中难得有零用钱的。平时即使是受了母命去买酱油、买醋、买盐，剩下的分角小票儿，也要统统上交，绝对不敢截留一文一毫。然而，到了过年，就不同了，这时父母格外和蔼、慈祥，也大方许多。除夕之夜，吃年夜饺子之前，会将我招到跟前，捏几张角票，很郑重地放到我的小手心里。这便是一年到头梦寐以求的"压岁钱"了。虽然不多，但绝对归我所有，归我支配。我可以权衡，计划之余，随意地购买我喜欢的糖葫芦、小人书。除了父母，有其他亲属来拜年，也会顺手给我一些小钱儿，这于我，便属"意外惊喜""额外收入"了。

4. 变

前几年，先生因工作需要，配备了一部"大哥大"，那时，"大哥大"象征着"大款"，拥有的人为数不多。我不愿他招摇过市，所以不准他将"大哥大"露在外面，因而先生每次外出都将"大哥大"挂在腰上，外面罩上一件夹克衫，从外面看，如同挂了"盒子炮"的武工队长。

一日，来到一家精品店，店外站着一个门卫，出入精品店的顾客个个俨然人物。低头看看自己的那身行头，自觉还说得过去，回头再看先生，不觉眉头一皱，都什么时代了，他脚上还穿着一双老头鞋，说是穿着舒服，可是那双鞋的脏样却叫人不敢恭维。"瞧你这身打扮，真丢人！进了商店后，你从右边逛，我从左边逛。"先生自愧邋遢，点头称是。

我们一前一后走进精品店，他向右边走，我向左边逛。只见门卫也跟着步入店门，小日本鬼子似的紧随我先生后面；那双眼睛利剑般盯着先生的手，骇得先生不敢触摸任何商品，就这样，门卫亦步亦趋地从右边一直跟到左边。看到先生如芒刺在背，我不禁窃笑。

只见"武工队长"站在门口，思忖一番，把夹克衫猛然脱下，露出了他的"盒子炮"，"小鬼子"大吃一惊，愣在那里，旋即掉头离去，"武工队长"摇身一变成了"款爷"。

"款爷"舒了一口气，又折了回来，接茬再逛，这回可和先前不一样了，明明写着："贵重商品，请勿动手！""款爷"无所顾忌地乱摸一气。最后来到皮鞋柜前，拿起一双价格800多元的皮鞋，神气活现地冲着小姐说："给我拿一双！"

看他动了真格，我收住了笑，赶紧冲过去："花800多元买一双不知真假的意大利皮鞋，值吗？"

"款爷"挺挺肚子，大声说："值，太值了！"

"你不是说穿布鞋舒服吗？"

"穿布鞋，我脚上舒服；穿皮鞋，我心里舒服。"

5. 我在开国大典那一天

1949年，我18岁。当时的我身着灰色的列宁服。梳着两条短辫，头戴灰色的八角帽，这身装束标志着我是"华北人民革命大学"的干部，我是在革命的大熔炉里锤炼出来的第一批走上工作岗位的人。

是什么时候知道要在10月1日举行开国大典的，我已经记不清了，只是觉得在这种期待的心情中度过了兴奋的几个月。为了参加开国大典，头一天晚上，还特意把裤腿叠出两条笔直的裤线，压在木板床的褥子下面，在列宁服上衣的腰间，用平时舍不得用的皮带换下布制的腰带，这是当时最好的装束了。

10月是北京最好的季节，那天的天气也格外晴朗。革大的校园在西郊万寿山附近，学校条件艰苦，参加开国大典这样的重要活动也没有汽车，当时也没通公共汽车。我们是从万寿山脚下一直步行，怀着无比豪迈的心情奔向天安门广场的。

那时的天安门前远没有今天宽阔。地面也不是平坦的方砖地。人民大会堂和历史博物馆还没建，广场东西两侧是大片古老的民房。我们的队伍是从当时还没有拆除的三座门进入会场的，停留在广场西侧的大墙内，大约就是今天大会堂前。

进入会场大约是在中午时分，在我们之前已经有很多单位、团体到达。广场成了红旗与横幅的海洋，歌声此起彼伏。我透过密密匝匝的人群，看到天安门城楼也焕然一新。那时的北京没有现在的高大建筑，所以城楼看起来格外高大，城楼正中悬挂着巨幅的毛主席画像，我们当时感觉是头戴八角帽的彩色像。到了的队伍听从大会指挥，席地而坐。刚坐下就听到旁边一个单位的方阵在跟我们"拉歌"。于是我们就放开喉咙高唱。然后就主动拉对方同学，华大的同学也放开嗓子唱，歌声此起彼伏，争着拉歌，争着唱。那样兴奋、那样激情、那份火热，是只有我们那个时代的青年所能独享的。

开国大典是在下午3点左右开始的，我们亲耳聆听到从广场四周的高音喇叭里传出的毛主席的声音，亲眼看到毛主席亲手升起第一面五星红旗。礼炮轰鸣，代表着人民力量的海、陆、空军的大检阅，展示了人民军队的威武，与现在所不同的是，除去步兵和坦克方阵外，还有骑兵方阵，是清一色的白马或红马，特别雄壮。电台播音员不断报告着被检阅的队伍进行的盛况，腰鼓队的雄壮的鼓声，咚咚咚！成千的腰鼓队员，整齐的鼓点，像是一个人敲出来的，它震撼着每一个人的心。

转眼，半个世纪过去了，我已是鬓发斑白的离休老人，在开国大典的队伍里，我只是一个普通的参加者，但在今天，回想起当年的情形，我还是很激动。

6.《拉郎配》手稿出世

1999年1月11日中午11时40分，中华人民共和国文化部。当大楼电梯从十几层下至第九层时，原本就有六七个人的电梯里又上来两个人，一位男士与另外一位男士声音洪亮地说着什么。故事就在这一瞬间发生了。只见一位中年女士猛然间伸手一把抓住这位站在自己对面的中年男人。由于她的动作突然，又有些激动，声音也有些变调。站在舒乙旁边的老舍研究会秘书长关纪新幽默地笑着说："你又遭绑架了。"舒乙也笑着应了一句："我又遭绑架了。"

此时电梯已经到了一层大厅。电梯里也只剩下他们4个人，但没人说话，直至走进办公室时，这位女士还是略显激动地向舒乙说明着原因："舒乙同志，我叫汪存一，她叫彭军，我们有件很重要的东西请你鉴定一下。"说着她请文化部机要档案处的彭军同志打开保险柜，从里面取出一本封面已有些破旧的本子，递给舒乙。当舒乙和关纪新接过本子时，不由自主地相互看了一眼，但谁都没有说什么，而是紧紧盯着封面上的那几个字：《拉郎配》——老舍。

屋里异常安静。站在舒乙身旁的关纪新突然激动地说："你看这行字。"只见在剧本的第二页，有一行用红笔书写的字"祈勿发表！如再抄写，务请详加校对！""这是先生的口气，这是老舍先生的手稿。"屋子里的空气一下子凝固了，几双眼睛齐刷刷地盯向舒乙，可舒乙依然没有说话，还是静静地一页一页仔细地翻看着剧本。时间在一分一秒地走着，已经过去二十多分钟了，屋子里除了沉默，还是沉默，只能听见舒乙翻阅手稿时的轻微之声，就在这时，只见舒乙突然拍案而起："这是老舍的手稿，是父亲的笔迹。"

7. 省劳模

1998年12月8日，星期二清晨7点，辽宁省营口市熙攘的上班车流中，又准时出现了一辆与众不同的三轮车：车身长近2米，高1.5米，四周铁皮封闭，前后左右镶着铝合金玻璃窗，车子后部还安着一个小火炉。营口市的冬天寒风刺骨，但三轮车里温暖如春。车里坐着一位中年妇女，蹬车的中年汉子躬着腰，把头埋在棉袄的衣领里，一边躲闪着行人，一边匆匆赶路。他们俩是夫妻，这辆车是他们流动的家，这恐怕也是全国独一无二的"家"了。

丈夫叫孙庆福，49岁，是营口市某物业公司的维修工；妻子叫宋素梅，与丈夫同龄，1995年底因脑出血瘫痪、失语至今。3年前，他们本来有一个平凡而又幸福的3口之家：儿子20岁出头，当上了出租车司机；孙庆福连年当选省、市劳动模范、公司标兵；宋素梅虽然下岗了，但她承包了一个浴室，收入也不错。一家人常说，他们的日子如同倒嚼甘蔗，越来越有甜头了。没想到，宋素梅这突如其来的病变，几乎毁了这个经营了20年的家。

孙庆福对家的记忆亲切而清晰。1975年5月，孙庆福和宋素梅经人介绍相识了。论及嫁娶的时候。宋素梅只问了孙庆福两个问题：能否孝顺父母？脾气能不能改？孙庆福当即允诺："能！"通过接触，孙庆福了解到宋素梅为人善良、朴素。孙庆福兄妹7个，他是老大，不但身无分文，还有些"哥们儿义气"的坏毛病，宋素梅不嫌弃他，完全是看上他仗义、倔强的一面。终于，两人用宋素梅的200元筑起了他们的家。孙庆福没有什么文化，但骨子里却有知恩必报的侠义，从成家起，他心里总觉得欠了媳妇的，而他唯一的报答方式，就是好好工作，做出个样来。为了家、为了事业，他们夫妻俩都憋足了劲。一晃二十年，当年的"孙驴子"成了省、市劳模，宋素梅也连年荣获本系统的标兵称号。平凡的劳模人家，日子过得充实而又恬淡。

8. 伊称美军事打击可能性仍存

伊拉克副总理阿齐兹×××年××月30日在总理府接受新华社记者采访时说，美国和英国仍在寻找各种借口威胁伊拉克，它们对伊进行军事打击的可能性依然存在。

阿齐兹强调，自1993年以来，伊拉克已经三次遭到美国导弹袭击。他说，面对美、英的武力威胁，伊拉克已经做好了心理上和行动上的准备。他还指责联合国销毁伊化学、生物和核武器特别委员会主席巴特勒秉承美国旨意，不断挑起事端，为美国对伊进行军事打击制造借口。

阿齐兹重申，伊将履行11月14日做出的承诺，与联合国武器核查人员进行全面合作。但他同时指出，伊不反对武器核查，但将坚决反对联合国武器核查人员利用核查从事损害伊主权和国家独立的活动。

阿齐兹说，他最近已派特使向联合国秘书长安南转交了一封信函，表达了伊对此问题的关注，希望安理会尽快开始对伊问题进行审议。他认为，只要安理会公正、客观地对伊问题加以审议，有关武器核查问题是可以很快得出实事求是的结论的。

他指责美国故意阻挠安理会全面审议伊问题，其目的是要延长对伊制裁，推翻伊现政权。

9. 噪声使人生病

人们在学习或休息时，都希望有一个安静的环境，喧闹嘈杂的声响令人厌烦。一般情况下，人们对周围的声音不太在乎，因为在生活环境中到处都充满了声音，人本身也要用声音来传递信息和进行社会活动。不过人对声音的承受能力是有一定限度的。在临街的房间里学习，如果窗外不断传来汽车的喇叭声、机器的轰鸣声，会扰得人心烦意乱，昏头涨脑，很难安心学习，这声音就是噪声。

噪声是指从声源发出的频率和强度都不同的、无规则的声波振动。噪声能干扰人们的休息，使人心情不安，学习、工作效率减低，严重的还会引起耳鸣、头晕、恶心、呕吐等多种疾病，是城市中一种严重的环境污染。噪声主要由机械设备、机动车辆、建筑施工的作业机械等放出的声音，可以分为工业噪声、交通噪声和生活噪声3种。

现在可以用仪器测出噪声的大小，以分贝为单位，分贝数越大，声音就越大。如树叶簌簌作响的声音为20分贝，通常的谈话声为60分贝，公共汽车行驶时的声音为70分贝至80分贝。

50分贝左右的噪声会影响睡眠和休息；70分贝以上的噪声能干扰谈

话，造成心烦意乱，影响工作，甚至引起事故；人若长期生活在 90 分贝以上的噪声环境中，听力会受到损伤，并导致头疼、恶心、血压不稳以及心率加快等其他疾病发生。

10. 刘小光从"冬眠"中醒来

近来，棋坛猛将刘小光九段的成绩好得出奇，在国内比赛中，以 5 战全胜的战绩获得了名人战挑战权；在国际比赛中，连胜韩国新锐和老将，打进了第三届三星杯世界公开赛的八强。"猛将"刘小光有点"醒"了！

谈起这些成绩，刘小光自我感觉良好。他说："也许是自己'冬眠'的时间太长了，棋迷快要把我忘了。连赢 7 盘棋，我也觉得有点意外和兴奋。"

今年起，刘小光九段开始到中国棋院围棋部"实习"，做些行政工作。刘小光社会工作多了，钻研棋道的时间少了，成绩却反而好了，这多少有点出人意料。对此，刘小光说："棋下得少了，促使自己对过去进行了总结和反思。"通过反省，刘小光找到了自己的弱点。

刘小光坦承："我的棋风没有多大改变，喜欢力战的本质难改变，现在有所改变的是行棋比过去自然了一点、中庸了一点，这是矫枉过正。"在谈到前不久战胜曹薰铉九段一局时，刘小光显得较为兴奋，他说："曹薰铉输在下得过分，我赢在把握住了时机。"

下围棋，刚柔并济是一种上佳的境界。过去，很明显刘小光是刚多于柔。现在，刘小光下棋时常告诫自己："棋要下得柔和一点，再柔和一点。"

11. 我国科学家找出"米奇"飓风成因

今年 10 月底，加勒比海"米奇"飓风袭击中美洲，造成 12000 多人死亡的悲剧，引起国际社会的普遍关注。我国科学家日前经过分析认为"米奇"飓风成灾和引潮力密切相关，而且认为这类特大自然灾害是可能在事先进行预测的。

专门研究特大自然灾害和全球变化的中国气象科学研究院任振球研究员说，根据 30 年来的研究，热带气旋在海上的风速强度、移动路径突变,以及登陆后暴雨突然增加,都是遇到外来的引潮力共振和内因耦合而成。10月30日"米奇"飓风在中美洲造成了罕见的特大暴雨,同样是当天遇到的两个引潮力共振减压引起。

　　这位天文气象学家说,热带气旋突变危害极大,是当前气象学研究的难点。然而采取内外因耦合方法,将大气圈、岩石圈等看作开放系统,全力寻找它们的内因和外因及其耦合条件,特大自然灾害是可以在事先进行预测的。在雨季,暴雨天气形势具备后,如果遇到比较多的引潮力共振减压,还可触发特大洪水。今年在长江发生的特大洪水就主要是由5次连续性特大暴雨过程造成的。

12. 空气可以免费使用吗?

　　记得小的时候,谈论过这样的话题:人没有了食物可以活多久?人没有了水可以活多久?还有,人没有了空气可以活多久?我们从书本上找到了答案,人不吃食物只喝水,能够活十天;要是没有水喝,只能活五天;要是没有空气,一分钟之内人就感到难受,几分钟人就没命了。由此可见,空气对于人来说最重要。

　　造物弄人,世上有些没有用的东西值很多钱,比如说珍珠、翡翠、玛瑙;而非常有用的东西却不值什么钱,比如说水;而对人类和万物最重要的空气,却一文不值。

　　今天,价值观的尺度是金钱。值钱的才会受到人们的重视。最重要的东西不值钱,也会使人们忽视了它的重要性。空气受到的待遇就是如此。空气是免费的,敞开供应。而且只要你不是上天下海,不管你走到哪里,都可以随时随地享用空气。免费在英语中还有随便、无拘无束和滥用浪费的意思。也许是巧合,也许人就是这么认为——免费就可以随便对待和滥用浪费,它们是同一个意思。

　　人们以随便和滥用的态度对待"免费使用"的空气。人类生产和生活中产生的大量有毒气体排入空气,清爽的空气变得浑浊。有的城市被烟雾笼罩,甚至从卫星拍摄的照片上消失。

　　到这时,人们也许会问:空气真的可以随便对待和"免费使用"吗?是的,上帝最初是这么设计的。不过,后来情况有变。人们不光使用空气,还滥用空气,糟蹋空气。这时,如果人们还想享用清洁空气,免费的没有了,只好掏腰包治理空气。

由此可见,空气既无价也有价;既可以"免费使用",也需"有偿使用"。关键在于:使用得当。使用得当与否的尺度是国家的空气排放标准,如果在标准之内排放,就是合法的,可以免费;如果超过标准排放,就是非法的,需要交排污费,同时还要掏腰包进行治理。

13. 人与狼的寓言

几年前,看过一部获"奥斯卡"奖的美国影片《与狼共舞》。在享受其精湛的艺术之余,〔让步?全文说的是这个"存疑"〕也有一点难以置信的存疑:故事的主人公是否能与那只狼沟通感情。人与狼真能相依相随吗?我猜想那只狼可能是动物园里被驯化过的,被拉到荒野来拍摄;再不就是电脑运作到电影之中,我们看到的只是狼的化身,它绝不是一只真正荒野中的孤狼。

在动物世界中,我不知道有没有比狼更狡猾的动物了。童话中的"狼外婆"敲门的故事,虽然是在我儿时听到的,直到今日我仍然牢记于心。

我出生在北方的一个山村,从我记事时起,就记住了村里家家户户的石墙上,都画着的一个个白色圆圈,那是农民驱狼用的一种图腾。据说,狼见到那圆圈,就不敢到牛棚羊圈来叼食家禽了。可是胆大妄为的狼群还是在月黑风高之夜,偷袭过猪圈羊圈。因而狼是最可怕的动物,我是永生铭刻于心的。

14. 你喝多了我赔钱

笔者在美国留学期间曾经听说了一个颇令人耳目一新的案件。一位先生在酒吧喝多了,出门后撒酒疯,把别人的汽车给砸坏了。被砸汽车的主人不仅让那个酒鬼赔钱,还把酒吧的老板送上了法庭,而且法官居然就判店主应该承担一定的赔偿责任。

笔者甚感困惑:美国是个讲究个人自由的国家,为什么会有这种荒唐的判决?后来我才知道,这是法律的规定,而且这法律还有个很好听的名字——"小酒店法"。实际上,这是一种民事赔偿责任法。按照这种法律的规定,酒店的主人要为在其酒店喝醉酒者的民事侵权行力承担连带赔偿责任。

美国人有反对酗酒的传统。1919 年 1 月 16 日，美国国会通过了联邦宪法第十八修正案，使禁酒令成为正式法律，并于次年 1 月 16 日开始生效。不过，人是离不开酒的，美国人也不例外。实际上，禁酒令不仅没有清除酗酒，还为造私酒和卖私酒等犯罪活动提供了市场，并且引发了许多为争夺私酒黑市而进行的"战争"。1933 年，美国国会被迫废除了禁酒令，但是有些州仍然保留着禁酒令，直到 1966 年。

目前，美国各州虽然都不再禁酒，但是社会中反对酗酒的力量仍很强大，因此其法律对饮酒仍然有不少限制。例如，美国的未成年人一般是不许饮酒的，至少在公共场所饮酒是违法行为。美国的成年人在社交场合饮酒往往也是各自随意、浅尝辄止。"小酒店法"正是美国这种社会坏境下的产物。

15. 让爱好与你共同走过

你有爱好吗？这里的爱好不是指抽烟喝酒打麻将之类的嗜好，是指那些对人的智力才能具有开启作用、对人的精神生命具有滋补作用的爱好，你有吗？

生命是一条流向远方的河，平静、旋涡、暗流、浪花、水柱，甚至瀑布……河水可以表现出千姿百态，但万变不离其宗，这一切不过是水的形态变化而已。如果一条河里只有水，没有鱼虾、没有蝌蚪、没有水草、没有微生物，这条河是不是有些残缺，有些遗憾呢？我想说：爱好，就如同生命河里的鱼虾、蝌蚪、水草与微生物，它使生命因为充实而丰富起来。

前些时，我的一个朋友参加了一次关于老年人的心理状态的抽样调查，发现他们较为集中的一个反映是寂寞。时间很多，却不知如何积极地度过，只好看电视。人在岗位上忙碌惯了。突然停下来，精力无处释放，身心就会失衡，就生出这样那样的病来。产生这一情况的重要原因是他们年轻时都忙于种种"运动"了，个人意志完全没有，业余爱好既不想有，也不让有，一旦离退休了，就无所事事，不知干什么事好了。人到老年，生命无多，却又对大量的空闲心存苦恼，真是一个反差很大的悖论。如果他们当初有点收藏、写作、书画之类的爱好，晚年生活就会大为改观了。

16. 老师，我不愿测智商

姜大中这两天被上小学三年级的儿子测智商的事搞得焦头烂额。已经第三次了，老师要求家长带孩子去测智商。或许是对前两次姜大中"按兵不动"不满，老师这次是在课堂上当着全班同学的面宣布的，并称"如果测出小姜智力低下，可以在升学分数上给予照顾"。姜大中极感"挂不住脸"，而更不妙的是儿子陷入巨大的精神压力之中，蔫头耷脑，夜里做梦都在"胡说八道"。

我儿子真傻吧？姜大中绝不认为自己的孩子智力有问题。小姜考试成绩通常在 80 分左右，贪玩、不认真听讲、做作业费劲，这些毛病都是有的。姜大中要紧抓一阵，孩子学习就能上去一些。若要论起打电子游戏的聪明劲，做父亲的说话，"我都玩不过他"。老师凭什么非让孩子去测智商？

17. 生存在女性化时代？

时下有一种感叹声："做男人难"。做男人怎么个难法？有人作如此归纳：男人太多情了是"娘娘腔"，太阳刚了没准是"流氓腔"；男人总待在家"没出息"，常在外闯荡便是"不爱回家的流浪汉"，男人有钱了"就变坏"，囊中羞涩又是"窝囊废"。于是乎，男人在内在外、在上在下怎么都没法自在。

怎么做男人就难了？一下子还想不明白。日前忽然看到一篇文章，让人茅塞顿开，原来"我们生存在女性化时代"。

"女性化时代"什么样？首先，女人在社会生活各个角落中"抢滩"：各种杂志封面几乎被女性占尽，所有商场的一、二层几乎清一色的是女性用品。其次，男性已被"雌化"，染头发，抹唇膏，带孩子，下厨房。"海派丈夫"正是年轻女性青睐的对象。最后，女性更加寻找精神解放，女人不依靠男人也能生存，并要主宰世界。一句话，女性时代来了，男人已被歧视，遭压迫。

而今女性的地位是否真的有提高？不仅有，而且提高了不少。无疑这是人们走向文明的结果，更准确地说是 40 年改革开放、人的个性解放的结果。可这会儿真的就一步迈进了"女性化时代"？怕还要打问号。

女性这一"化"字，就意味着如今的社会生活中女性已由过去的从属地位转化成主导的地位。从上述列举的种种表现中，怕还不能说明这种性质与形态的文化已成事实。从女性对杂志封面的占领，到化妆品的昂贵多样，到服饰档次的提高，实际上仍不过是在对物质生活追求这一层面上——"男人爱潇洒，女人爱漂亮"，有些女人爱漂亮其实也只是"为悦己者容"，从挑剔的男人身上找回一些自信。再一点是"女人出门去，男人下厨房"，这也不过是一次家务的调整与分配，大概世上没有这道理，男人下班回家只能跷二郎腿，不能淘米、掌勺。

让男人又一个想不通的是"休夫现象"。这固然也算"问题"，但不过是女性依法实践离婚自由。可即便如此，在文化层次高的沿海城市男女提出离婚也只各占一半，打了个平手，说社会已被女性所"化"，实在少些根据。

18. 情书

情书是什么？情书是一间小屋，里面住着种种秘密：思念、誓言、真诚、微笑、泪滴……有过爱情经历的人都在情书的小屋里住过。所以说住过，是因为后来都搬了出来，告别了情书。这倒不是由于不再相爱，而是不再写情书，似乎写情书只是恋爱季节的工序，渠成璧合了，结婚共眠了，也就与情书拜拜了。说得不中听点儿，这很有些过河拆桥的意味。

不过也是，共有一个家之后，朝夕相处，有话直说，有情面诉，曲里拐弯地写情书，看起来有些多余了。然而夫妻之间虽然早晚见面，在特殊情况下，心灵沟通起来，又是眼睛与嘴巴无能为力的，所以最好还是不要忘了情书。毕竟，情书有它顽强的生命力，有它独特的风光景致，它能够化平淡为神奇，化阻隔为畅通。

面谈与电话再直接，也代替不了情书。情书犹似浮桥，紧急之时架一架，能解燃眉。当你的妻子过生日的时候，你不妨试着重操旧业，写上一封柔情与祝愿相融的情书，大概比生日卡与生日蛋糕更让她惊喜，因为贺卡与蛋糕是能想到的，而情书一封则是出乎其意料的。当你们某一次由于矛盾而落落不欢、你想和解又怕碰壁的时候，写上一封情书，一定能收到意想的效果。

情书是爱泻落的一小片光芒,它能把所有灰暗的日子照亮,把生命的每个季节点燃。

参考文献

包明真：《关于重音在不同朗读风格中的分布研究》，硕士学位论文，浙江大学，2004 年。

蔡金亭：《母语迁移与主题突出结构》，《解放军外语学院学报》1998 年第 6 期。

曹逢甫：《主题在汉语中的功能研究——迈向语段分析的第一步》，谢天蔚译，语文出版社 1995 年版。

曹逢甫：《汉语的句子与子句结构》，王静译，北京语言大学出版社 2005 年版。

曹剑芬：《汉语韵律切分的语音学和语言学线索》，第五届全国现代语音学学术会议论文，北京，2001 年。

曹剑芬：《基于语法信息的汉语韵律结构预测》，《中文信息学报》2003a 年第 3 期。

曹剑芬：《语速特征及其变化》，第六届全国现代语音学学术会议论文，天津，2003b 年。

曹剑芬：《音节时长伸缩与话语韵律结构》，第八届全国人机语音通讯学术会议论文，北京，2005 年。

曹秀平：《语篇分析框架中听力理解动态认知模式研究》，《外语学刊》2013 年第 5 期。

曾青青、杨尔弘：《突发事件文本的信息结构分析》，第四届全国学生计算语言学研讨会论文，太原，2008 年。

柴俊星、辛慧：《"临了"的虚化及其篇章衔接功能——基于对外汉语高级阶段的篇章教学》，《汉语学习》2012 年第 3 期。

车万翔、张梅山、刘挺：《基于主动学习的中文依存句法分析》，《中文信息学报》2012 年第 2 期。

陈晨：《中美新闻报道中关于钓鱼岛争端的批评性语篇分析》，硕士学位论文，华中科技大学，2013 年。

陈虎：《自然语言的重音分布及其语义解释——西方研究综述》，《现代外语》2003 年第 1 期。

陈明、吕士楠：《汉语自然语流中的音高变化》，第七届全国人机语音通讯学术会议论文，厦门，2003 年。

陈莉萍：《修辞结构理论与句群研究》，《苏州大学学报》（哲学社会科学版）2008 年第 4 期。

陈平：《汉语零形回指的话语分析》，《中国语文》1987a 年第 5 期。

陈平：《话语分析说略》，《语言教学与研究》1987b 年第 3 期。

陈玮：《语法分析、功能语篇分析及其语言学意义》，《外语教学》2006 年第 4 期。

陈颖：《现代汉语假设分句末尾的"吧"和"呢"》，《四川师范大学学报》（社会科学版）2001 年第 1 期。

陈永波、汤昂昂、姬东鸿：《中文复杂名词短语依存句法分析》，《计算机应用研究》2015 年第 6 期。

陈玉东、吕士楠：《汉语朗读语篇的修辞结构和韵律表达》，第八届中国语音学学术会议暨庆贺吴宗济先生百岁华诞语音科学前沿问题国际研讨会论文，北京，2008 年。

陈玉东、吕士楠、杨玉芳：《普通话中语段重音对小句声学特征的调节》，《声学学报》（中文版）2009 年第 4 期。

陈玉东、杨玉芳：《不同朗读语体重音的韵律特征研究》，第十届全国人机语音通讯学术会议暨国际语音语言处理研讨会论文，兰州，2009 年。

陈玉东、马仁凤：《谈话节目话轮转换的韵律特征分析》，载方梅主编《互动语言学与汉语研究》第一辑，世界图书出版公司 2016 年版。

陈忠华、邱国旺：《修辞结构理论与修辞结构分析评介》，《外语研究》1997 年第 3 期。

池昌海、曹沸：《回指形式选择的修辞制约及其功能》，《当代修辞学》2012 年第 1 期。

崔文琦：《英语写作中语篇衔接手段的教学研究》，《北京化工大学学报》

（社会科学版）2016 年第 3 期。

邓文靖、石锋：《状中结构和述补结构感叹句的语义重音比较》，《南开语言学刊》2015 年第 1 期。

邓莹洁：《近十五年来汉语话题标记研究综述》，《邵阳学院学报》（社会科学版）2015 年第 4 期。

董一巧、贾媛、李爱军：《基于向心理论的汉语朗读篇章韵律特征研究》，第十三届全国人机语音通讯学术会议论文，天津，2015 年。

董振东、董强、郝长伶：《下一站在哪里?》，《中文信息学报》2011 年第 6 期。

杜思奇、李红莲、周强等：《基于语篇分析难度的汉语树库构建方法研究》，第十三届全国人机语音通讯学术会议论文，天津，2015 年。

端木三：《重音理论和汉语的词长选择》，《中国语文》1999 年第 4 期。

端木三：《重音、信息和语言的分类》，《语言科学》2007 年第 5 期。

方经民：《现代汉语第三人称代词指称及其语境制约——兼与日语第三人称代词比较》，《当代语言学》2004 年第 3 期。

方梅：《汉语对比焦点的句法表现手段》，《中国语文》1995 年第 4 期。

方梅：《篇章语法与汉语篇章语法研究》，《中国社会科学》2005 年第 6 期。

方梅：《会话结构与连词的浮现义》，《中国语文》2012 年第 6 期。

方梅：《北京话语气词变异形式的互动功能——以"呀、哪、啦"为例》，《语言教学与研究》2016 年第 2 期。

方梅：《叙事语篇的衔接与视角表达——以"单说、但见"为例》，《语言教学与研究》2017 年第 5 期。

冯德正、张德禄、Kay O'Halloran：《多模态语篇分析的进展与前沿》，《当代语言学》2014 年第 1 期。

冯德正、张艳、王艳：《修辞结构理论在多模态语篇分析中的应用》，《当代修辞学》2016 年第 5 期。

冯志伟：《现代语言学流派》，陕西人民出版社 1987 年版。

冯胜利：《汉语韵律句法学》，商务印书馆 2013 年版。

冯胜利：《北京话是一个重音语言》，《语言科学》2016 年第 5 期。

高玲玲：《基于依存语法的汉语句法分析研究》，硕士学位论文，中国海洋大学，2009年。

高桥洋：《汉语普通话的语法重音》，《语言教学与研究》1984年第2期。

高松：《基于依存树库的现代汉语名词语法功能的计量研究》，《华文教学与研究》2010年第2期。

高松、颜伟、刘海涛：《基于树库的现代汉语动词句法功能的计量研究》，《汉语学习》2010年第5期。

高玮：《基于中介语语料库的人称代词回指偏误分析》，第九届国际汉语教学学术研讨会论文，北京，2011年。

高玮：《从语篇角度看先行语中数量结构的偏误及其成因》，《语言教学与研究》2014年第3期。

高岳：《当代北京口语语序易位的功能研究》，载方梅主编《互动语言学与汉语研究》第一辑，世界图书出版公司2016年版。

顾曰国：《论言思情貌整一原则与鲜活话语研究——多模态语料库语言学方法》，《当代修辞学》2013年第6期。

郭锦桴：《汉语声调语调阐要与探索》，北京语言学院出版社1993年版。

郭松：《基于语料库的批评话语分析》，《天津外国语大学学报》2011年第5期。

郭忠伟、徐延勇、周献中：《基于Schema和RST的自然语言生成混合规划方法》，《计算机工程》2003年第6期。

何安平：《基于语料库的英语教师话语分析》，《现代外语》2003年第2期。

贺瑞芳、秦兵、刘挺等：《基于依存分析和错误驱动的中文时间表达式识别》，《中文信息学报》2007年第5期。

贺亚男：《基于语料库的文学语篇分析——以〈外婆的日用家当〉为例》，《内江师范学院学报》2009年第5期。

贺玉勋、蒋冰清：《语篇重音变异的认知理据与心理机制》，《湖南人文科技学院学报》2008年第5期。

贺玉勋、肖建安：《重音语篇变异与动态语境关联》，《湖南工业大学学报》（社会科学版）2008a年第2期。

贺玉勋、肖建安：《元话语框架下重音语篇变异研究》，《中南大学学报》（社会科学版）2008b年第5期。

洪明：《向心理论的发展与应用研究》，《学术界》2011年第4期。

侯晋荣：《基于语料库的旅游文本语言特征及语篇分析》，《菏泽学院学报》2011年第6期。

侯瑞芬：《祈使否定意义的浮现与发展》，载方梅主编《互动语言学与汉语研究》第一辑，世界图书出版公司2016年版。

厚露莹、贾媛：《焦点的韵律表达及认知加工研究综览》，《中文信息学报》2014年第4期。

胡建华、杨萌萌：《"致使—被动"结构的句法》，《当代语言学》2015年第4期。

胡伟湘、董宏辉、陶建华、黄泰翼：《汉语朗读话语重音自动分类研究》，《中文信息学报》2005年第6期。

胡裕树、范晓：《试论语法研究的三个平面》，《新疆师范大学学报》（社会科学版）1985年第2期。

胡苑艳、陈莉萍：《修辞结构理论与汉语篇章结构》，《长春大学学报》2011年第1期。

胡壮麟：《语篇的衔接与连贯》，上海外语教育出版社1994年版。

胡壮麟：《系统功能语言学概论》，北京大学出版社2005年版。

胡壮麟：《多模态小品的问世与发展》，《外语电化教学》2010年第4期。

黄川、谢昂：《基于语料库的文学语篇分析——以〈彩票〉为例》，《美中外语》2008年第2期。

黄国文：《汉英语篇对比研究的语言学尝试——对唐诗〈芙蓉楼送辛渐〉及其英译文的功能分析》，《外语与外语教学》2003年第2期。

黄剑：《语篇衔接在大学英语写作教学中的应用现状调查与研究》，《江西师范大学学报》（哲学社会科学版）2016年第5期。

季翠：《新支话题句分类研究——〈围城〉中的新支话题句分类》，硕士学位论文，北京语言大学，2013年。

贾媛、李爱军、马秋武等：《具有焦点标记作用的"是"字句重音分布研究》，《中文信息学报》2009a年第3期。

贾媛、李爱军、陈轶亚：《汉语"是"和"连"标记的焦点成分语音特征研究》，《清华大学学报》（自然科学版）2009b年第S1期。

贾媛、李爱军：《论普通话重音的层级性——基于语音事实的分析》，第九届中国语音学学术会议论文，天津，2010 年。

贾媛：《普通话焦点的语音实现和音系分析》（英文版），中国社会科学出版社 2012 年版。

鉴萍、宗成庆：《基于序列标注模型的分层式依存句法分析方法》，《中文信息学报》2010 年第 6 期。

姜望琪：《篇章与回指》，《外语学刊》2006 年第 4 期。

蒋平：《汉语零形指代中的模糊性》，《语言学研究》2014 年第 2 期。

金红、马泽军：《目的原则下的法庭话语中重音的语用功能研究》，《海外英语》2016 年第 17 期。

鞠玉梅：《信息结构研究的功能语言学视角》，《外语与外语教学》2003 年第 4 期。

鞠久朋、王红玲、周国栋：《依存关系语义角色标注研究》，《计算机工程与应用》2010 年第 14 期。

康宁：《基于语料库的中、英、美网站英语旅游文本中的评价语言对比研究》，硕士学位论文，上海外国语大学，2011 年。

孔庆蓓：《从修辞结构理论看叙述语篇和描写语篇的区别》，《南开语言学刊》2008 年第 2 期。

乐明：《汉语财经评论的修辞结构标注及篇章研究》，博士学位论文，中国传媒大学，2006 年。

乐明：《汉语篇章修辞结构的标注研究》，《中文信息学报》2008 年第 4 期。

乐耀：《互动语言学研究的重要课题——会话交际的基本单位》，《当代语言学》2017 年第 2 期。

李爱军：《普通话对话中韵律特征的声学表现》，《中国语文》2002 年第 6 期。

李爱军、陈肖霞、孙国华等：《CASS：一个具有语音学标注的汉语口语语音库》，《当代语言学》2002 年第 2 期。

李爱军、贾媛、柳雪飞等：《自然口语对话语境中回声问句的解码初探》，In *Proceedings of the International Conference on Phonetics of the Languages in China*，中国香港，2013 年。

李爱军、祖漪清、李洋等：《汉语普通话篇章语速变化模式初探》，2007

年促进西部发展声学学术交流会论文，张家界，2007 年。

李秉震：《"说"类话题转换标记的语义演变》，《中国语文》2009 年第 5 期。

李丛禾：《语篇向心理论在回指解析中的运用》，《外国语言文学》2007 年第 1 期。

李芳兰：《汉语停延研究综述》，《宜春学院学报》2009 年第 1 期。

黎锦熙：《新著国语文法》，商务印书馆 1992 年版。

李鹏、黄毅、杨文华：《衔接理论在商务英语听力教学中的应用》，《中国市场》2013 年第 34 期。

李榕：《汉语篇章层级对第三人称回指的影响》，《汉语学习》2013 年第 5 期。

李绍兴：《基于语料库的文学语篇分析——以〈屋顶丽人〉为例》，《湖北科技学院学报》2011 年第 8 期。

李晓红：《面向语音合成的文本处理技术的改进》，硕士学位论文，北京交通大学，2010 年。

李雅、卢颖超、许小颖等：《连续语流中韵律层级和调型组合对重音感知的影响》，《清华大学学报》（自然科学版）2011 年第 9 期。

李艳翠、孙静、周国栋等：《基于清华汉语树库的复句关系词识别与分类研究》，《北京大学学报》（自然科学版）2014 年第 1 期。

李艳芳：《论语篇互动性对英语语篇连贯的阐释》，《天津外国语大学学报》2007 年第 1 期。

李勇忠：《语用标记与话语连贯》，《外语与外语教学》2003 年第 1 期。

李正华：《汉语依存句法分析关键技术研究》，博士学位论文，哈尔滨工业大学，2013 年。

李正华、车万翔、刘挺：《短语结构树库向依存结构树库转化研究》，《中文信息学报》2008 年第 6 期。

李智强：《韵律研究和韵律标音》，《语言文字应用》1998 年第 1 期。

练睿婷、史晓东：《语篇标注语料库的建设研究》，第四届全国学生计算语言学研讨会会议论文，太原，2008 年。

廖秋忠：《现代汉语篇章中空间和时间的参考点》，载《廖秋忠论文集》，北京语言学院出版社 1992 年版。

廖秋忠：《现代汉语篇章中指同的表达》，载《廖秋忠论文集》，北京语言学院出版社1992年版。

廖秋忠：《〈篇章语言学导论〉简介》，《国外语言学》1987a年第2期。

廖秋忠：《〈篇章分析〉介绍》，《国外语言学》1987b年第4期。

廖秋忠：《篇章与语用和句法研究》，《语言教学与研究》1991年第4期。

林莉：《依存语法简史、依存类型、分歧和发展趋势》，《武夷学院学报》2015年第1期。

林茂灿：《汉语语调实验研究》，中国社会科学出版社2012年版。

林焘：《现代汉语补语轻音现象反映的语法和语义问题》，《北京大学学报》（人文科学版）1957年第2期。

林焘：《语音研究和对外汉语教学》，《世界汉语教学》1996年第3期。

林焘、王理嘉：《语音学教程》，北京大学出版社1992年版。

刘丙丽、牛雅娴、刘海涛：《基于依存句法标注树库的汉语语体差异研究》，《语言文字应用》2012年第4期。

刘晨宁、贾媛、李爱军：《信息结构对汉语语篇层级重音分布的影响》，第十二届中国语音学学术会议论文，通辽，2016年。

刘丹：《英汉主位结构对比与英语写作教学方法研究》，《外语学刊》2012年第3期。

刘丹青、徐烈炯：《焦点与背景、话题及汉语"连"字句》，《中国语文》1998年第4期。

刘锋：《互动语言学框架下的湖南吉首方言语用小品词研究》，博士学位论文，陕西师范大学，2015年。

刘海涛：《依存语法和机器翻译》，《语言文字应用》1997年第3期。

刘海涛、赵怿怡：《基于树库的汉语依存句法分析》，《模式识别与人工智能》2009年第1期。

刘静：《基于语料库的奥巴马演讲批评话语分析》，《海外英语》2016年第18期。

刘磊：《面向自动语法检查的依存规则研究》，博士学位论文，北京外国语大学，2014年。

刘礼进、郭慧君、彭保良：《英汉广播新闻话语中的主位选择和主位推进》，《外语学刊》2014年第5期。

刘敏贤、杨跃、周正履：《语篇标注与宾州语篇树库》，《唐都学刊》2011年第2期。

刘森林：《语篇语用分析方法论研究》，《外语教学》2011年第6期。

刘挺、吴岩王、开铸：《基于信息抽取和文本生成的自动文摘系统设计》，《情报学报》1997年第S1期。

刘伟权、王明会：《建立现代汉语依存关系的层次体系》，《中文信息学报》1996年第2期。

柳雪飞、李爱军、贾媛：《口语对话中疑问代词功能与句重音分布研究》，第十三届全国人机语音通讯学术会议论文，天津，2015年。

刘亚斌：《汉语自然口语的韵律分析和自动标注研究》，硕士学位论文，中国社会科学院研究生院，2003年。

刘亚斌、李爱军：《朗读语料与自然口语的差异分析》，《中文信息学报》2002年第1期。

刘云红：《话语信息及其分类》，《解放军外国语学院学报》（社会科学版）2005年第3期。

刘运同：《称呼语的位置与功能》，载方梅主编《互动语言学与汉语研究》第一辑，世界图书出版公司2016年版。

陆俭明：《试说语言信息结构》，《学术交流》2014年第6期。

陆前、刘海涛：《依存距离分布有规律吗？》，《浙江大学学报》（人文社会科学版）2016年第4期。

陆彦、原淑芳：《主位结构、语篇分析与英语教学实践》，《外语与外语教学》2003年第8期。

鹿文鹏：《基于依存和领域知识的词义消歧方法研究》，博士学位论文，北京理工大学，2014年。

鹿文鹏、黄河燕：《基于依存适配度的知识自动获取词义消歧方法》，《软件学报》2013年第10期。

马彬、洪宇、杨雪蓉等：《基于语义依存线索的事件关系识别方法研究》，《北京大学学报》（自然科学版）2013年第1期。

毛新华、张冬茉：《基于RST语篇分析方法的问题回答系统的答句生成》，《计算机工程》2004年第14期。

梅晓：《普通话韵律结构的语音特征分析》，硕士学位论文，中国社会科学院研究生院，2010 年。

梅晓、熊子瑜：《普通话韵律结构对声韵母时长影响的分析》，《中文信息学报》2010 年第 4 期。

苗兴伟：《言语行为理论与语篇分析》，《外语学刊》1999 年第 1 期。

苗兴伟：《语篇向心理论述评》，《当代语言学》2003 年第 2 期。

苗兴伟：《语篇语用学：句法结构的语篇视角》，《外国语》（上海外国语大学学报）2008 年第 5 期。

莫静清、方梅、杨玉芳：《多重强式焦点共现句中焦点强度的语音感知差异》，《汉语学习》2010 年第 1 期。

潘明霞：《汉英语篇语音衔接考察》，《南京理工大学学报》（社会科学版）2011 年第 4 期。

潘珅、庄成龙、朱巧明等：《语篇分析在实体语义关系抽取中的应用》，《苏州大学学报》（自然科学版）2009 年第 1 期。

潘艳艳、张辉：《多模态语篇的认知机制研究——以〈中国国家形象片·角度篇〉为例》，《外语研究》2013 年第 1 期。

彭宣维：《英汉词汇的连接功能对比（一）——添加与转折关系》，《外语与外语教学》1998a 年第 4 期。

彭宣维：《英汉词汇连接功能对比（二）——因果与时空关系》，《外语与外语教学》1998b 年第 5 期。

彭宣维：《语篇主题系统》，博士学位论文，北京大学，2001 年。

彭宣维：《语篇主题链系统》，《外语研究》2005 年第 4 期。

祁峰：《现代汉语焦点研究》，博士学位论文，复旦大学，2012 年。

钱乃荣：《话题句与话题链》，《汉语学习》1989 年第 1 期。

钱毓芳：《语料库与批判话语分析》，《外语教学与研究》2010 年第 3 期。

秦秀白：《体裁教学法述评》，《外语教学与研究》2000 年第 1 期。

邱崇：《"V 起来"有语篇衔接功能吗?》，《当代修辞学》2012 年第 5 期。

邱立坤、金澎、王厚峰：《基于依存语法构建多视图汉语树库》，《中文信息学报》2015 年第 3 期。

屈承熹：《现代汉语中"句子"的定义及其地位》，《世界汉语教学》1996 年第 4 期。

屈承熹：《话题的表达形式与语用关系》，载徐烈炯、刘丹青《话题与焦点新论》，上海教育出版社1998年版。

屈承熹：《汉语篇章语法》，潘文国等译，北京语言大学出版社2006年版。

冉启斌、段文君、贾媛：《汉语句重音、焦点问题研究回顾与展望》，《南开语言学刊》2013年第2期。

冉永平：《话语分析的语用学基础》，《外语与外语教学》1997年第1期。

冉永平：《冲突性话语的语用学研究概述》，《外语教学》2010年第1期。

邵艳秋、穗志方、韩纪庆等：《基于依存句法分析的汉语韵律层级自动预测技术研究》，《中文信息学报》2008年第2期。

沈家煊：《从韵律结构看形容词》，《汉语学习》2011年第3期。

沈家煊：《"零句"和"流水句"——为赵元任先生诞辰120周年而作》，《中国语文》2012年第5期。

沈家煊：《从英汉答问方式的差异说起》，载方梅主编《互动语言学与汉语研究》第一辑，世界图书出版公司2016年版。

沈炯、J. H. V. d. Heok：《汉语语势重音的音理》（简要报告），《语文研究》1994年第3期。

石翀、贺玉勋：《元功能与语篇重音变异》，《理论界》2010年第3期。

司有和：《科技写作中语言运用的最大信息量原则》，《科技与出版》1998年第1期。

宋柔：《汉语篇章广义话题结构的流水模型》，《中国语文》2013年第6期。

孙静、李艳翠、周国栋等：《汉语隐式篇章关系识别》，《北京大学学报》（自然科学版）2014年第1期。

隋海兵：《汉语中代词的间接回指分析》，《北方文学旬刊》2012年第2期。

孙坤：《汉语话题链的特点与本质——兼论话题连与零回指的差异》，《汉语学习》2014年第6期。

孙坤：《汉语话题链范畴、结构与篇章功能》，《语言教学与研究》2015年第5期。

孙珊：《美国总统演讲的语篇分析》，硕士学位论文，山东师范大学，2008年。

谭晶晶、李永宏、孔江平:《汉语普通话不同文体朗读时的呼吸重置特性》,《清华大学学报》(自然科学版)2008年第S1期。

唐丽萍:《语料库语言学在批评话语分析中的作为空间》,《外国语》(上海外国语大学学报)2011年第4期。

滕延江、李平:《基于语料库的语篇分析范式研究》,《外语学刊》2012年第1期。

田海龙:《语用学与语篇研究的互动关系》,《外语教学》2001年第2期。

吐尔逊·卡得、吾守尔·斯拉木:《维吾尔语话题的韵律表现》,《新疆大学学报》(哲学·人文社会科学版)2015年第5期。

完权:《话语互动中的光杆有定宾语句》,《当代修辞学》2015年第4期。

王蓓、杨玉芳、吕士楠:《语篇中大尺度信息单元边界的声学线索》,《声学学报》2005年第2期。

王蓓、Caroline Féry:《话题和焦点在分裂句中的韵律编码方式及其对感知的影响》,《声学学报》2010年第6期。

王步康、王红玲、袁晓虹等:《基于依存句法分析的中文语义角色标注》,《中文信息学报》2010年第1期。

王灿龙:《人称代词"他"的照应功能研究》,《中国语文》2000年第3期。

王大方:《以"修辞结构理论"为导向的回指优选解析——对中心优选理论的理论性修正》,《外语教学》2012年第5期。

王大方:《修辞结构框架下的远距离回指研究》,《外语与外语教学》2013年第1期。

王丹、程宗军、郑波等:《普通话常规重音分布规则的研究》,《应用声学》2007年第1期。

王丹、杨玉芳:《重音和信息结构在口语语篇理解中的作用》,《西北工业大学学报》(社会科学版)2004年第2期。

王丹、杨玉芳:《修饰语的焦点和重音对话语理解的影响》,《心理科学》2005年第3期。

王德亮:《汉语零形回指解析——基于向心理论的研究》,《现代外语》2004年第4期。

王德亮:《汉语回指消解算法推导》,《外语教学》2011年第3期。

王栋、张锐:《信息结构与语用能力的相关性研究》,《情报科学》2013年第8期。

王红斌:《现代汉语话语信息结构中信息单元的类别及其韵律特征——汉语新闻广播中字音时长的延长与信息传递之间的关系》,《语文研究》2003年第1期。

王洪君:《音节单双、音域展敛(重音)与语法结构类型和成分次序》,《当代语言学》2001年第4期。

王洪君:《汉语非线性音系学》,北京大学出版社2008年版。

王洪君、李榕:《论汉语语篇的基本单位和流水句的成因》,《语言学论丛》2014年第1期。

王慧兰、张克亮:《面向机器翻译的句类依存树库构建及应用》,《中文信息学报》2015年第1期。

王建国:《汉语话题链的研究现状》,《汉语学习》2012年第6期。

王静:《语篇与话题链关系初探》,《世界汉语教学》2006年第2期。

王军:《论间接回指的释义基础》,《外语教学》2003a年第6期。

王军:《间接回指的确认与语义网络激活扩散》,《外语学刊》2003b年第4期。

王俊婷:《基于语料库的中美气候变化新闻报道的批评语篇分析》,硕士学位论文,北京外国语大学,2015年。

王琳、李晓庆、杨玉芳:《语篇整合中重读和信息结构作用——EEG时频分析》,第十一届全国心理学学术会议论文,开封,2007年。

王龙吟、何安平:《基于语料库的外语教学与二语习得的链接》,《外语与外语教学》2005年第3期。

王茂林:《普通话自然话语的韵律模式》,博士学位论文,中国社会科学院研究生院,2003年。

王鹏:《基于修辞结构理论的文本结构自动分析》,硕士学位论文,内蒙古师范大学,2014年。

王鹏、樊兴华:《中文文本分类中利用依存关系的实验研究》,《计算机工程与应用》2010年第3期。

王倩:《汉语零形主语回指消解的构式语法视角——以"把"字句为例》,Proceedings of 2014 4th International Conference on Applied Social Science,

Singapore, March 20, 2014。

王伟:《"修辞结构理论"评介》(上),《国外语言学》1994 年第 4 期。

王玮、蔡莲红、周同春:《表述汉语重音的属性参数研究》,第五届全国现代语音学学术会议论文,北京,2001 年。

王晓辉:《代词"彼此"的篇章回指研究》,《汉语学习》2014 年第 5 期。

王晓凌:《"V 起来"的话题标记功能和语篇衔接功能》,《当代修辞学》2012 年第 2 期。

王永鑫、蔡莲红:《语法信息与韵律结构的分析与预测》,《中文信息学报》2010 年第 1 期。

王宇、宋宏:《人称代词间接回指的认知语用研究》,《外语学刊》2013 年第 1 期。

王毓钧、贾媛、李爱军:《语篇中生理呼吸与韵律切分的关系研究——基于汉语母语者和汉语学习者的分析》,《中国语音学报》2015 年。

王韫佳、初敏、贺琳:《汉语语义重音分布的初步研究》,第六届全国现代语音学学术会议论文,天津,2003 年。

王韫佳、初敏、贺琳:《汉语焦点重音和语义重音分布的初步实验研究》,《世界汉语教学》2006 年第 2 期。

王振华:《语篇语义的研究路径——一个范式、两个脉络、三种功能、四种语义、五个视角》,《中国外语》2009 年第 6 期。

王振华、张大群、张先刚:《马丁对语篇语义的研究》,《当代外语研究》2010 年第 10 期。

王智强、李茹、阴志洲等:《基于依存特征的汉语框架语义角色自动标注》,《中文信息学报》2013 年第 2 期。

魏在江:《会话含意和语篇连贯》,《重庆大学学报》(社会科学版) 2003 年第 4 期。

吴宗济:《普通话语调分析的一种新方法——语句中基本调群单元的移调处理》(英文),《语音研究报告》,1993 年。

吴宗济:《中国音韵学和语音学在汉语言语合成中的应用》,《语言教学与研究》2002 年第 1 期。

夏蓉:《从修辞结构理论看前指在篇章中的分布》,《外语与外语教学》2003 年第 10 期。

夏志华：《中心理论——话题与韵律接面研究的新方法》，《山东外语教学》2012年第2期。

夏志华：《英语学习者口语中话题结构上的韵律实现——一项基于英语即兴演讲的实证研究》，《外语教学与研究》2013年第3期。

项兰：《主位推进模式在阅读教学中的应用》，《外语与外语教学》2002年第3期。

项成东：《代词性和指示间接回指语及其认知基础》，《外语与外语教学》2004年第3期。

辛霄、范士喜、王轩等：《基于最大熵的依存句法分析》，《中文信息学报》2009年第2期。

熊子瑜：《自然语句边界的韵律特征及其交际功能》，博士学位论文，中国社会科学院研究生院，2003年。

熊子瑜：《自然语句边界的韵律特征及其交际功能》，《语言文字应用》2005年第2期。

徐赳赳：《话语分析二十年》，《外语教学与研究》1995年第1期。

徐赳赳：《现代汉语篇章回指研究》，中国社会科学出版社2003年版。

徐赳赳：《现代汉语联想回指分析》，《中国语文》2005年第3期。

徐赳赳：《现代汉语篇章语言学》，商务印书馆2010年版。

徐赳赳、Jonathan J. Webster：《复句研究与修辞结构理论》，《外语教学与研究》1999年第4期。

徐烈炯、刘丹青：《话题的结构与功能》，上海教育出版社1998、2007年版。

徐盛桓：《信息状态研究》，《现代外语》1996年第2期。

徐盛桓：《关于英汉语篇比较研究——从中西比较诗学的视角》，《外语与外语教学》2001年第4期。

徐世荣：《意群重音和语法的关系》，《中国语文》1961年第5期。

徐小波：《话语标记"怎么着"语用探析》，《汉语学习》2014年第5期。

许洁萍、初敏、贺琳等：《汉语语句重音对音高和音长的影响》，《声学学报》2000年第4期。

许余龙：《语篇回指的认知语言学探索》，《外国语》（上海外国语大学学报）2002年第1期。

许余龙:《语篇回指的认知语言学研究与验证》,《外国语》(上海外国语大学学报) 2003 年第 2 期。

许余龙:《篇章回指的功能语用探索——一项基于汉语民间故事和报刊语料的研究》,上海外语教育出版社 2004 年版。

许余龙:《语篇回指实证研究中的数据库建设》,《外国语》(上海外国语大学学报) 2005 年第 2 期。

许余龙、段嫚娟、付相君:《"语句"与"代词"的设定对指代消解的影响——一项向心理论参数化实证研究》,《现代外语》2008 年第 2 期。

玄玥:《论汉语对比焦点标记"是"——兼论焦点标记对焦点敏感算子的制约》,硕士学位论文,东北师范大学,2004 年。

严齐:《基于语料库的功能语篇分析——奥巴马总统 2013 年就职演说》(英文),《语文学刊:外语教育教学》2014 年第 10 期。

杨彬:《话题链语篇构建机制的多角度研究》,博士学位论文,复旦大学,2009 年。

杨彬:《"话题链"的重新定义》,《当代修辞学》2016 年第 1 期。

杨锋:《汉语普通话语篇朗读时的呼吸重置与韵律特征》,第十三届全国人机语音通讯学术会议论文,天津,2015 年。

杨连瑞、李绍鹏:《浅谈语篇层面的话题和话题链研究》,《中国海洋大学学报》(社会科学版) 2009 年第 4 期。

杨文昌:《汉语的句重音与词重音》,《现代语文》(语言研究版) 2007 年第 10 期。

杨晓红:《从〈百家讲坛〉谈讲坛类电视节目的多模态语篇分析》,《当代电视》2014 年第 4 期。

杨晓虹、杨玉芳:《汉语语篇修辞结构边界韵律表现》,《清华大学学报》(自然科学版) 2009 年第 S1 期。

杨晓虹、赵建军、杨玉芳等:《汉语语篇层级性对焦点声学表现的影响》,《声学学报》2011 年第 5 期。

杨信彰:《多模态语篇分析与系统功能语言学》,《外语教学》2009 年第 4 期。

杨玉芳:《语篇结构与韵律特征》,第十三届全国人机语音通讯学术会议论文,天津,2015 年。

杨玉芳、黄贤军、高路：《韵律特征研究》，《心理科学进展》2006年第4期。

杨元媛：《语料库软件支持下的文学语篇分析与数据驱动学习》，《时代文学》（上半月刊）2012年第6期。

姚双云：《连词与口语语篇的互动性》，《中国语文》2015年第4期。

叶军：《停顿的声学征兆》，第三届全国语音学研讨会论文，北京，1996年。

殷国光、刘文霞：《〈左传〉篇章零形回指研究——以〈隐公〉为例》，《语文研究》2009年第3期。

殷国光、刘文霞、华建光等：《〈左传〉篇章零形回指研究再探讨》，《语文研究》2013年第1期。

殷治纲：《汉语普通话朗读语篇节奏研究》，博士学位论文，中国社会科学院研究生院，2011年。

殷作炎：《歧义和话语节律》，《语文研究》1990年第3期。

尤昉、李涓子、王作英：《基于语义依存关系的汉语语料库的构建》，《中文信息学报》2003年第1期。

余悦：《基于语料库对美国总统奥巴马每周电台演讲的语篇分析》，硕士学位论文，河南师范大学，2012年。

袁里驰：《基于词聚类的依存句法分析》，《中南大学学报》（自然科学版）2011年第7期。

袁里驰：《基于配价结构和语义依存关系的句法分析统计模型》，《电子学报》2013年第10期。

袁毓林：《句子的焦点结构及其对语义解释的影响》，《当代语言学》2003a年第4期。

袁毓林：《走向多层面互动的汉语研究》，《语言科学》2003b年第6期。

袁毓林、詹卫东、施春宏：《汉语"词库—构式"互动的语法描写体系及其教学应用》，《语言教学与研究》2014年第2期。

昝红英、张静杰、娄鑫坡：《汉语虚词用法在依存句法分析中的应用研究》，《中文信息学报》2013年第5期。

邹红建、杨尔弘：《语篇标注中的事件标注研究》，第七届中文信息处理国际会议论文，武汉，2007a年。

邹红建、杨尔弘：《以事件标注为核心的语篇标注研究》，第三届全国信息检索与内容安全学术会议论文，苏州，2007b 年。

宗成庆：《统计自然语言处理》，清华大学出版社 2013 年版。

左岩：《汉英部分语篇衔接手段的差异》，《外语教学与研究》1995 年第 3 期。

詹卫东：《计算机句法结构分析需要什么样的词类知识——兼评近年来汉语词类研究的新进展》，《中国语文》2013 年第 2 期。

张碧川：《儿童语言习得的计算模型研究》，博士学位论文，北京邮电大学，2012 年。

张德禄：《语类研究的范围及其对外语教学的启示》，《外语电化教学》2002 年第 4 期。

张德禄：《汉英语篇连贯机制对比研究》，《中国海洋大学学报》（社会科学版）2008 年第 4 期。

张德禄：《多模态话语分析综合理论框架探索》，《中国外语》2009 年第 1 期。

张德禄、王正：《多模态互动分析框架探索》，《中国外语》2016 年第 2 期。

张今、张克定：《英汉语信息结构对比研究》，河南大学出版社 1998 年版。

张锦玉：《普通话语篇停延与呼吸特征初探》，第九届中国语音学学术会议论文集，天津，2010 年。

张牧宇、秦兵、刘挺：《中文篇章级句间语义关系体系及标注》，《中文信息学报》2014 年第 2 期。

章若娜：《学习者语料库与语篇分析对语言教与学的作用》，《海外英语》2013 年第 15 期。

张庆翔、付茜：《基于汉语普通话朗读语体的无声段韵律功能分析》，《现代语文》（语言研究版）2015 年第 9 期。

张庆翔、付茜：《汉语普通话朗读语体无声段影响因素分析》，《现代语文》（语言研究版）2017 年第 7 期。

张淑静：《语料库在批评话语分析中的应用》，《郑州大学学报》（哲学社会科学版）2014 年第 3 期。

张嫣:《中美英语新闻语篇的批评性话语分析——以马航 MH370 航班失联事件的报道为例》,《齐齐哈尔大学学报》(哲学社会科学版) 2016 年第 10 期。

张彦:《句重音与句末语气词的音高》,《汉语学习》2006 年第 2 期。

张艳敏、陈岩:《基于美国 COCA 语料库的媒介话语意识形态研究》,《语文学刊》(外语教育教学) 2016 年第 10 期。

张益民、陆汝占、沈李斌:《一种混合型的汉语篇章结构自动分析方法》,《软件学报》2000 年第 11 期。

张逸屏、黄竞亿、郭志忠:《中文标点符号对停顿韵律之分析与合成》,第六届全国现代语音学学术会议论文,天津,2003 年。

赵建军、杨晓虹、杨玉芳等:《音高和时长在语篇语句重音中的作用》,《声学学报》2011 年第 4 期。

赵建军、杨晓虹、杨玉芳等:《汉语中焦点与重音的对应关系——基于语料库的初步研究》,《语言研究》2012 年第 4 期。

赵建军、杨晓虹、杨玉芳:《记叙文语篇修辞结构对焦点分布影响的研究》,《中文信息学报》2015 年第 1 期。

赵璞:《主位连接和信息处理与英语写作的连贯性》,《外语研究》1998 年第 1 期。

赵怿怡、刘海涛:《歧义结构理解中的依存距离最小化倾向》,《计算机工程与应用》2014 年第 6 期。

赵永刚:《韵律结构的音系——句法接口研究:回顾与展望》,《上海理工大学学报》(社会科学版) 2014 年第 4 期。

赵永刚:《韵律结构音系——句法接口研究:问题、目标及对策》,《外语教学》2016 年第 4 期。

赵元任:《语言问题》,台湾学生出版社 1977 年版。

赵元任:《中国话的文法》,香港中文大学出版社 2002 年版。

郑贵友:《汉语篇章语言学》,外文出版社 2002 年版。

郑丽娟、邵艳秋:《基于语义依存图库的兼语句句模研究》,《中文信息学报》2015 年第 6 期。

郑丽娟、邵艳秋、杨尔弘:《中文非投射语义依存现象分析研究》,《中文信息学报》2014 年第 6 期。

仲晓波、郑波、杨玉芳:《关于普通话韵律短语重音的实验研究》,《声学学报》2002 年第 2 期。

仲晓波、杨玉芳:《汉语普通话句子重音在时长方面的声学表现》,《心理学报》2003 年第 2 期。

周惠巍、黄德根、高洁等:《最大生成树算法和决策式算法相结合的中文依存关系解析》,《中文信息学报》2012 年第 3 期。

周明、黄昌宁:《面向语料库标注的汉语依存体系的探讨》,《中文信息学报》1994 年第 3 期。

周强:《汉语句法树库标注体系》,《中文信息学报》2004 年第 4 期。

周强、周骁聪:《基于话题链的汉语语篇连贯性描述体系》,《中文信息学报》2014 年第 5 期。

周韧:《汉语信息焦点结构的韵律解释》,《语言科学》2006 年第 3 期。

周韧:《信息量原则与汉语句法组合的韵律模式》,《中国语文》2007 年第 3 期。

周绍珩:《节律特征、超音段特征》,《国外语言学》1980 年第 3 期。

周晓芳:《欧美学生叙述体语篇中的"回指"习得过程研究》,《世界汉语教学》2011 年第 3 期。

周婉:《基于语料库的有关南海法律文本的批评性语篇分析》,硕士学位论文,武汉理工大学,2012 年。

朱冠明:《情态动词"可以"的话语功能》,载方梅主编《互动语言学与汉语研究》第一辑,世界图书出版公司 2016 年版。

朱华、邱天河:《词汇衔接模式对篇章信息的解读与大学英语阅读教学》,《中国教育学刊》2013 年第 S4 期。

朱勘宇:《汉语零形回指的句法驱动力》,《汉语学习》2002 年第 4 期。

朱维彬、吕士楠:《基于语义的语音合成——语音合成技术的现状及展望》,《北京理工大学学报》2007 年第 5 期。

朱永生:《多模态话语分析的理论基础与研究方法》,《外语学刊》2007 年第 5 期。

朱云生、苗兴伟:《英汉省略的语篇衔接功能对比》,《山东外语教学》2002 年第 1 期。

Apothéloz, D. and M. J. Reichler-Béguelin, "Interpretations and Functions of

Demonstrative NPs in Indirect Anaphora", *Journal of Pragmatics*, Vol. 31, No. 3, 1999, pp. 363 – 397.

Aoun J., *A grammar of anaphora*. Cambridge, Mass.: MIT Press, 1985.

Ariel, M., *Accessing Noun-phrase Antecedents*. London: Routledge, 1990.

Ariel, M., "Interpreting Anaphoric Expressions: A Cognitive Versus a Pragmatic Approach", *Journal of Linguistics*, Vol. 30, No. 1, 1994, pp. 3 – 42.

Ariel, M., "Referring Expressions and the +/− Coreference Distinction", In Reference and Referent Accessibility, T. Fretheim, J. K. Gundel and J. K. Gundel (eds.) Amsterdam: John Benjamins, 1996.

Avesani, C., Vayra, M., "Accenting, Deaccenting and Information Structure in Italian Dialogue", In L. Dybkjaer and W. Minker eds., Proceedings of the 6th DIGdial Workshop on Discourse and Dialogue, Lisbona, 2005, pp. 19 – 24.

Baumann, S., "Degrees of Givenness and Their Prosodic Marking", International Symposium on Discourse and Prosody as a complex interface, Aix-en-Provence, 2005.

Beaugrande R. D., Wolfgang Ulrich Dressler, *Introduction to Text Linguistics*, London and New York: Longman, 1981.

Beaver D, B. Z. Clark, E. Flemming, T. F. Jaeger, M. Wolters, "When Semantics Meets Phonetics: Acoustical Studies of Second-occurrence Focus", *Language*, Vol. 83, No. 2, 2007, pp. 245 – 276.

Beckman, E. M., J. Edwards, "Articulatory Evidence for Differentiating Stress Categories", In P. Keating (ed.), *Phonological Structure and Phonetic form*, Papers in Laboratory Phonology Ⅲ. London: Cambridge University Press, 1994.

Bengio, Y. Ducharme, R. Vincent, P. and Jauvin, C., "A Neural Probabilistic Language Model", *Journal of Machine Learning Research*, Vol. 3, No. 6, 2003, pp. 1137 – 1155.

Böhmová, A., Hajič, J., Hajičová, E. and B. Hladká, *The Prague Dependency Treebank*, Netherlands: Springer, 2003.

Brants, S., Hansen, S., Leziu, W, "The TIGER Treebank", Proceedings of the Workshop on Treebanks and LinguisticTheories, 2002, pp. 24 – 41.

Brennan, S., M. Friedman, C. Pollard, "A Centering Approach to Pronouns", In Proceedings of the 25th Annual Meeting of the Association for Computational Linguistics, 1987, pp. 155 – 162.

Brown, G., George Yule, *Discourse Analysis*, London: Cambridge University Press, 1983.

Cao, S., "Elaboration of a Protocol to Support Chinese-Spanish Translation: An Approach Based on a Parallel Corpus Annotated with Discourse Information", *XXXI Congreso De La Sociedad Española Para El Procesamiento Del Lenguaje Natural*, 2015.

Carlson L, Daniel Marcu, Mary Ellen Okurowski, "Building a Discourse-Tagged Corpus in the Framework of Rhetorical Structure Theory", *Springer Netherlands*, Vol. 18, No. 18, 2003, pp. 2655 – 2661.

Chafe, W., "Givenness, Contrastiveness, Definiteness, Subjects and Topics", in Li, C. N. (ed.), *Subject and Topic*. New York: Academic Press, 1976.

Chafe, W., *Discourse, Consciousness, and Time*, Chicago: University of Chicago Press, 1994.

Chao, Yuen-ren, *A Grammar of Spoken Chinese*, California: University of California Press, 1968.

Chen, H. K. Y., Tseng, C. Y., "Advance Prosodic Indexing—Acoustic Realization of Prompted Information Projection in Continuous Speeches and Discourses", In Proceedings of Chinese Spoken Language Processing, 2016, pp. 1 – 5.

Chomsky, N., *Lectures on Government and Binding*, Dordrecht: Foris, 1981.

Chomsky, N., *Some Concepts and Consequences of the Theory of Government and Binding*, Cambridge, Mass.: MIT Press, 1982.

Chomsky, N., *The Minimalist Program*, Cambridge, Mass: MIT Press, 1995.

Chu, C., *A Discourse Grammar of Mandarin Chinese*, New York: Peter Lang, 1998.

Corston-Oliver, S. H, *Computing Representation of the Structure of Written Dis-

course, Santa Barbara: University of California, 1998.

Couper-Kuhlen, E., Selting, M., "Introducing Interactional Linguistics", In M. Selting and E. Couper-Kuhlen (eds.), *Studies in Interactional Linguistics*, Amsterdam and Philadelphia: Benjamins, 2001, pp. 1 – 22.

Cristea, D., N. Ide., L. Romary, "Veins Theory: A Model of Global Discourse Cohesion and Coherence", Meeting of the Association for Computational Linguistics and International Conference on Computational Linguistics. Canada: Montreal, 1998, pp. 281 – 285.

Cristea, D., N. Ide., D. Marcu and V. Tablan, "An Empirical Investigation of the Relation between Discourse Structure and Co-reference", In Proceedings of the 18th International Conference on Computational Linguistics. Germany: Saarbrucken, 2000, pp. 208 – 214.

Csomay, E., "Variation in Academic Lectures: Interactivity and Level of Instruction", In R. Reppen, S. Fitzmaurice and D. Biber (eds.). *Using Corpora to Explore Linguistic Variation*, New York: John Benjamins, 2002, pp. 203 – 224.

Danes, F., "Functional Sentence Perspective and the Organization of the Text", Papers on *Functional Sentence Perspective*, Prague: Academia, 1974, pp. 106 – 128.

Daniel, P. H., *Focus and Background Marking in Mandarin Chinese: System and Theory Behind Cai, Jiu, Dou and Ye*, England: Routledge Curzon, 2004.

Daradoumis, T., "Towards a Representation of the Rhetorical Structure of Interrupted Exchanges", Selected Papers from the Fourth European Workshop on Trends in Natural Language Generation, 1996, pp. 106 – 124.

Dipper S, M. Götze., S. Skopeteas (eds.), "Information Structure in Cross-Linguistic Corpora: Annotation Guidelines for Phonology, Morphology, Syntax, Semantics and Information Structure", *Technical report*, University of Potsdam, 2007.

Dixon, Robert M. W, *The Dyirbal Language of North Queensland*, London: Cambridge University Press, 1972.

Duanmu. S. , "A formal Study of Syllable, Tone, Stress and Domain in Chinese Languages", *Journal of China University of Mining and Technology*, Vol. 30, No. 2, 1990, pp. 181 – 184.

Duanmu. S. , "The Tone-syntax Interface in Chinese: Some Recent Controversies", In Proceedings of The Symposium "Cross-linguistic Studies of Tonal Phenomena, Historical Development, Tone-syntax Interface and Descriptive Studies", December 14 – 16, 2004, ed. Shigeki Kaji, 221 – 254, *Research Institute for Languages and Cultures of Asia and Africa (ILCAA)*, Tokyo University of Foreign Studies, 2005.

Erkü, F. , Gundel. J, "The Pragmatics of Indirect Anaphors", In *The Pragmatic Perspective*. Selected Papers from the 1985 International Pragmatics Conference, Amsterdam: John Benjamins, 1987, pp. 533 – 545.

Fawceet, R. P. , B. L. Davies, "Monologue as a turn in dialogue: Towards an integration of Exchange Structure and Rhetorical Structure Theory", In R. Dale, E. Hovy, D. Rösner and O. Stock (eds.), *Aspects of Automated Language Generation*. Berlin: Springer, 1992, pp. 151 – 166.

Fischer, M. , Maier, E. , Stein, A. , "Generating Cooperative System Responses in Information Retrieval Dialogues", In*Proceedings of the Seventh International Workshop on Natural Language Generation*, 1994, pp. 207 – 216.

Fox, B. , *Discourse Structure and Anaphora*, London: Cambridge University Press, 1987.

Ghorbel, H. , A. Ballim. , G. Coray, "Rosetta: Rhetorical and Semantic Environment for Text Alignment", Proceedings of Corpus Linguistics Editors. Lancaster, UK, 2001, pp. 224 – 233.

Givón, T. (ed.), *Topic Continuity in Discourse: A Quantitative Cross-Linguistic Study*, Amsterdam: John Benjamins Publishing Company, 1983.

Grimes, J. E. , *The Thread of Discourse*, Mouton: The Hague, 1975.

Grice, H. P. , "Logic and Conversation", In P. Cole & J. L. Morgan (eds.), *Syntax and Semantics*, Vol. 3: *Speech Acts*, New York: Academic Press, 1975, pp. 41 – 58.

Grosz, B. J. , "The Representation and Use of Focus in a System for Understanding Dialogs", In Proceedings of the 5th International Joint Conference on Artificial Intelligence, Cambridge, Mass, 1977, pp. 67 – 76.

Grosz, B. J. , C. L. Sidner, "Attention, Intentions, and the Structure of Discourse", *Computational Linguistics*, Vol. 12, No. 3, 1986, pp. 175 – 204.

Grosz, B. , Hirschberg, J. , "Some Intonational Characteristics of Discourse structure", Presented at the 2nd ICSLP, Banff, Canada, 1992, pp. 429 – 432.

Grosz, B. J. , Weinstein, S. , Joshi, A. K. , "Centering: A Framework for Modeling the Local Coherence of Discourse", *Computational Linguistics*, Vol. 21, No. 2, 1995, pp. 203 – 225.

Gundel, J. K. , Hedberg, N. , Zacharski, R. , "Cognitive Status and the Form of Referring Expressions in Discourse", *Language*, Vol. 69, No. 2, 1993, pp. 274 – 307.

Hakulinen, A. , "On Some Uses of the Discourse Particle Kyl (lä) in Finnish Conversation", In E. Couper-Kuhlen, and M. Selting (eds.) , *Studies in Interactional Linguistics*, Amsterdam: John Benjamins Publishing Company, 2001, pp. 171 – 198.

Halliday, M. A. K. "Notes on Transitivity and Theme in English: Part 2", *Journal of linguistics*, Vol. 3, No. 2, 1967, pp. 199 – 244.

Halliday, M. A. K. , R. Hasan, *Cohesion in English*, London: Longman, 1976/2014.

Halliday, M. A. K, *An Introduction to Functional Grammar.* London: Edward Arnald, 1985/1994.

Haliday, M. A. K. , C. M. I. M Matthiessen, *An Introduction to Functional Grammar*, London: Hodder Education Publishers, 2004/2014.

Haouam, K. , F. Marir, "SEMIR: Semantic Indexing and Retrieving Web Document Using Rhetorical Structure Theory", Intelligent Data Engineering and Automated Learning, Hong Kong, China, 2003, pp. 596 – 604.

Hinton, G. E, "Learning Distributed Representations of Concepts", In Proceedings of the Eighth Annual Conference of the Cognitive Science Society, Amherst, MA: Lawrence Erlbaum, 1986.

Hirschberg, J., Nakatani, C. H, "A Prosodic Analysis of Discoursesegments Indirection-giving Monologues", Proc 34th Annual Meeting of the Association for Computational Linguistics, Santa Cruz, CA, USA, 1996, pp. 286 – 293.

Hirschberg, J., "Pitch Accent in Context: Predicting Intonational Prominence from text", *Artificial Intelligence*, Vol. 63, 1993, pp. 305 – 340.

Hirst, G. J., "Anaphora in Natural Language Understanding: A Survey", *Lecture Notes in Computer Science*, Berlin: Springer Verlag, 1981.

Hockett, C. F, *A Manual of Phonology*: Memoir 11. Baltimore: Waverly Press, 1955.

Hockett, C. F, *A Course in Linguistics*, New York: MacMillan, 1958.

Hood, S., J. R. Martin, "Invoking Attitude: The Play of Graduation in Appraising Discourse", In R. Hasan, C. M. I. M. Matthiessen and J. Webster (eds.), *Continuing Discourse on Language*, London: Equinox, 2007.

Hovy, E., "Recent Trends in Computational Research on Monologic Discourse Structure", *Computational Intelligence*, Vol. 7, No. 4, 1991, pp. 363 – 366.

Huang, Y., "A Neo-Gricean Pragmatic Theory of Anaphora", *Journal of Linguistics*, Vol. 27, No. 2, 1991, pp. 301 – 335.

Huang, Y., *The Syntax and Pragmatics of Anaphora: A Study with Special Reference to Chinese*, London: Cambridge University Press, 1994.

Huang, Y., *Anaphora: A Cross-Linguistic Study*, Oxford: Oxford University Press, 2000.

Iida, "Discourse Coherence and Shifting Centers in Japanese Texts", In M. A. Walker, A. K. Joshi and E. F. Prince (eds.), *Centering Discourse*, Oxford: Clarendon Press, 1998, pp. 161 – 182.

Jackendoff, R. S, "Semantic Interpretation in Generative Grammar", *Language*, Vol. 51, No. 1, 1972.

Jia. Y, Li. Ai, "Relation between Focus and Accent in Standard Chinese", International Symposium on Chinese Spoken Language Processing, 2010, pp. 348 – 352.

Jin, M. Kim, M. Y., Lee, J. H, "Two-phase Shift-reduce Deterministic Dependency Parser of Chinese", Proceedings of IJCNLP: Companion Volume including Posters/Demos and tutorial abstracts, 2005, pp. 256 – 261.

Kameyama, M., "Intrasentential Centering: A Case Study", arXiv Preprint Cmp-lg/9707005, 1997.

Kibble, R., "A Reformulation of Rule 2 of Centering Theory", *Computational Linguistics*, Vol. 27, No. 4, 2000.

Kingsbury, P., Martha Palmer, "From Treebank to Propbank", In Proceedings of the LREC. Las Palmas, Canary Islands, Spain, May 28 – June, 2002.

Kiparsky, P., "Metrical Structure Assignment is Cyclic", *Linguistic Inquiry*, Vol. 10, No. 3, 1979, pp. 421 – 441.

K. Lambrecht, *Information Structure and Sentence Form*, London: Cambridge University Press, 1994.

Krifka-Dobes, Z. Novak, H. J., "From Constituent Planning to Text Planning", *New Concepts in Natural Language Generation: Planning, Realization and Systems*, London: Pinter, 1993.

L. Tesnière, *Eléments de Syntaxe Structurale*, Librairie C. Klincksieck, 1959.

Le, H. T., G. Abeysinghe, "A Study to Improve the Efficiency of a Discourse Parsing System", In A. Gelbukh (ed.), Proceedings of 4th International Conference on Intelligent Text Processing and Computational Linguistics, Mexico City, Mexico, 2003, pp. 101 – 114.

Leech, G., Garside, R., "Running a Grammar Factory: The Production of Syntactically Analysed Corpora or Treebanks", In S. Johansson and A. – B. Stenstroöm (eds.), *English Computer Corpora: Selected Papers and Research Guide*, Berlin and New York: Mouton de Gruyter, 1991, pp. 15 – 32.

Levinson, S. C, "Pragmatics and the Grammar of Anaphora", *Journal of Linguistics*, Vol. 23, 1987, pp. 379 – 434.

Levinson, S. C, "Pragmatic Reduction of the Binding Conditions Revisited", *Journal of Linguistics*, Vol. 27, No. 1, 1991, pp. 107 – 161.

LiA, "Chinese Prosody and Prosodic Labeling of Spontaneous Speech", In B. Bel and I. Marlin (eds.), Proceedings of the Speech Prosody. Aix-en-Provence, France, 2002, pp. 39 – 46.

Li A, "Prosodic Boundary Perception in Spontaneous Speech of Standard Chinese", In Proceedings of ICPHS, 2003.

Li A, *Encoding and Decoding of Emotional Speech: A Cross-Cultural and Multimodal Study between Chinese and Japanese*, Springer Press, 2015.

Li, C. N. and S. A. Thompson, "Third-person Pronoun and Zero-anaphora in Chinese Discourse. ", In T. Givón (eds.) *Syntax and Semantics* 12: *Discourse and Syntax*. New York: Academic Press, 1979, pp. 355 – 375.

Li, C. N., S. A. Thompson, *Mandarin Chinese: A Functional Reference Grammar*, Berkeley: University of California Press, 1981.

Li, C. N, Participant Anaphora in Mandarin Chinese. Ph. D. dissertation, University of Florida, 1985.

Li, W. D, *Topic Chains in Chinese: A Discourse Analysis and Applications in Language Teaching*, Muenchen: Lincom Europa, 2005.

Liberman, M., Prince, A., "On Stressand Linguistic Rhythm", *Linguistic Inquiry*, Vol. 8, No. 2, 1977, pp. 249 – 336.

Liu, H. and Huang, W., "A Chinese Dependency Syntax for Tree Banking", Proceedings of the 20th Pacific Asia Conference on Language, *In formation and Computation*, Beijing: Tsing hua University Press, 2006, pp. 126 – 133.

Liu, X., Li, A., Jia, Y., et al., "Syntactic Annotation under Dependency Scheme on Chinese Spontaneous Speech", Co-Ordination and Standardization of Speech Databases and Assessment Techniques, 2014, pp. 1 – 6.

Liu, Y. and Li, A., "Cues of Prosodic Boundaries in Chinese Spontaneous Speech", In Proceedings of ICPHS, 2003.

Longacre, R., *The Grammar of Discourse*, New York: Plenum Press, 1983.

M. Swerts., E. Krahmer, C. Avesani, "Prosodic Marking of Information Status in Dutch and Italian: A Comparative Analysis", *Journal of Phonetics*, Vol. 30, No. 4, 2002, pp. 629 – 654.

Mann, W. C. RST Web Site, 2005, now http: //www. sfu. ca/rs.

Mann, W. C., Thompson, S. A, "Rhetorical Structure Theory: A Theory of Text Organization", ISI/ RS – 87 – 190, *Information Sciences Institute*, University of Southern California, 1987.

Mann, W. C. , Thompson, S. A, "Rhetorical Structure Theory: Toward a Functional Theory of Text organization", *Text*, Vol. 8, No. 3, 1988, pp. 243 – 281.

Mann, W. C. , Thompson, S. A, Two Views of Rhetorical Structure Theory, 2002, http: //www. sfu. ca/rst/ > .

Marcu, D. , L. Carlson, M. Watanabe, "The Automatic Translation of Discourse Structures", North American Chapter of the Association for Computational Linguistics Conference, 2000, pp. 9 – 17.

Marcu, D. , The Rhetorical Parsing, Summarization, and Generation of Natural Language Texts, Ph. D. dissertation, University of Toronto, Canada, 1997.

Marcus, M. P. , Marcinkiewicz, M. A. and Santorini, B. , "Building Alarge Annotated Corpus of English: The Penn Treebank", *Computational Linguistics*, Vol. 19, No. 2, 1993, pp. 313 – 330.

Marnee, D. M. , Manning, C. D. , "Stanford Typed Dependencies Manual", *Technical report*, Stanford University, 2008.

Martin, J. R. , "How Many Speech Acts?", *University of East Anglia Papers in Linguistics*, 14 – 15, 1981, pp. 52 – 77.

Martin, J. R. , "Conjunction: The Logic of English Text", In J S Petöfi and ESözer (eds.), *Micro and Macro Connexity of Texts*, Hamburg: Helmut Buske (*Papers in Text linguistics*), 1983, pp. 1 – 72.

Martin, J. R. , "Theme, Method of Development and Existentiality-the Price of Reply", *Occasional Papers in Systemic Linguistics*, No. 6, 1992a, pp. 147 – 184.

Martin, J. R. , *English Text: System and Structure*, Amsterdam: Benjamins, 1992b.

Martin, J. R. , " Reading Positions/Positioning Readers: JUDGEM ENT in English", *Prospect: A Journal of Australian TESOL*, Vol. 10, No. 2, 1995, pp. 27 – 37.

Martin, J. R. , "Sin and Grace: Nought for Naughts?", *Text*, Vol. 20, No. 2, 2000a, pp. 227 – 238.

Martin, J. R. , " Beyond Exchange: Appraisal Systems in English ", In S. Hunston and G. Thompson (eds.), *Evaluation in Text: Authorial Stance and the Construction of discourse*, Oxford: Oxford University Press, 2000b.

Martin, J. R., "Factoring Out Exchange: Types of Structure", In M. Coulthard, J. Cotterill and F. Rock (eds.), *Working with Dialogue*, Tubingen: Niemeyer, 2000c, pp. 19 – 40.

Martin, J. R., "Cohesion and Texture", In D. Schiffrin, D. Tannen and H. Hamilton (eds.), *Handbook of Discourse Analysis*, Oxford: Blackwell, 2001a, pp. 35 – 53.

Martin, J. R., "Fair Trade: Negotiating Meaning in Multimodal Texts", In Patrick Coppock (ed.), *The Semiotics of Writing: Transdisciplinary Perspectives on the Technology of Writing*, Brepols (Semiotic and Cognitive Studies X), 2001b, pp. 311 – 338.

Martin, J. R., "Meaning Beyond the Clause: SFL Perspectives", *Annual Review of Applied Linguistics*, Vol. 22, No. 22, 2002, pp. 52 – 74.

Martin, J. R., "Sense and Sensibility: Texturing Evaluation", In J. Foley (ed.), *Language, Education and Discourse: Functional Approaches*, London: Continuum, 2004, pp. 270 – 304.

Martin, J. R., "Incongruent and Proud: de/ vilifying nominalisation", *Discourse and Society*, Vol. 19, No. 6, 2008, pp. 801 – 810.

Martin, J. R. and C. Matthiessen, "A Brief Note on Huddleston's Reply to Matthiessen and Martin's Response to Huddleston's Review of Halliday's Introduction to Functional Grammar", *Occasional Papers in Systemic Linguistics*, 1992.

Martin, J. R. and Rose, D. *Working with Discourse: Meaning beyond the Clause*, London/New York: Continuum, 2003/2007.

Martin, J. R. and White, P. R. R, *The Language of Evaluation: Appraisal in English*, London/New York: Palgrave Macmillan, 2005.

Mathesius, V., "Zur Satzperspektive im Modernen Englisch", *Archiv für das Studium der neueren Sprachen und Literaturen*, Vol. 155, No. 29, 1929, pp. 202 – 210.

Mathesius, V., "On the so Called Functional Sentence Perspective", *Slovo a Slovensnost*, 1939, pp. 171 – 174.

Mathkour, H. I., A. A. Touir, W. A. A. Sanea, "Parsing Arabic Texts Using

Rhetorical Structure Theory", *Journal of Computer Science*, Vol. 4, No. 9, 2008, pp. 713 – 720.

Matthiessen, C., Martin, J. R., "A Response to Huddleston's Review of Halliday's Introduction to Functional Grammar", *Occasional Papers in Systemic Linguistics*, No. 5, 1991, pp. 5 – 74.

McDonald, R. and Nivre, J., "Characterizing the Errors of Data-Driven Dependency Parsing Models", In Proceedings of EMNLP-CoNLL, 2007, pp. 122 – 131.

Mcheown, K. R., "Discourse Strategies for Generating Natural Language Text", *Elsevier Science Publishers Ltd.*, Vol. 27, No. 1, 1985, pp. 1 – 41.

Mikolov, T. Chen, K. Corrado, G. and Dean, J., "Efficient Estimation of Word Representations in Vector Space", ICLR Workshop, 2013.

Milsakaki, E., "Toward an Aposynthesis of Topic Continuity and Intrasentential Anaphora", *Computational Linguistics*, Vol. 28, No. 3, 2002, pp. 319 – 355.

Moens, M. F., R. D. Busser, "First Steps in Building a Model for the Retrieval of Court Decisions", *International Journal of Human-Computer Studies*, Vol. 57, No. 5, 2002, pp. 429 – 446.

Moore, J. D. and C. L. Paris, "Planning Text for Advisory Dialogues: Capturing Intentional and Rhetorical Information", *Computational Linguistics*, Vol. 19, No. 4, 1993, pp. 651 – 694.

Noordman, L., Dassen, I., Swerts, M., Terken, J., "Prosodic Markers of Text Structure", In K. van Hoek, A. A. Kibrik and L. Noordman (eds.), *Discourse Studies in Cognitive Linguistics: Selected Papers from the Fifth International Cognitive Linguistics Conference*, Amsterdam and Philadelphia, PA: John Benjamins, 1999, pp. 131 – 148.

Norris, S., "The Implication of Visual Research for Discourse Analysis: Transcription beyond language", *Visual Communication*, Vol. 1, No. 1, 2002, pp. 97 – 121.

Norris, S., *Analyzing Multimodal Interaction: A Methodological Framework*, London: Routledge, 2004.

Norris, S., "The Micropolitics of Personal National and Ethnicity Identity", *Discourse and Society*, Vol. 18, No. 5, 2007, pp. 653 – 674.

Norris, S. , "Modal Density and Modal Configurations: Multimodal Actions", In C. Jewitt (ed.), *Routledge Handbook for Multimodal Discourse Analysis*, London: Routledge, 2009.

Norris, S. , *Identity in (Inter) Action: Introducing Multimodal Interaction Analysis*, Berlin and New York: Mouton de Gruyter, 2011a.

Norris, S. , "Three Hierarchical Positions of Deictic Gesture in Relation to Spoken Language: A Multimodal Interaction Analysis", *Visual Communication*, Vol. 10, No. 2, 2011b, pp. 129 – 147.

Norris, S. , "Developing Multimodal (Inter) Action Analysis: A Personal Account", In Norris, S. and Maier, C. D. (eds.), *Interactions, Images and Texts*. Berlin and New York: Mouton de Gruyter, 2014.

Oberlander, J. , Mick O'Donnell, C. Mellish and Alistair Knott, "Conversation in the Museum: Experiments in Dynamic Hypermedia with the Intelligent Labelling Explorer", *New Review of Hypermedia and Multimedia*, Vol. 4, No. 1, 1998, pp. 11 – 32.

O'Donnel, M. , C. Mellish, J. Oberlander and A. Knott, "ILEX: An Architecture for a Dynamic Hypertext Generation System", *Natural Language Engineering*, Vol. 7, No. 3, 2001, pp. 225 – 250.

O'Grady, W. , Dobrovolsky, M. , Aronoff, M. and Rees-Miller, J. , *Contemporary Linguistics: An Introduction*, London and New York: Longman, 1997.

Ouden, H. D, Prosodic Realization of Text Structure, Ph. D. Dissertation, University of Tilburg, 2004.

Ouden, H. D. , L. Noordman, J. Terken, "Prosodic Realizations of Global and Local Structure and Rhetorical Relations in Read aloud News Reports", *Speech Communication*, Vol. 51, No. 2, 2009, pp. 116 – 129.

Paggio, P. , "Information Structure and Pauses in a Corpus of Spoken Danish", In Conference Companion of the 11th Conference of the European Chapter of the Association for Computational Linguistics, Trento, Italy, 2006, pp. 191 – 194.

Partee, B. H. , "Focus, Quantification and Semantics-Pragmatics Issues", *Focus: Linguistic, Cognitive and Computational Perspectives*, London: Cambridge University Press, 1999.

Passonneau, R. J. , "Interaction of Discourse Structure with Explicitness of Discourse Anaphoric Noun Phrase", In M. A. Walker, A. K. Joshi and E. F. Prince, Editors, *Centering Theory in Discourse*, Oxford University Press, 1998, pp. 327 – 358.

Poesio, M. , The GNOME Annotation Scheme Manual, 2000, http://cswww.essex.ac.uk/Reserch/nle/corpora/GNOME/anno_manual_4.htm.

Poesio, M. , Mehta, R. , Maroudas, A. and Hitzeman, J. , "Learning to Resolve Bridging References, Proceedings of Annual Meeting of the Association for Computational Linguistics", 2004, pp. 143 – 150.

Poesio. M. , R. Stevenson. , B. D. Eugenio. and J. Hitzeman, "Centering: A Parametric Theory and Its Instantiations", *Computational Linguistics*, Vol. 30, No. 3, 2004, pp. 309 – 363.

Polanyi, L. and Zaenen, A. , "Shifting Attitudes", In L. Lagerwerf, W. Spooren and L. Degand (eds.), *Determination of Information and Tenor in Texts: Multidisciplinary Approaches to Discourse*, 2003, 2003, pp. 61 – 69.

Prasad R, Dinesh N. , Lee A, et al. , "The Penn Discourse Tree Bank 2.0", International Conference on Language Resources and Evaluation, Lrec 2008, 26 May – 1 June 2008, Marrakech, Morocco, DBLP: 2008, pp. 2961 – 2968.

Prince, E. , "Toward a Taxonomy of Given-new Information", In P. Cole (ed.) *Radical Pragmatics*, New York: Academic Press, 1981, pp. 223 – 255.

Reitter, D. and M. Stede, "Step By Step: Underspecified Markup in Incremental Rhetorical Analysis", In Proceedings of EACL 4th International Workshop on Interpreted Corpora. Budapest, Hungary, 2003.

Reitter, D. , "Rhetorical Analysis with Rich-Feature Support Vector Models", *Ldv Forum*, Vol. 18, 2003a, pp. 38 – 52.

Reitter, D. , "Simple Signals for Complex Rhetorics: On Rhetorical Analysis with Rich-Feature Support Vector Models", *Ldv Forum*, Vol. 61, No. 11, 2003b, pp. 910 – 911.

Renkema, J. , *Discourse Studies: An Introductory Textbook*, Amsterdam/Philalelphia: John Benjamins Publishing Company, 1993.

Riester, A. and Baumann, S. , "Information Structure Annotation and Secondary Accents", In Dipper, Stefanie and Heike Zinsmeister (eds.), *Beyond Semantics: Corpus-based Investigations of Pragmatic and Discourse Phenomena*, Bochumer Linguistische Arbeitsberichte 3, 2011, pp. 111 – 127.

Riester, A., Baumann, S., RefLex Scheme-Annotation Guidelines, 2014, URL: http://www.ims.uni-stuttgart.de/institut/mitarbeiter/arndt.

Ritz, J., Dipper, S., M. Götze, "Annotation of Information Structure: An Evaluation Across Different Types of Texts", International Conference on Language Resources and Evaluation, Marrakech, Morocco, 2008, pp. 2137 – 2142.

Rooth, M., "Second Occurrence Focus and Relativized Stress F", In Caroline Fery and Malte Zimmermann (eds.), *Information Structure: Theoretical, Typological, and Experimental Perspectives*, Oxford University, 2010.

Rösner, D. and M. Stede, "Customizing RST for the Automatic Production of Technical Manuals", In R. Dale, E. Hovy, D. Rösner, O. Stock (eds.) *Aspects of Automated Natural Language Generation*, Heidelberg: Springer Verlag Lecture Notes, 1992, pp. 199 – 214.

Sanders, T. W. and L. Noordman, "The Role of Coherence Relations and Their Linguistic Markers in Text Processing", *Discourse Processes*, Vol. 29, No. 1, 2000, pp. 37 – 60.

Scheutz, H., "On Causal Clause Combining", In M. Selting and E. Couper-Kuhlen (eds.), *Studies in Interactional Linguistics*, Amsterdam and Philadelphia: Benjamins, 2001, pp. 111 – 140.

Schwarzschild, R., "GIVENness, AvoidF, and Other Constraints on the Placement of Accent", *Natural Language Semantics*, Vol. 7, No. 2, 1999, pp. 141 – 177.

Selkirk, E., "Contrastive Focus, Givenness and the Unmarked Status of 'Discourse-New'", *Acta Linguistica Hungarica*, Vol. 55, No. 55, 2008, pp. 331 – 346.

Selting, M., "Prosody as An Activity-type Distinctive Cue in Conversation: The case of so-called 'astonished' in Repair Initiation", In E. Couper-Kuhlen and M. Selting (eds.), *Prosody in Conversation*. London: Cambridge

University Press, 1996, pp. 231 – 270.

Shannon, C. E. , "A Mathematical Theory of Communication", *Bell System Technical Journal*, Vol. 27, No. 3, 1948, pp. 379 – 423.

Shi, Dingxu, The Nature of Topic Comment Constructions and Topic Chains. Ph. D. Dissertation, University of Southern California, 1992.

Shi, Dingxu, "Topic Chain as a Syntactic Category", *Journal of Chinese Linguistics*, No. 2, 1989, pp. 223 – 262.

Shi, Dingxu, "Topic and Topic-comment Construction in Mandarin Chinese", *Language*, Vol. 76, No. 2, 2000, pp. 383 – 408.

Shinmori, A. , Okumura, M. , Marukawa, Y. and IwaYama, M. , "Rhetorical Structure Analysis of Japanese Patent Claims using Cue Phrases", In NTCIR, Tokyo, Japan, 2002.

Silverman, K. E. , Beckman, M. E. , Pitrelli, J. F. , Ostendorf, M. , Wightman, C. W. , Price, P. and Hirschberg, J. , "TOBI: A Standard for Labeling English Prosody", In Proceedings of ICSLP, 1992.

Socher, R. , Bauer, J. , Manning, C. D. , "Parsing with Compositional Vector Grammars", In Proceedings of the 51st Annual Meeting of the Association for Computational Linguistics, 2013, pp. 455 – 465.

Stede, M. , "The Potsdam Commentary Corpus", Proceedings of the Workshop on Discourse Annotation, 42nd Meeting of the Association for Computational Linguistics, Barcelona, Spain, 2004.

Stent, A. , "Rhetorical Structure in Dialog", Proceedings of First International Conference on Natural Language Generation, Mitzpe, Ramon, Israel, 2000, pp. 247 – 252.

Strube, M. and U. Hahn, "Functional Centering: Grounding Referential Coherence in Information Structure", *Computational Linguistics*, Vol. 25, No. 3, 1999, pp. 309 – 344.

Su, C. Y. , Tseng, C. Y. , "Global F_0 Features of Mandarin L2 English—Reflection of Higher Level Planning Difficulties from Discourse Association and Information Structure", In Proceedings of Coordination and Standardization of Speech Databases and Assessment Techniques, 2016, pp. 215 – 220.

Subalalitha, C. N., Parthasarathi, R., "An Approach to Discourse Parsing Using Sangati and Rhetorical Structure Theory", Workshop on Machine Translation and Parsing in Indian Languages, 2012, pp. 73 – 82.

Suri, L. Z., K. F. McCoy, "RAFT/RAPR and Centering: A Comparison and Discussion of Problems Related to Processing Complex Sentences", *Computational Linguistics*, Vol. 20, No. 2, 1994, pp. 301 – 317.

Swerts, M., "Prosodic Features at Discourse Boundaries of Different Strength", *Journal of the Acoustical Society of America*, Vol. 101, No. 1, 1997, pp. 514 – 521.

Swerts, M., Geluykens, R., "The Prosody of Information Units in Spontaneous Monologue", *Phonetica*, Vol. 50, No. 3, 1993, pp. 189 – 196.

Taboada, M., Collaborating Through Talk: The Interactive Construction of Task-oriented Dialogue in English and in Spanish, Ph. D. dissertation, Universidad Complutense, Madrid, 2001.

Taboada, M., "Rhetorical Relations in Dialogue", In C. L. Moder and A. Martinovic-Zic (eds.), *Discourse across Languages and Cultures*, Amsterdam and Philadelphia: John Benjamins, 2004a.

Taboada, M., *Building Coherence and Cohesion: Task-oriented Dialogue in English and Spanish*, John Benjamins Publishing, 2004b.

Taboada, M. and L. Wiesemann, "Subjects and Topics in Conversation", *Journal of Pragmatics*, Vol. 42, No. 7, 2010, pp. 1816 – 1828.

Taboada, M. and J. Grieve, "Analysing Appraisal Automatically", In AAAI Spring Symposium on Exploring Attitude and Affect in Text, Stanford University, CA, 2004, pp. 158 – 161.

Taboada, M., Zabala, L. H., "Deciding on Units of Analysis Within Centering Theory", *Corpus Linguistics and Linguistic Theory*, Vol. 4, No. 1, 2008, pp. 63 – 108.

Tanja, C., Baumann, S., "Prosodic Marking of Information Status in German", Speech Prosody Conference, 2010.

Tetreault, J. and Allen, J., "An Empirical Evaluation of Pronoun Resolution and Clausal Structure", In International Symposium on Reference Resolution and its Applications to Question Answering and Summarization, 2003, pp. 1 – 8.

Tetreault, J. R. , "Analysis of Syntax-Based Pronoun Resolution Methods", Meeting of the Association for Computational Linguistics, 1999, pp. 602 – 605.

Tetreault, J. R. , "A Corpus-based Evaluation of Centering and Pronoun Resolution", *Computational Linguistics*, Vol. 27, No. 4, 2001, pp. 507 – 520.

Tetreault, J. R. , Empirical Evaluations of Pronoun Resolution, Ph. D. Dissertation, University of Pochester, Rochester, New York, 2005.

Trask, R. L, *A Dictionary of Grammatical Terms in Linguistics*, London: Routledge, 1993.

Tsao, F. F, *A Functional Study of Topic in Chinese: The First Step toward Discourse Analysis*, Taipei: Student Book Co. , 1979.

Tsao, F. F, *Sentence and Clause Structure in Chinese: A Functional Perspective*, Taipei: Student Book Co, 1990.

Tseng, C. Y, "The Prosodic Status of Breaks in Running Speech: Examination and Evaluation", Proceedings of the Speech Prosody, Aix-en-Provence, France, 2002, pp. 667 – 670.

Tseng, C. Y. and Chou, F. C, "Machine Readable Phonetic Transcription System for Chinese Dialects Spoken in Taiwan", *The Journal of the Acoustical Society of Japan*, Vol. 20, No. 3, 1999, pp. 215 – 223.

Tseng, C. Y. , S. Pin, Y. Lee, "Speech Prosody: Issues, Approaches and Implications", In G. Fant, H. Fujisaki, J. Cao. , Y. Xu, Eds. *From Traditional Phonology to Modern Speech Processing*. Beijing, China: Foreign Language Teaching and Research Press, 2004, pp. 417 – 438.

Tseng, C. Y. , Pin, S. H. , "Mandarin Chinese Prosodic Phrase Grouping and Modeling-method and Implications", In Proceedings of International Symposium on Tonal Aspects of Languages: With Emphasis on Tone Languages, 2004, pp. 193 – 197.

Tseng, C. Y. , Zhang, J. X. , "Pause or No Pause? —Prosodic Phrase Boundaries", *Tsinghua Science and Technology*, Vol. 13, No. 4, 2008, pp. 500 – 509.

Tseng, C. Y. and Su, C. Y, "Information Allocation and Prosodic Expressiveness in Continuous Speech: A Mandarin Cross-genre Analysis", In Proceedings of International Symposium on Chinese Spoken Language Processing, 2012, pp. 243 – 246.

Tu, M. , Y. Zhou, C. Z. Cao, "A Novel Translation Framework Based on Rhetorical Structure Theory", Meeting of the Association for Computational linguistics, 2015, pp. 370 – 374.

Turney, P. D. , Littman, M. L. , "Measuring Praise and Criticism: Inference of Semantic Orientation from Association", *ACM Transactions on Information Systems*, Vol. 21, No. 4, 2003, pp. 315 – 346.

Van Hoek, K. , *Anaphora and Conceptual Structure*. Chicago: The University of Chicago Press, 1997.

Vander Linden, K. and Martin, J. H, "Expressing Rhetorical Relations in Instructional Text: A Case Study of the Purposes Relation", *Computational Linguistics*, Vol. 21, No. 1, 1995, pp. 29 – 57.

Wahlster, W. , E. André. , W. Graf. and T. Rist, "Designing Illustrated Texts: How Language Production is Influenced by Graphics Generation", In Proceedings of the fifth conference on European chapter of the Association for Computational Linguistics, Vol. 27, No. 1, 1991, pp. 8 – 14.

Walker, M. A. , Joshi, A. K. , Prince, E. F, "Centering in Naturally Occurring Discourse: Anoverview", In Walker, M. A. et al. (eds.), *Centering Theory in Discourse*, Oxford: Oxford University Press, 1998, pp. 1 – 28.

Webber, B. and Aravind Joshi, "Anchoring a Lexicalized Tree Adjoining Grammar for Discourse", In COLING/ACL Workshop on Discourse Relations and Discourse Markers, Montreal, Quebec, Canada, 1998, pp. 86 – 92.

Wells, B. , Peppé, S. , "Ending Up in Ulster: Prosody and Turn-taking in English Dialects", In Couper-Kuhlen and Selting (eds.), 1996, pp. 101 – 130.

Widdowson, H. G. , *Explorations in Applied Linguistics*, Oxford: Oxford University Press, 1979.

Yang X. , Yang Y. , "Prosodic Realization of Rhetorical Structure in Chinese discourse", *IEEE Transactions on Audio, Speech and Language Processing*, Vol. 20, No, 4, 2012, pp. 1196 – 1206.

Yeh, C. L., Y. J. Chen, "An Empirical Study of Zero Anaphora Resolution in Chinese Based on Centering Model", Proceedings of the ROCLING, 2001.

Yeh, C. L., Y. J. Chen, "Zero Anaphora Resolution in Chinese with Partial Parsing Based on Centering Theory", International Conference on Natural Language Processing and Knowledge Engineering, China: Beijing, 2003, pp. 683 – 688.

Zhang L., Jia Y., Li A., "Analysis of Prosodic and Rhetorical Structural Influence on Pause Duration in Chinese Reading Texts", *Proceedings of Speech Prosody*, 2014, pp. 824 – 828.

Zhang L., Jia Y., Li A., "An Interface Research on Rhetorical Structure and Prosody Features in Chinese Reading Texts", *Report of Phonetic Research*, 2016, pp. 123 – 127.

Zhao, X. Hou, Y. Song, D. and Li, W., "Extending the Extreme Physical Information to Universal Cognitive Models via a Confident Information First Principle", *Entropy*, Vol. 16, No. 7, 2014, pp. 3670 – 3688.

Zhao, X. Hou, Y. Song, D. and Li, W., 2018. A Confident Information First Principle for Parameter Reduction and Model Selection of Boltzmann Machines, *IEEE Transactions on Neural Networks and Learning Systems*, No. 99, 2018, pp. 1 – 14.

Zukerman, I., R. McConachy, "Wishful: A Discourse Planning System That Considers a User's Inferences", *Computational Intelligence*, Vol. 17, No. 1, 2001, pp. 1 – 61.